岁月痕

羅士渊敬题

—— 留影父母李庄赵培蓝

李东东◎编著

人民出版社

书名题字：苏士澍
责任编辑：雷坤宁
封面设计：林芝玉
版式设计：石笑梦

图书在版编目（CIP）数据

岁月痕：留影父母李庄赵培蓝／李东东 编著 . —北京：人民出版社，2017.10
ISBN 978 - 7 - 01 - 018749 - 5

I.①岁… II.①李… III.①李庄－传记 ②赵培蓝－传记 IV.① K825.42

中国版本图书馆 CIP 数据核字（2017）第 318574 号

岁月痕：留影父母李庄赵培蓝
SUIYUEHEN LIUYING FUMU LIZHUANG ZHAOPEILAN

李东东　编著

人民出版社 出版发行
（100706　北京市东城区隆福寺街 99 号）

北京盛通印刷股份有限公司印刷　新华书店经销

2017 年 10 月第 1 版　2017 年 10 月北京第 1 次印刷
开本：710 毫米 ×1000 毫米 1/16　印张：32　插页：3
字数：250 千字

ISBN 978 - 7 - 01 - 018749 - 5　定价：126.00 元

邮购地址 100706　北京市东城区隆福寺街 99 号
人民东方图书销售中心　电话（010）65250042　65289539

出版前言

　　为继承和弘扬党的新闻事业优良传统，追寻革命前辈的足迹，切实承担起在新的时代条件下党的新闻舆论工作的职责和使命，我社出版了李东东同志编著的《红蓝文稿》（全四册），分别为：《岁月痕》《山河笔》《红蓝韵》《风云辑》。

　　这四本著作，从"抗日烽火奔太行"到"红笔蓝笔两从容"，回顾了老一辈优秀新闻工作者的战斗和工作经历；从《"三八线"上》到《被人们欢呼"万岁"的部队》，再现了我国首位赴朝鲜战场采访的新闻记者客观记载的战地情景；从《真实，不能触碰的新闻底线》到《有志于使新闻工作留名青史》，阐述了党的新闻事业优良传统和多位优秀新闻工作者的新闻实践事例；从新闻通讯、新闻评论到新闻史料归集，记录了改革开放伟大历史进程中的风云点滴。四本著作，深情讲述了在烽火连天的革命岁月，在热火朝天的建设年代，在波澜壮阔的改革时期，一家两代新闻工作者将个人命运与党和国家命运紧密结合；深入展现了优秀新闻工作者在建立新中国、建设新中国、探索改革路、实现中国梦的伟大实践中的忠诚执着和孜孜以求。

　　书中一以贯之体现了党中央对新闻舆论工作的高度重视；体现了新闻战线与党和人民同呼吸、与时代共进步，在革命建设改革各个历史时期发挥的重要作用；体现了优秀新闻工作者对党和人民的无限忠诚，对祖国的无比热爱，对新闻事业的无私奉献。

2016 年 2 月 19 日，习近平总书记在北京主持召开党的新闻舆论工作座谈会并发表重要讲话时强调："党的新闻舆论工作是党的一项重要工作，是治国理政、定国安邦的大事，要适应国内外形势发展，从党的工作全局出发把握定位，坚持党的领导，坚持正确政治方向，坚持以人民为中心的工作导向，尊重新闻传播规律，创新方法手段，切实提高党的新闻舆论传播力、引导力、影响力、公信力。""做好党的新闻舆论工作，事关旗帜和道路，事关贯彻落实党的理论和路线方针政策，事关顺利推进党和国家各项事业，事关全党全国各族人民凝聚力和向心力，事关党和国家前途命运。必须从党的工作全局出发把握党的新闻舆论工作，做到思想上高度重视、工作上精准有力。"

这本《岁月痕——留影父母李庄赵培蓝》，是对抗日战争时期参加革命的新中国第一代新闻记者中一对夫妻的记述与图说。按照时序编录了李庄与赵培蓝同志新闻工作和家庭生活点滴。全书九章，时间跨度从 20 世纪 30 年代至今，记述了李庄和赵培蓝如何走上新闻道路，如何开展新闻工作，如何继承弘扬党的新闻工作优良传统。第一章：20 世纪 30 年代——抗日烽火奔太行；第二章：20 世纪 40 年代——激情燃烧迎解放；第三章：20 世纪 50 年代——如火如荼绘新篇；第四章：20 世纪 60 年代——喜忧参半砺风霜；第五章：20 世纪 70 年代——贞下起元诵春天；第六章：20 世纪 80 年代——红笔蓝笔两从容；第七章：20 世纪 90 年代——相濡以沫偕晚耕；第八章：21 世纪第一个十年——天上人间永不忘；第九章：21 世纪第二个十年——开来继往同圆梦。

本书展现了两位革命老人从年轻时起追求光明、投身革命的赤子之心，也展现了两位新闻前辈忠诚党的新闻事业的坚定信念和职业操守；展现了一对恩爱夫妻终身相濡以沫、共度峥嵘岁月的隽永和忠贞，也展现了一对模范父母牵挂珍爱后代、言传身教德润的殷殷之情。正可谓：能写能编能论声满报坛存世万篇辛苦文字，为人为文为事有口皆碑欣留一缕清白家风。

期望通过本书的出版，为广大新闻工作者在思想政治、道德修养、理论知识和新闻业务等方面提供借鉴，帮助新闻工作者增强新闻敏锐性和洞察力，为实现广大新闻工作者做党的政策主张的传播者、时代风云的记录者、社会进步的推动者、公平正义的守望者尽绵薄之力，在实现"两个一百年"奋斗目标、实现中华民族伟大复兴中国梦的新征程上，不忘初心，继续前进。

2018 年 7 月 1 日是李庄同志诞辰 100 周年纪念日，我们和本书作者一道，谨此深切缅怀当代著名新闻工作者、新中国新闻事业的开拓者、党的新闻宣传战线的优秀领导干部李庄同志。

人民出版社
2017 年 10 月

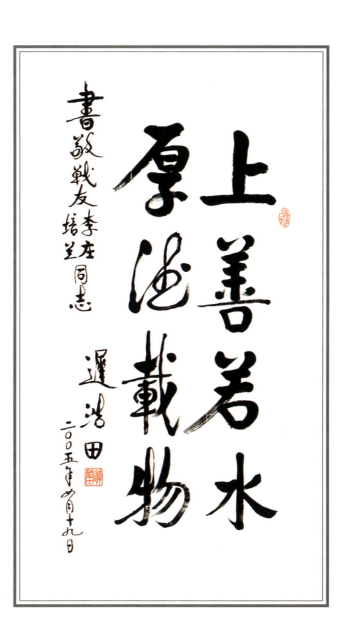

上善若水
厚德載物

書敬戰友李左
培芝同志

邊治田
二〇〇五年首十九日

目录

目 录

目录

目 录

目录

目录

不变的初心
——"红蓝文稿"写在前面的话

李东东

以"红蓝文稿"命名几本书的内在联系和编辑思路，源于我父亲李庄关于新闻工作红笔蓝笔的提法，也由于几年来我一直在琢磨用什么线索把我的父母与我——两代新闻人的宣传工作、新闻工作生涯串连起来。多年积淀在我心中、陆续整理在手头的这几本书稿，有的在十余年前就开始归集文件，有的在几年前已基本成形，而最终框入"红蓝文稿"这个框架，则是在去年；彼时，距我心中设想的希望能以此告慰父亲百年（2018年7月1日），仅有一年多时间了。

"红蓝文稿"编著由来

我是在人民日报社原副总编辑李仁臣发表于十多年前的文章中，首次看到对我父亲关于"红笔蓝笔"的回忆与归纳。李仁臣同志在《享受新闻》一文中写道，他于1978年进人民日报社，开始评论员生涯："稿子写成，送范荣康或钱湜辛同志阅改签发夜班。不少评论最后是经当时值夜班的副总编辑李庄同志红笔改定。后来，李庄同志升任总编辑，依然青灯相伴，朱笔夜批，常以'国文先生'自嘲。李庄同志上夜班，几十年如一日，一丝不苟，勤勉清醒，备受敬重。"李仁臣同志又写到，在他由评论部副主任提为副总编辑时，"为做好这份工作，我向李庄同志请教，他谦词连连，却在不经意间给了我重要的点拨，其中有一条就是'既要用红笔，也要用蓝笔'，我牢记不忘。用红笔者，改他人的文稿，审看大样；用蓝笔者，自己动手写文章，不要搁笔。"其时，父亲辗转病榻，处于住院、出院回家，又住院、又出院回家的状态。

全国政协常委、文史和学习委员会副主任、人民日报原社长张研农同志，在2004年《李庄文集》出版后，于《人民日报历史的画卷和宝贵财富》一文中这样写道："李庄同志从旧式家庭步入革命队伍，在党的培养下，融入时代潮流，坚定理想信念，点燃生命豪情，又保持着知识分子率性淡泊、谦冲自牧的品质，这就注定他一生同党和人民同呼吸、共命运，忘我工作，负重前行。李庄同志是《人民日报》的创始人之一，默默耕耘人民日报直至超期服役，自请离休。他长期执蓝笔，做记者；又长期握红笔，当编辑。这使他对做好党的新闻工作有丰富的体验和精辟的见解。……"其时，父亲长住北京医院，不再能出院回家；头脑尚清醒，但已不能说话了。

于是，由于十多年前我的忙忙碌碌，由于当年我根本不能想象父亲很快驾鹤西去，我没有能在父亲在世时就他的"红笔蓝笔"与他进行直接的、更多一些的交流；后来的岁月里，便只能从他留下的宝贵文字，以及同志们朋友们的真情忆念中，感受这位党的老一辈新闻工作者的思想情怀与新闻生涯。就如"红笔蓝笔"成为父亲李庄的某种文化指代一样，它也成为女儿心中初心不变的赓续传承。

又于是，在定下了因红笔蓝笔而形成"红蓝文稿"这样比较明晰的思路后，动手整理积淀多年的或成熟、或半成熟、或不成熟的书稿，就清楚和顺畅多了。在人民出版社的大力支持下，经与责任编辑认真梳理，"红蓝文稿"分为四册：《岁月痕——留影父母李庄赵培蓝》《山河笔——李庄朝鲜战地报道》《红蓝韵——李东东讲传统谈新闻》《风云辑——李东东新闻作品选》。前两册分别是关于我的父母的记述、我的父亲的专题作品，后两册是我的与新闻工作相关的文章、作品。人民出版社的出版前言，对本书作了这样的定位：这四本著作，从"抗日烽火奔太行"到"红笔蓝笔两从容"，回顾了老一辈优秀新闻工作者的战斗和工作经历；从《"三八线"上》到《被人们欢呼"万岁"的部队》，再现了我国首位赴朝鲜战场采访的新闻记者真切记载的战地情景；从《真实，不能触碰的新闻底线》到《有志于使新闻工作留名青史》，阐述了党的新闻事业优良传统和多位优秀新闻工作者的新闻实践事例；从新闻通讯、新闻评论到新闻史料归集，记录了改革开放伟大历史进程中的风云点滴。四本著作，深情讲述了在烽火连天的革命岁月，在热火朝天的建设年代，在波澜壮阔的改革时期，一家两代新闻工作者将个人命运与党和国家命运紧密结合；深入展现了优秀新闻工作者在建立新中国、建设新中国、探索改革路、实现中国梦的伟大实践中的忠诚执着和孜孜以求。

四本图书内容简介

《岁月痕》，是"红蓝文稿"的第一本，记述的是我心中父亲母亲的形象。他们的工作和生活经历，可以从一个侧面折射上一代、也即是新中国第一代党的新闻工作者的人生轨迹——他们是红色记者，是跟随党中央"进京赶考"的成长于根据地的党报记者，是新中国首都的第一代非老北京籍的北京人。同时，这也是多年来我第一次把父母的经历和形象集于一书来描述，此前，写父亲的文章多，写母亲的文章少，而且大都是分别写的。同时，为使本书能够更轻松、更生活化一些而不至成为父母的工作简历（当然我也概括不了他们的工作历程和成就），我便有意识地多从女儿的角度、家庭的角度、生活的角度来归集和描摹父辈新闻人。

因为是以岁月来留痕，故按照时序排列，以十年为单位，一个十年一个十年向后迁延，以我从小到大的感受和眼光，把父母从参加革命至今九个阶段的经历，这样挂一漏万地提炼了九个标题——20世纪30年代：抗日烽火奔太行；20世纪40年代：激情燃烧迎解放；20世纪50年代：如火如荼绘新篇；20世纪60年代：喜忧参半砺风霜；20世纪70年代：贞下起元诵春天；20世纪80年代：红笔蓝笔两从容；20世纪90年代：相濡以沫偕晚耕；21世纪第一个十年：天上人间永不忘；21世纪第二个十年：开来继往同圆梦。

《山河笔》，由四部分组成：李庄朝鲜战地新闻通讯，长篇通讯《战斗十日》，李庄朝鲜战地日记，李庄关于朝鲜战地报道的回忆文章。《李庄朝鲜战地通讯》辑录了从1950年7月到1951年3月，发表在《人民日报》上的27篇战地通讯，从正面记录了战争的过程；《战斗十日》则记录了中国人民志愿军一个营对敌作战的故事，战士们在极端艰苦的条件下，浴血拼搏，以弱胜强，圆满地完成了任务；《李庄朝鲜战地日记》是父亲去世后在他的遗物中发现的，99篇日记，记述了战地报道背后的故事，从侧面反映出朝鲜战场的情况；父亲在时隔四五十年后，回望当年写下的朝鲜战地采访回忆文章，与前述报道相互呼应，生动还原了抗美援朝前线报道的情境。

多年前，《新纪元集》和《李庄文集·新闻作品编》辑录了李庄朝鲜战地报道几乎全部通讯作品，而这次，我从人民日报图书馆宝贵的索引和老报纸中，一一查找出包括上述作品在内的父亲关于朝鲜战争报道的全部文字，有写于、发于战地的新闻通讯，有采访于战地、回国后写成的通讯，有纪实报告文学性质的通讯，也有不属战地报道的政论文章。这应当是我不仅作为女儿、也作为新闻后学，对父亲、对前辈新闻人、著名战地记者的朝鲜战地报道所能做的尽可能完整的归集了。

《红蓝韵》，是 2011 年 2 月 22 日至 6 月 6 日，刊于人民网的"李东东讲传统谈新闻"专栏文章共 20 讲。当年人民网"开栏的话"简明清晰地介绍了文章写作背景：真实，是新闻的生命，是新闻工作之"魂"。然而，在实际工作中，虚假报道现象时有发生。目前，按照中央要求，全国新闻界正在开展"杜绝虚假报道、增强社会责任、加强新闻职业道德建设"专项教育。新闻出版总署副署长李东东近期率中央督导组深入四川、重庆等地，检查指导专项教育开展情况，并多次赴上海、浙江、安徽、陕西、河北、辽宁等地新闻单位和部分高等院校，讲党的新闻工作优良传统，谈新闻工作者历史使命，尤其是针对新时期新阶段，在社会环境深刻变化、媒体格局走向多元的态势下，新闻工作者如何继承优良传统、增强社会责任、担当历史使命，进行了深入思考、全面分析、系统阐释，史论结合、谈古论今，观点新颖、案例生动，针对性、实用性很强，在新闻界引起强烈反响。为此，人民网从 2011 年 2 月 22 日起开辟"李东东讲传统谈新闻"专栏，陆续刊发其主要观点、案例与思考，对于提升新闻工作者的政治素质、业务素养，进行思想和业务交流，相信将起到积极作用。

这里我要稍加补充的是，当年在写作和发表这组文章时，还真是有着那么一种责任感和一点儿拼搏精神的，因为前八讲是写作发表于两会前夕和两会期间。当时，刚刚结束不久的专题教育督查、与新闻媒体同志们交流时的庄重热烈场面、年轻的新闻工作者对党的新闻工作优良传统渴盼了解的目光，交织在我的脑海中，当时我发现，不光是年轻人，就连很多四五十岁的新闻业务骨干听了我的交流报告也感到十分新鲜、没听说过——而那都是直接发生在我的上一辈新闻人身上的真实的故事，如果没有人来讲，不出两代人，已无人知道，遑论"优良传统"的传承。于是给自己加压，坚持奋战于两会期间，不管多忙多累，每天白天认真开会，晚上和夜里加班写稿、凝心思考、查补资料、钩沉史实——政协十一届四次会议是我履职十年开得最累的一次，也是综合成果最大的一次。我当然不敢想象如父亲在新中国开国时，下笔千言、倚马可待地每天凌晨赶写出前一天政协会议通讯特写的辉煌，但对前辈新闻人的敬业和拼搏精神，还算是有所继承吧！

《风云辑》，辑录了我在经济日报工作十年期间的部分新闻作品。我的新闻生涯，完整的部分，是在经济日报的十年；于国家体改委和国务院体改办工作期间，在《中国改革报》担任总编辑、社长兼总编辑三年多。总体来说，十来年的新闻工作经历，较之父母亲一辈子从事党的新闻工作，是太短了。但那段时光，于我同样的宝贵，是我种过地、放过羊、扛过枪、办过报的各种经历中一份弥足珍贵的记忆。由于在中国改革报社期间的主要工作性质发生变化，我似乎也像爸爸当年一样，"多写不好、总编辑最好不写"，写东西很少，以"出主意、用干部"为主，于是新闻作品结集成书的，基本上是我在经济日报时期的"蓝笔"成果。

这些作品，写于我从事新闻工作的亲历亲见亲闻，时间在1983年至1993年，算起来是改革开放前期、中期，主题涉及国家大事包括农村和城市改革发展、反腐倡廉、制度建设，更关注扶贫惠农、地方特色、民俗百态、生活点滴。考虑到新闻文种中的消息时效性最强，最易成为"易碎品"，故没有收入；七十余篇文章，主要是新闻通讯、连载通讯和新闻评论；另有史料论文一则；附录纪实散文一套。

1983年夏，从社科院研究生院毕业、到组建不久的经济日报社报到，领导谈话时问到我的志向，想去什么部门。不知是不是延安种地、内蒙古放羊留下的情结，我表示想做农村报道，领导大为心喜，当即批准——因为相对当时比较热门的工交、财贸而言，农业和农村报道比较"冷僻"、缺人。

那真是一段生气勃勃的时光。为农村改革大潮所鼓舞所激励，我们重走"上山下乡"路，到农村，到牧区，到刚刚兴起的社队企业、乡镇企业，写新闻，写通讯，写评论，为中央农村政策的贯彻落实、为基层干部群众的负重前行，竭尽全力鼓与呼。还是因为这种情结，我在调任总编室工作后，偶有出差采访，也还是比较关注农村问题。后来，我又从总编室被调到增刊部（特刊部），全程参与了经济日报扩大版的创办，办好扩大版成为经济日报当年从四版最终扩为八版的先声；那段经历同样生气勃勃也很有特色，故将回忆扩大版（特刊）办刊的文章一并辑入。

父母留给我的岁月痕

　　作为"红蓝文稿"写在前面的话，同时也兼作《岁月痕》的编辑手记，这里，花些笔墨对《岁月痕》的写作做点儿介绍性说明。这本书是记述我眼中心中的父亲母亲：父亲李庄，生于 1918 年，人民日报原总编辑，2006 年逝世；母亲赵培蓝，生于 1923 年，人民日报离休干部，健在。最初，设想这本书以画传或偏于画传的形式编写，故副题名之"留影父母李庄赵培蓝"。带有留影性质的画传，顾名思义应以画面为主，为之配文字——以前叫照片说明，现在时髦的用词是"图说"。照片说明也罢，图说也罢，大抵做画传一要图片丰富，二要以图为主、文字只起辅助说明作用。而我在动笔不久就发现了问题，一方面，能够遴选出来并配以准确文字说明的照片，并不像想象中那么多；另一方面，不是"图说"性质、而又不想割舍不能割舍的文字，那些特别能记录时代、描摹精神而无需后人解释的文字，却又实在很多。

　　于是，在与责编再次推敲商榷之后，决定按照实际材料和实际情况，不拘文图多寡，顺着时序迁延，从 20 世纪 30 年代起，以十年为一个章节，依次编下来。图片多，则以图说相配；文字多，则文章在其间独立成篇。还有，可能某个十年的材料很多，可能某个十年的材料偏少，于是一个一个章节的厚度并不一致，畸轻畸重，也只能实事求是可着布料做衣裳了。

　　这部书稿，由 20 世纪 30 年代开始，40、50、60、70、80、90 年代而至本世纪第一个十年、第二个十年，每十年为一小章节，图文相间。前面提到，很多地方难免挂一漏万，但都是我手中的积累、心中的牵念。书中文字，除了我的"图说"之外，大抵是在父亲存世的一百多万字文章中挑选的；大量的精彩篇章，由于结构安排而未能进入本书。

譬如，由于"红蓝文稿"的第二本《山河笔》收录了李庄关于朝鲜战争报道的全部文字，故《岁月痕》20世纪50年代部分，就只简略地以父亲朝鲜战争报道作品存目、部分报面、书籍封扉和回忆文章刊发版面来表述父亲的朝鲜战地报道。后又感到，在一本独立的书里这样反映重要内容实在欠缺，便将父亲最后一本回忆录《难得清醒》中完整回忆朝鲜战争采访报道的章节加以辑录，几万字的文章一上来，50年代这一章节立即与其他章节在数量上不平衡了。

又譬如，由于"红蓝文稿"第三本《红蓝韵》在我的讲传统谈新闻第四章"开国通讯报道是怎样写成的"一文中，介绍了父亲忠于职守、成功报道新中国成立过程，故父亲当年的8篇建国新闻通讯收录于彼，而本书在20世纪40年代篇章中，对父亲新闻生涯中的这一重大事件的呈现，出于不便在一套书中重复刊登的考虑，也就只能以当年报面图片和图片说明来加以显示了。

总之，本着内容、形式兼顾，不以形式约束和损害内容的原则，我和责任编辑尽我们所能作了遴选、编排，明显存在的文、图数量不尽平衡之状，也就依着重在对内容的选择而如此呈现了。

我的亲爱的老妈妈

最后还要说说的是我的老母亲。我妈妈赵培蓝，人民日报编辑，离休老干部。抗战初期在太行山参加革命，先是在太行文联工作，后来调到党报，基本上一辈子从事党的新闻宣传工作。

妈妈的籍贯是山西左权。左权县原名辽县，1942年日寇向八路军前方总指挥部腹心地区大扫荡，八路军副总参谋长左权将军指挥反扫荡时壮烈牺牲，后辽县更名左权县。妈妈出身于四代中医世家，小时候家教很严，在读书的女孩子中，也算早的；但十几岁时战争来了，日本侵略者打到了她的家乡，使她失去了学习环境，后来参加了革命，与父亲相识相恋。她非常遗憾没能在年轻的时候接受良好的系统教育，因此任何时候都不放弃学习机会。1955年，中国人民大学新闻系创办，她成为第一批考上人大新闻系的学生。那时她已是三个孩子的母亲，我姐姐上小学一年级，她上大学一年级，在人民日报社组织上的支持下，脱产上学，努力读书。她是班级里的老大姐，被选为党支部书记。

妈妈写得一笔好字。她的父亲死于1941年末日寇对太行山根据地的一次扫荡，我没有机会见到老中医外祖父的字迹；从我父母一代算起，妈妈无疑是我们几代人中字写得最好的人。爸爸的几乎所有文稿书稿，包括《我在人民日报四十年》《人民日报风雨四十年》《晚耕集》《难得清醒》，或零或整，当年都是爸爸边写边改、妈妈一遍一遍誊抄的。1999年，爸爸在他的最后一本著作《难得清醒》付梓时，所作前言中的结尾部分这样写道："这本书写了十五个月，我自认是尽了全力。'难得清醒'，说明有些事情开始清醒，有些事情还未完全清醒。有生之年我还想继续努力，求得进一步清醒。"而前言的最后一句，用今天时髦的话说，颇为霸气地提到我妈妈："我的结发伴侣培蓝为此书尽了很大力量，她这个《人民日报》老编辑没有白当，附笔说明。"

这次归集资料编写《岁月痕》书稿，我把妈妈留给我的她写于60岁时和90岁时的小楷书帖展示出来，不独是因为我爸爸为人所知的多，妈妈为人所知的少，而是因为他们都是党所培养的新闻工作者，各有所长，各有特点，共同的则是——忠诚、执着、敬业、奉献，是红色记者的那一份不变的初心。

　　"红蓝文稿"编写年余，这套图书的第一本、也是成书的最后一本《岁月痕》，完稿于金秋十月，适逢我母亲的母校——中国人民大学成立80周年华诞；母亲这茬抗战干部，在人民大学的校友中不是最高龄的，但也属九十多岁的"老战士"型高龄校友了。在当年人民大学"培养万千建国干部"的大背景下，因亟待提高文化水平以适应新中国新闻工作需要，母亲得以迈进这所中国共产党创办的新型正规大学之门，圆了从战争年代开始憧憬的大学梦。去年秋，我应邀为中国人民大学成立80周年作赋；今年9月7日，我与同为全国政协委员的著名书法家卢中南同志向人大捐赠了《人民大学赋》赋作和书法作品。中国人民大学新闻网就此所作的新闻报道结尾，特别提到了我们与人大的情缘："李东东和卢中南都与人民大学有着不可割舍的缘分。李东东的母亲是新闻学院1955级校友。卢中南在'国学典籍书法展'走进人大校园时也曾亲临指导。"

　　人民出版社在本书出版前言中写道："2018年7月1日是李庄同志诞辰100周年纪念日，我们和本书作者一道，谨此深切缅怀当代著名新闻工作者、新中国新闻事业的开拓者、党的新闻宣传战线的优秀领导干部李庄同志。"由是，在本书"写在前面的话"中，我想说的不外乎是，无论父亲的波澜壮阔，母亲的从容淡定，还是我的对红笔蓝笔的继承和坚持，都是源于执着一生的不变信念——忠诚于党的新闻事业；而这，也可以算作编写这套"红蓝文稿"的不变的初心吧。

（2017 年 10 月 3 日）

20世纪30年代…

抗日烽火奔太行

　　为记述老一辈党的新闻工作者、我眼中心中的父亲母亲而编著《岁月痕》，最初的设想是以画传或偏于画传的形式来表现，故副题名之"留影父母李庄赵培蓝"。留影、画传，顾名思义应以画面为主，为之配文字。而做画传，大抵一要图片丰富，并能准确为之作说明；二要以图为主，文字只起辅助说明作用——谓之"图说"。待到真正动起手来，我遇到的情况是，一方面，能够遴选出来并配以准确文字说明的照片，并不如预计中那么多；另一方面，不是"图说"性质、而又不想割舍不能割舍的文字，却又实在不少。

　　这种情况，在全书开篇的这第一个十年——20 世纪 30 年代，就格外突出了。这是因为，作为从我父母亲算起的我们今天这个四世同堂大家庭，20 世纪 30 年代我的父母亲还不认识，没有组织起家庭；而他们各自的祖、父辈，虽然都属殷实之家，但在当年的河北、山西小县城，却都没有拍照留影的条件。总之，我父亲李庄在参加革命前只有一张照片，是 1936 年他 18 岁读中学时的留影；而母亲赵培蓝最早的照片，是参加革命并与我父亲相识后、他们结婚之际留下的，时间已到了 40 年代后期。

　　于是，这一章节便成为全书从 20 世纪 30 年代到 21 世纪第二个十年共九个章节中，唯一一个只有一张照片的章节。唯其稀少，益显珍贵，我便格外不想舍弃，而以此开篇。

在这个十年的晚期，年轻的李庄在寻找抗日救国道路的途程中，走上新闻文化工作岗位，从他发表于 1938 年、1939 年的文章中，可以看到一个摆脱旧式家庭羁绊、开始新生活的知识青年的政治觉悟之初、文字水平之初。

三十年代唯一的照片

　　1936 年，青年李庄在河北易县农业中学读书时摄。这是父亲最早的一张照片，是 20 世纪 30 年代唯一的一张照片，同时是我们这个家庭最早的照片。

　　这张照片背后的说明是母亲赵培蓝 80 岁时所写。

"第一次接触劳动人民"

李东东

为了给这张照片作"图说"，我阅读了父亲的回忆录《难得清醒》，从他的"启蒙"一章中为之节录解说，其实也是把我有限了解的父亲的青少年时代稍加描述。

李庄，1918 年出生在河北省徐水县，在家乡度过童年、幼年。他这样描述自己的家乡——

徐水古名安肃，南宋时是宋、金两国分界线。宋朝官员出使金国，过了安肃，就到"异邦"。当时金强宋弱，有些使者不知道以后能否返乡，留下不少去国伤怀的诗词。谁知这样一个位置冲要、交通便利的平原地区，到清末民初，经济、文化落后到令人难以想象的程度。近二十万人口以农为业，到民国初年人均耕地不到二亩。土地硗薄，粮食产量很低，没有什么副业、特产。县城周长四华里，只有两个城门。毫无现代工业。称得起手工业的，县城只有两个当时叫"烧锅"的酒坊和几家制造铁木农具的个体劳动者。全县只有一个简易师范、五个设备简陋的高等小学，外出就读的大学生寥寥可数。历史上没有出过高官显宦、富商巨贾。

李庄出生在徐水城关一个商业资本家兼地主家庭。儿时四世同堂，是徐水几家富户之一，也是徐水"乡绅"之首。"我堂祖父和我父亲相继当县商会会长十多年，还办了不少'公益事业'；论生活水平，更是全县少有。……但是，这个家庭十分腐朽。我眼看着它迅速败落。"

关于自己儿时的读书，父亲写到——

在小辈即"草字"辈，我是长男。我家称不上书香门第，但男孩子（加上我这一辈的女孩子）都要读书，当然不是追求学术造诣，而是为着日后谋生。家里有书房，藏有四书、五经和《水浒》《西游记》等小说，我儿时在书房反复取读。……塾师谢老先生是个饱学秀才，以后屡试不第，因衣食不愁，晚年课徒解闷。他的教育思想与一些冬烘先生不同，为我们几个儿童启蒙，教完"三（《三字经》）百（《百家姓》）千（《千字文》）"和《论语》，就教《弟子规》《增广贤文》和《千家诗》《古文观止》《唐诗三百首》等书。学生欢迎这种教法，因为诗赋朗朗上口，容易记忆。也未闻家长有何异议，大抵因为时代不同，谢老先生威望又高。现在看，这两年对我影响不小，一方面，一些优秀诗文，我年过古稀还能背诵，成为终生从事文字工作不可或缺的"砖瓦"；一方面，某些诗文（如《陈情表》《祭十二郎文》）的情调同我由于家庭日薄西山而产生的没落情绪相结合，使我过早地成为人们谈论的"小大人"。

关于自己喜读文史、不喜欢数学，在报考河北省立第二师范时的失利，父亲写道："……家业越来越败落，最后成了一个号称'有房有地有生意'（这是徐水一带富有的标志）的空架子。1933年我高小毕业，家庭只允许我报考位于保定的河北省立第二师范，图的是不收学杂费和饭费，毕业后有望当高小教师。我没有被录取。据说这一年报考者特别多，'百里挑一'。这是人民生活日益艰难的一种折射。考国文我游刃有余，但数学不行，名落孙山毫不奇怪。"

"经过一阵震颤与彷徨，终于挺过来了，我认定要继续读书，读书才是出路。考不上学校在家里读，能读一天是一天。……这时徐水城里出现了新事物，成立了一个'民众教育馆'。这个地方对我度过失学的一年大有帮助。我几乎每天必到，近似'走读'。有书报看，失落感减轻许多，眼界逐渐开阔。当时还不懂得'开卷有益'这句话，我是见书就读，根本不懂什么选择。两位管理员知道我是'李家'子弟，另眼相看，多方给予方便。我又十分恭谨，经常主动打扫房间，整理书报，俨然成为义务工作人员。看什么书任意取阅。馆中最珍贵的'万有文库'（商务印书馆版），轻易不许人取阅，也无人取阅，我不仅在馆里读，还能带回家读。看书入迷了，不过一年，几乎读遍了馆里的文史书籍。"

在《难得清醒》"启蒙"这一章的第二节，父亲写到了他的中学生活，也就是这张摄于30年代的唯一的照片的背景——

1934年暑假后，我又上学了。一个堂弟、一个弟弟这一年高小毕业。堂弟与我同岁，是独子。他的亲祖母在这个大家庭中辈分高，年龄大，有较大发言权。他是非升学不可的，我和亲弟也沾了光。但家庭经济力量不能支持三个人上普通中学，于是让我们报考河北省立易县高级农业职业学校。我的国文无问题，算术又经过复习，考了第一。两个弟弟也考取了。

这个学校的前身是河北省立第八中学，校长王国光，原在易县城内，改成河北省立易县高级农业职业学校后移到易县梁格庄。这是燕太子送别荆轲之处，逊清西陵所在地，山环水绕，风景秀丽。平汉铁路有支线通梁格庄，是为清帝祭陵专修的。梁格庄原是小村，因有"护陵"人员聚居，逐渐发展为小镇，清帝退位，日渐衰落。农职以清帝行宫为校舍，梁格庄的小型修缮、服务、文具等行业随着发展起来。

……按照中等技术学校的水平，这个学校的图书馆相当充实。有阐释孔夫子学说的书，有介绍马克思主义的书，有杜重远、邹韬奋办的鼓吹抗日救亡的杂志，有《子夜》《爱情三步曲》等小说。总之，只要不是直接宣传共产党的书，可说兼收并蓄。这里离清西陵很近，同学们星期天大都出校郊游。这里离易县城十余里，口袋充裕的同学喜欢到城里下小馆打"牙祭"。我在星期日从不出门，整天读书。……从第三学年开始，两位管理员经过商量，给我一把图书馆进门钥匙，允许我在课外时间和星期日进馆阅读。我就这样全神贯注地读了三年。河上肇、陈豹隐的经济学、艾思奇的《大众哲学》、陈唯实的《通俗辩证法讲话》，以及文化旗手鲁迅的许多杂文，茅盾、巴金等名作家的许多小说，以及俄国、法国、丹麦等国许多文豪的名著……有些现在头脑中还有清晰的印象。如果说我在徐水"民众教育馆"读的书多是"上一辈人"所喜欢的，在农职图书馆读的书有不少反映的是时代潮流。

以下这一段，虽不属父亲对自己简历的陈述，但看起来对他世界观人生观的形成颇有影响，读起来也使我感到某种震撼，故录于此——

梁格庄虽是农村小镇，巍峨的宫墙还是把我们这些"洋学生"同劳动人民隔离开。1935年春季，学校组织学生到附近"短足"，我们一班去距梁格庄四十里的云濛山。最初是列队行进，慢慢就变成三三两两结伴而行。我们几人在镇西遇到一个樵夫：中年人，衣衫残破，背着一架青柴（在陡峭山坡上砍柴，无法挑担，只能用木架背负），一步一步向前挪动。山风料峭，他穿的单裤仍高高卷起，两腿伤痕累累。我们看他有气无力，问他是否没有吃东西？他点点头。我们凑了几张作为旅行干粮的面饼给他。他大口吞了两个，把剩下的揣到怀里。他说家里还有一妻两子一女，孩子从来没有吃过白面烙饼，他要带回去给孩子。他说，他住的山窝铺离梁格庄二十多里，他起大早到山上砍柴，背到梁格庄卖柴买米，回家煮粥一家人吃。看他冻得发抖，问他为什么不多穿件衣服，他摇摇头。问他腿上的伤是怎么回事？他说是荆子扎的。"为什么不穿条裤子挡挡？""先生，"樵夫摇摇头说，"砍柴，谁敢穿裤子？腿扎破了，许能慢慢长好，裤子扯破了怎么办？"我们几人一下愣了，最后只能把身上带的零钱凑在一起送他。樵夫趴在地上磕头，不断重复一句话："先生啊！我记先生们一辈子！"

这是我第一次接触劳动人民。樵夫说记我们一辈子，我一辈子也忘不了樵夫。我的家庭虽已败落，同这位樵夫仍然离得很远。他的血泪诉说，令我振聋发聩。"短足"回来经常想这件事。当时谈不到什么正确的阶级观点，只是痛感人间不应有此等惨事——宁可把腿扎伤，不敢扯破裤子！前几年，从家庭败落的灰暗心理出发，到某些古典诗词中求解脱，无异缘木求鱼。有些人吃饱肚子写诗，文字可能很美，却把苦事写成乐事。郑板桥的渔樵耕读《道情》，曾经使我陶醉。他写的樵夫十分闲适："倒不如闲钱沽酒，醉醺醺山径归来。"我遇到的樵夫，哪有"闲钱"？何能"沽酒"？一家五口喝不上小米稀粥！

樵夫的教育使我慢慢从古代转到现代，从乱想回到现实。从此对书的兴趣更加浓厚，重点明显移到《大众生活》《永生》等杂志。

《包身工》等报告文学，《八月的乡村》《生死场》等小说，它们使我大大开阔眼界。十分遗憾，易县农职没有革命火种（解放后我多方打听，当时农职没有共产党地下组织），始终未能打破梁格庄的"宁静"。"一二·九""一二·一六"都未影响到它。孤零零的农职像被时代遗忘了，也许时代从来就没有认识它。

从此走上抗日救国道路

李东东

在《难得清醒》的第二章"探索"中，年轻的李庄在民族危难之际，这样开始了自己走向社会的人生道路——"七七事变"，日本法西斯在卢沟桥挑起的侵略战火，使他和千千万万不甘当亡国奴的青年一样，离家弃学，寻找抗日救国道路，摆脱"十分厌烦又无力冲破的剥削阶级家庭"，进而背叛这个阶级。"在易县农职三年埋头苦读，我的思想逐渐觉醒。特别是那位樵夫上的一课，使我想了许多，也有针对性地读了许多书。……凭着一直带在身上的河北省立易县农职的校徽和简单的口试，我在民族革命大学武汉招生处参加了这个'大学'。拿着一纸录取证，从武汉坐闷罐车组成的专列，经平汉、陇海路过风陵渡到达山西运城。我对能进这个学校心满意足。'民族革命'，我所追求；'大学'，我所向往；加上衣食供应，据说工作还有保障，在战乱期间，哪里还能找到这等好事？"

到了山西不久，在经历了临汾失守、运城撤退、民大三分校仓促向晋西南山区转移的艰难与混乱之后，青年李庄的人生道路不断发生变化——

阎锡山的二战区司令长官部由山西吉县退到陕西宜川黄河边，暂时停下喘息。他眼见大批青年离山西而去，就想千方百计把没有走散的留住。一方面，继续在宜川办民族革命大学，在相对稳定的环境中进行收容，加强管理；一方面办民族革命大学随营分校，希望经过"抗大式"的短期培训，分派各地工作，支撑山西危局。进随营分校要经过挑选，方法是由校方指定的负责人谈话、测试。当时我们驻在宜川县黄河边的桃渠村，杜心源来这里挑人。他同我谈了很久，选上了。这位同志和蔼、深沉、知识渊博，一眼看出不像旧官僚。他问我是哪里人，上过什么学，读过什么书，为什么上"民大"，我一一回答了。他突然问道："你知不知道世界上有个高尔基？"我说，知道，我看过他写的几本书，我十分崇拜他。杜心源笑了笑，说我被录取了。1954年，我陪朝鲜《劳动新闻》代表团到四川访问，杜心源当时任中共四川省委宣传部长（不久任省委文教书记）。谈完接待外宾计划，应我这个老学生的要求，谈起同我谈话的往事。他还清楚记得我，河北人，大个子，有些口吃。他说："当时你二十来岁，我看是个政治纯洁、追求进步的青年，文化水平不低，政治经验不多，有人帮助可以继续进步。"他说，1938年，阎锡山的政治态度大体同我们党的最低纲领相同，我们的方针是推着他、拉着他继续抗战。他办民族革命大学，我们支持，尽可能参加进去做工作。随营分校，凡是我们选的学生，都是比较可靠的。当然，不都是共产党员，起码要愿意抗战、救亡。

父亲在他六十多年后的回忆中认为，一个初次涉世的青年，在1938年那种社会激烈动荡、政治斗争表面缓和实际十分尖锐的年代，走上正路的机会很多，误入歧途的机会也不少。"除了汉奸都谈抗战，蒋介石也说过一些抗战的话，阎锡山似乎把'民族革命'一词垄断了。他办的学校、刊物、出版社、俱乐部……都挂上'民族革命'的牌子。许多青年鉴别力低，极易轻信自误。所幸我很幸运，自身有民族觉醒、追求进步的思想基础，更重要的是遇到了好人——年纪比我大，政治经验比我多，像关心小弟弟一样关心我的好人。"

因为志趣、爱好相同，随营分校几个同学吕岩寅、谈锋、仓夷、乔力和李庄，很自然地团聚在胡采周围。胡采年纪最大（当时也仅二十多岁），知识多，写文章棒，看问题深。这个稳固的小圈子，仓夷最小（他原是南洋华侨，回国抗战，1946年作为新华社特派记者采访国共两军停战谈判过程中，被国民党在大同外围秘密杀害），李庄比他稍大，年龄倒数第二。几个人视胡采为兄长，对他的主意坚决奉行。"随营分校毕业，以胡采为核心的几个人被分配到第二战区司令部'民族革命室'，筹办、编辑新创办的《民族革命》半月刊。'民族革命室'名义上管理阎系机关、部队的文化工作，据说是仿效红军'列宁室'的作法，挂上阎记招牌。《民族革命》半月刊名义上由梁延武负责。他是阎锡山的堂妹夫，日本留学生，1938年统管阎系的文化艺术工作，以进步文人面目出现，一时罗致了一批文化艺术工作者到二战区，这个刊物的实际负责人是胡采，按照团结抗战的基调，梁延武让大家放手工作。"

在《民族革命》期刊工作和其后一段不长的时光，是青年李庄抗战初期的"探索"道路——

我在晋西近一年，工作几经变动，这一段心情最舒畅。生活很苦，穿阎军士兵的衣服，吃比士兵稍好的伙食，最初甚至连军毯都没有，大家挤在光线灰暗的窑洞里，和衣依偎，黑甜一觉。仓夷和我最受优待，总被挤在中间。几个人办一个刊物，写稿、编稿、校对直至送到黄河西岸的出版社印制，全是自己干。无拘无束，亲密无间，两孔窑洞成了几个青年的天地，大家说这才像救亡工作的样子。

……接触的、过从密的又都是青年人，结识了不少新朋友，其中有不少秘密共产党员（虽然当时我并不确知），1939年"晋西事变"时多数撤到延安，许多人至今健在。但新朋友不如老朋友，我继续时时往关里（关里村，一个村庄的名字——编者注）跑，因为对胡采等人感情太深。仓夷得了伤寒病，在文城住军医院，吕岩寅陪住，被传染。仓夷病愈出院，吕岩寅接着住院，我陪住。吕终于不治病逝，我幸而安然无事。从此事可以看出，我同这些老朋友是多么亲密。

抗日烽火奔太行
激情燃烧迎解放
留影父母
相濡以沫偕晚耕
喜忧参半砺风雨
红笔蓝笔两从容
不变的初心
开来继往同

武汉撤退与抗战新形势的铸成

李　庄

此文是综合八路军朱德总司令于一九三八年十一月在晋西对民族革命室同志及民族革命大学同学两次讲演整理而成。朱总司令忙于抗战，行色匆匆，未暇亲自校正。文章题目是记者所拟。

记者

武汉广州失守后，抗战形势为之一变，即是要走到真正的全面抗战的阶段了。

华北一年多的抗战，可以说是全面抗战游击战争的很好的例子。譬如在山西：游击战争已经普遍地发展，新军队的决死队也已经建立，旧的军队也已经大加整理与补充，人民大部分也已经动员起来。在河北也是这种情形：河北的山比较少，可是因为人民勇敢，且都已经觉悟，枪多，并且都有作战的经验与牺牲的决心。所以游击战争也已经普遍地发展起来了。在河北没有一个县城没有被敌人占据过，南宫县被敌人占据的时间最短，也有三天。可是现在呢，大部分县份都已经被我们收复回来，只冀察晋边区政府直接控制的县份就有六七十县之多。其他如冀东冀中冀南等地的游击区，也已经逐渐地成立与发展起来。河南山东安徽等地的游击区也已经逐渐成立，游击战争也已经在逐渐地发展。

我们的抗战可以分做三个阶段：第一个阶段是敌人力量比我大，即敌人进攻的时期；第二阶段即敌我力量的对比逐渐变化，结果趋于平衡，双方战事成相持之局的时期；第三个阶段即我们的力量显著地发展，敌人的力量急剧地下降，也就是我们积极地反攻，把敌人赶出全中国去的时期。第一个阶段现在还没有完结，因为敌人仍旧有力量向我们进攻；第二个阶段还没有到来；第三个阶段现在当然更谈不上。不过我们坚决的相信第二第三阶段是必须要到，并且不久就要来到的。

　　武汉是在上月二十五日自动的有计划的放弃的。在放弃之前，人力物力财力撤退到后方去了。所以敌人得到的只不过是一座空城。武汉抗战六个月，敌人伤亡了四十多万人，方才迫近到武汉的近郊。他们的目的是要消灭我们的主力，可是我们却巧妙地把主力安全地退出了武汉核心，保存了优厚的实力以与敌人继续相周旋，以达到我们坚持持久抗战，争取主动地位，发动全国抗战取得最后胜利的目的。

　　广州的失守最大的原因可说是受了国际的影响。张伯伦一味地对法西斯强盗们投降妥协，牺牲弱小民族，以图暂时满足侵略者的欲望。阿比西尼亚、奥地利、捷克斯洛伐克都被他牺牲了。日本看中了张伯伦不敢打仗的特点。他在欧洲不敢打仗，在亚洲当然更不敢打仗。所以日本就不顾一切地拿去了广州。不过日本这个算盘打错了，中国不是捷克斯洛伐克，它因为不抵抗所以得到了被瓜分的结果。但是我们中国呢，我们要抵抗，要继续抵抗，一直到把日本帝国主义者赶出中国去为止。奥地利、捷克斯洛伐克的亡国教训了我们，只有抗战才足以自存，不抵抗所招致的结果则只有亡国。

"九一八"我们没有抵抗，东北丢了。卢沟桥事件发生，我们抵抗了，并且一直抵抗到现在。现在日本的损失比我们大，开到中国来的军队已经有了一百多万人，伤亡也已经有了几十万。但是我们中国呢，越打越强，可以一直把日本打跑。由此可以证明任何帝国主义国家想灭亡中国都是不可能的，因为我们地大人多，并且每一个人都不愿当亡国奴。

华北日本宣称已经拿到手了，可是除了沿铁道线的少数城市外，何处不是我们的土地？英国的间谍、侦探、新闻记者到华北来调查过以后，都劝他们国内的金融资本家别在现在的华北投资，因为在这种地方投资等于给人家送钱。从这一点看起来，就连外国人都已经看清楚华北依然是我们的了。

现在敌人在华北的军队还有二三十万人，可是我们每天都有小的胜利，敌人都有损失。在我们的游击区域内，学校仍旧在开办，生产事业仍旧在进行，没有丝毫的恐慌，真是个持久抗战的样子。山西在平型关战役后，组织了战地动员委员会，普遍地组织发动起民众来。所以现在打起仗来妇女都有参加的。冀察晋边区更是后方游击根据地的好例子。这个边区政府辖县有六七十个，工人救国会、农民救国会、妇女救国会、儿童等等都已经组织起来了。县长多数是民选出来的，所以真正能为民众谋利益，民众也因为有了真正的觉悟，所以也就能够出死力捍卫国家。有钱的出钱，有力的出力，在那里是真正地做到了。

于是敌人就在进攻武汉的同时，用了五六万人的力量进攻冀察晋边区。敌人这种企图是很明显的，无非是欺骗蛊惑我们的民众罢了。在他们以为如果以阵地战支持的武汉被他们拿了去，以游击战支持的冀察晋边区再被他们打下来，可见我们的阵地战与游击战都失败了，那么我们不投降还等待何时？可是事实上敌人所得到的结果，恰恰与他们的理想相反；我们在冀察晋边区到处坚壁清野，敌人到处找不到我们一个人。可是敌人进出的道路被我们完全截断了，他们没有办法，只好以飞机输送给养与子弹。可是这些办法依然不能挽回敌人的厄运，他们到处都受我们的打击，白日黑夜被我们的或多或少地消灭。结果这次进攻，敌人吃了大亏，他们死伤的数目远比我们多得多，并且在五台山上还冻死了不少。阜平等地很快地就被我们收复了，敌人这次生意又是赔了本钱的。

不只五台山可以收到这种结果，像这黄河边上的山地比五台更好，敌人如果有几万人来，管叫他们照样回不去。我们没有硬法子，但是有软法子，每次打死几个敌人，但积少可以成多。只要全面抗战真正地实行起来，到处都是敌人的葬身之地。民众的力量是伟大的用不尽的，只要我们能够普遍地动员他们。决死队是以动员民众的方法组织起来的，八路军何尝不是？只要我们的动员工作做得好，要多少人可以有多少人。

在过去还有人害怕民众起来，怕民众动员起来以后管不了。可是土地失掉了以后，不动员民众就没法把它收回来，况且民众动员起来以后是只有好处没有害处。华北除铁道线以外，到处都有我们的县长与民众团体，敌人何时出来都会挨两枪，也惟有这样，所以华北的抗战才能够支持一年多。现在敌人仍旧在华北增兵，只要我们能够团结，坚持持久抗战，当不难把他们打出去。

只要我们自己肯团结，最后的胜利是没有问题的。在以前如果我们肯团结，能团结，敌人根本就不敢来。抗战的初期我们虽然已

抗日烽火奔太行
激情燃烧连解放
留影父母
相濡以沫借晚耕
喜忧参半沥风雨
红笔蓝笔两从容
变的初心
开来继往同

经团结了，但团结的程度不很好，所以部分的吃了败仗。只要我们能够继续地更巩固地团结，打胖日本是没有问题的。我们都是中国人，都是黄帝的子孙、自家人和自家人有什么了不起的事？所以我们应该也已经不分男女老幼阶层党派地团结起来了。

山西是统一战线的模范区，精诚团结已经有了良好的基础，打跑日本是有十二分把握的。不只山西如此，其他各地都可以做到这种样子。蒋委员长想把中国统一起来，团结起来；以往因为办事人的关系，没有做好，现在却不然了，无论什么人都已经知道了，觉悟了：只有全国各党各派的团结，尤其是国共两党的团结，才是能够得到最后胜利的惟一的基础。

我们的团结统一是敌人失败的根源，所以他就想方设法地挑拨离间，企图破坏分裂我们的统一阵线，汉奸托派也就助桀为虐地帮助他们。敌人贴标语说只打八路军不打骑二军，但是骑二军的同志开会讨论这件事："日本是我们共同的敌人，他们为什么只打八路军不打我们？我们又不是汉奸！"敌人这种打我不打你或打你不打我的口号是欺骗人的鬼话，实际上每一个中国人他是都要打的。每一个弱小民族他也是都要打的，朝鲜就是明显的例子。因为八路军做得好，打得他们赢，所以日本就又挑拨离间说凡是和八路军合作的都是赤化了，八路军做的事都是赤化的事。有很多人怕赤化，所以不敢和八路军合作，换句话说，也就不要再抗日了。敌人说的全是鬼话。八路军现在只是帮助人，帮助友军，友军与敌人作战，八路军迅速的应援。平时如果有友军需要八路军的军事、政工同志帮助，八路军的同志也是毅然承当的。有人怀疑八路军这样做是不是想拆他们的台，把他们的军队拉过去。这种怀疑是多余的。八路军帮助人家的时候，并不在他们的部队中发展党，也不成立什么支部。共产党要是想发展容易得很，中国有的是人。八路军只有无条件地帮人家的忙，因为在抗战中每一个人都应该这样做。八路军在抗战的时候与各党各派合作，在建国的时候依然与各党各派合作，这种合作将一直继续到永远。

在武汉没有失守以前，曾经有酝酿和平妥协的空气，说是要与日本订"城下之盟"。可是不久武汉就自动地放弃了，没有了城，哪里来的"城下之盟"呢？现在这种空气再也没有了，大家只剩下一个信念，那就是怎样才能更快地把日本赶出中国去！

在人民已经逐渐觉悟了的情况下，谁想妥协谁就不容于国人，所以现在就是在上者不想继续抗战，在下者也要继续抗战。武汉放弃以后，各处战事均已转好。我们以运动战游击战为主而以阵地战为辅的配合起来，日本是没有办法应付的。实际上日本人并不可怕，只不过新式武器比较我们多些而已。只要我们真正地做到全面抗战，变敌人的后方为前方，敌人便非时时赔本不可。打行进中的敌人，是最便宜而省力的。火车汽车上的敌人固然不用说，就是行进中的敌人步兵也好打。随时随地给他们个措手不及，使他们无论什么样的好武器都失了效力。打后方打侧背能够赚钱，这是我们屡试屡验的。

以前因为有许多大城市舍不得放弃，所以常打阵地战，摆开阵势与敌人死拼。现在大城市差不多失掉了，再也没有什么顾忌了。现在军委会决定把大部分兵力与人力留在沦陷的区域里打游击，这是最必要而且应该的。不过并不是说我们从此完全不要正面了，实际上正面还是有的，不过这时的正面是在山地上做成一个大阵线，

抗日烽火奔太行
激情燃烧迎解放
留影父母
相濡以沫借晚晴
喜忧参半砺风雨
红笔蓝笔两从容
不变的初心
开来继往同

变守为攻；只要我们时常攻击，使敌人忙于招架，自然就可以守住我们的阵线。当我们不愿意攻击而与敌人对峙时，有时间可以补充休息。我们还可以把敌人的交通线截断，随时消灭敌人。

八路军装备很差，炮很少，最得力武器是机关枪与手榴弹，可是我们时常打胜仗。这是因为我们看清楚了敌人的弱点，常打他们行进部队的侧后背，他们有好武器也使用不上了。游击战争的方法说来很简单，关不多谁都懂，但有很多人不会应用它。原因很简单，就是不能应用游击战术的部队没有能够同人民打成一片。运动战游击战如果没有群众的帮助与掩护，那就好像鱼离了水，不会得到胜利的结果。打游击的军队如果能与老百姓结合好，他们就会拼命地帮助你，放步哨、当侦探、捉汉奸，老百姓都可以办到。最大的一点，军队如果牺牲了还得要老百姓来补充。我们的军队如果在一个地方住得久了，自然可以把老百姓组织起来，无论各方面都同他们打成一片。如果我们刚到一处地方就需要和敌人打仗，临时组织都可以，只要我们自己表现得好。如果我们的工作做得好，老百姓都可以动员起来打敌人，连过去的土匪和红枪会都可变成保国卫民的军队，冀中冀南就是最好的例子。

中国是个农业国家，吃的穿的不成问题。我们作战的基础在农村而不在城市。日本就不行，他到我们中国来，给养虽然可以在占领区内抢到一点，大部分还是要由他们国内运了来。我们的士兵能吃苦，他们的士兵就比不上。有人以为我们的军火将来要发生问题，这也只是一种过多的顾虑。因为我们自己可以设立小的兵工厂，并且敌人还经常给我们送了来。

我们坚决彻底地拥护军委会的坚持持久抗战，争取主动地位，发动全面抗战以争取最后胜利的决议，只有这样做，我们才能有把握战胜日本。

日本是个泥脚帝国主义，先天不足的国家。我们中国的持久抗战，实在足以致日本的死命。日本只有六七百万能上前线的壮丁，来中国的已经有一百多万，已经死伤几十万。日本能够继续送上前线送死的士兵，已经渐成问题了。山西的敌军约有十余万人，分散开来，你能够见到几个敌人？所以敌人越分散越容易被消灭，我们越团结敌人崩溃的越快。我们地大人多，敌人人少地小，他们的军费已达七十万万余元，但是中日战争直到现在还丝毫没有眉目。日本的军阀叫他们的劳苦大众到中国打仗送死，得到了利益却都是他们的。他们叫士兵打仗，他们自己并不出钱，所有的军费依然出自一般劳苦大众的身上。他们这种把戏，不久一定要叫劳苦大众看穿，团结起来打倒他们。现在这种情形已经在酝酿，日本的军阀必然要被他们的老百姓打倒。这是一种可能的事实，但我们不能只是依赖它，我们自己的继续努力，可以加速敌人的崩溃。

现在的世界上，追究到最后，就是和平阵线与侵略阵线的斗争。法西斯国家是财政寡头统治，生产与财富集中在少数人的手里，一般的生产者都变成了无产者。实际上法西斯国家外强中干，他们只是依靠枪炮张牙舞爪地对外侵略。只有把法西斯国家完全打倒，才可以维持世界和平。日德意三个法西斯国家一味的以防共剿共反苏联相号召，他们喊了四五年，依然不敢对苏联动手，只是向着我们这些弱小民族进攻。苏联第一个五年计划成功以后，国防力量已经显著增强，法西斯国家那时还没有多大力量，所以不敢向它进攻。第二个五年计划成功以后，苏联的国防力量已经凌驾英法之上，法西斯国家更不敢对它动手了。现在第三个五年计划已经在进行，法西斯国家对它更是莫可如何了。张鼓峰事件发生，日本以几个师团的力量向苏联进攻，苏联并没有费多大的力量，就把它打得落花流水，结果他不得不向苏联屈服。有人说中国是根本就不应该抗日，中国抗日是在帮助苏联，替苏联打仗。这种话是再可笑也没有的，因为日本根本就不敢向苏联进攻。汉奸托匪常常怪中国共产党，说日本进攻中国，完全是因为共产党常常说抗日、抗日，才把它惹翻了的，这种说法当然更可笑了。难道共产党不说抗日，日本就不来侵略中国吗？

英、法、美等民主国家原则上都是帮助中国抗战的，无论在精神上或者物质上。这是因为他们帮助中国抗战，一方面固然是为中国，一方面更是为他们自己；因为日本要是把中国灭亡了，对于他们也是非常不利的。

苏联当然更是帮助我们的。在精神上始终相信中国必然胜利，鼓励我们继续抗战下去；在物质方面更是源源接济，对我们的抗战发生莫大的帮助与影响。苏联是社会主义国家，他把自己建成强大的国家以后，就一心一意帮助弱小民族谋解放。这种帮助是无条件的，可以说这就是它自己的任务与使命。只有苏联才是我们真正的朋友，它以往帮助我们，现在帮助我们，将来仍旧要帮助我们。我们的抗战在国际上绝不是孤立的。

有很多人盼望世界大战赶快爆发，以为世界大战爆发了，对于我们的抗战是有利的。这种见解并不正确。在世界大战没有爆发的时候，各个爱好和平的国家会尽可能帮助我们，无论物质上与精神上。如果世界大战爆发了，世界上各个爱好和平的国家都忙于战争，对于我们的帮助一定就要比现在少了。只要我们大家团结努力，坚持到底，以我们自己的力量打败日本是没有问题的。

我们中国的抗战，担负了光荣伟大的任务。我们抵抗日本帝国主义的侵略，固然是为了我们自己的生存与自由；另一方面，也是替全人类消灭破坏世界和平的法西斯强盗，为人类求正义，为世界谋和平。我们这些正在为民族革命而奔波而努力的同志们是光荣的。那些为祖国为全人类而牺牲的战士们，更是光荣伟大的。只要我们后死者能够继续努力，坚持持久抗战，争取主动地位，发动全面抗战，最后的胜利一定是属于我们的。

（原载《民族革命》半月刊，1938 年 11 月）

父亲在《难得清醒》"探索"篇章中，直接地、简明地回忆了他当年"初生牛犊不怕虎"，迅速写就这篇六千字文章的过程，足以作此文的"图说"——

1938 年秋季，朱德到了二战区司令长官部。八路军总司令、二战区副司令长官会见阎司令长官的消息迅速传开。阎方隆重接待，青年人情绪热烈，都想一观朱总丰采。有一天，他在山坡散步，"民族革命室"工作人员发现了，自动围上来，恳切请他讲话。这时国民政府已从武汉撤退，抗战前途如何、下一步怎么打法，极想听听共产党、八路军领导人的意见。朱总司令两次即席讲话，并无讲稿，很像同青年人对坐谈心。他那深邃的思想，精辟的分析，朴素的语言，平易的态度，士兵的装束，把听众完全迷住了。胡采决定立即整理讲稿，在《民族革命》半月刊发表。我听了讲话，做了记录，又在听众逐渐散去后请朱总司令就几个问题作了一些补充，迅速把两次讲演捏成一篇文章。真是"初生牛犊不怕虎"，我根本没有考虑用个人名义发这种文章，是否会被阎方怀疑有赤色背景，也没有来得及请朱总司令过目，就在胡采拟制标题、增写按语、修饰文字后发表了。

接下来的几句更为重要，表明他最终找到了党、找到了八路军——

短短的面对面的接触，使我直接看到同阎锡山以及阎系高官们比，朱德在各方面都是另一个世界的人。这种深切的认识，是我不久之后坚决要到八路军总部所在地——晋东南的重要原因。

（李东东）

在保卫大武汉的紧急声中纪念鲁迅先生

李　庄

"中国的唯一的出路，是全国一致对日的民族革命战争。"这是鲁迅先生临终时沉痛的热望于我们后死者的遗言。我们现在正在实践着他这个遗言，正在为保卫我们的经济政治中心的大武汉，保障中华民国的不亡，在南北战场广大的战线上与敌人进行着艰苦、残酷的斗争。这是他的热烈的期望，他晚年奋斗的目标，也是他播下的种子开出来的花朵。我们想：他在九泉之下有知，一定也正在微笑吧。

他一生的遭遇，正是象征着晚近的中国。他的生命的第一章，便充满了不幸，他幼小时家道已经中落，曾经在亲戚家里寄食过；我们整个的中国，在没有发动全面抗战的时候，何尝不是在帝国主义的压迫下，苟延残喘的过活，仰承人家的鼻息，做着人家铁蹄下的奴隶？他生命的第二章，是一连串的失败：在日本他曾拟纠合同道创办"新生"，但等到出版之期接近时，"最先隐去了若干担当文学的人，接着又逃走了资本。"那个计划终于没有成功，接着"意气沮丧的想到德国去的理想也失败了"。我们中国呢，最后一百年的历史何尝不是一连串失败的历史？不然又哪能降落到现在的次殖民地的地位？

不过鲁迅先生并未因失败而灰心，他"呐喊"，他奋斗，他向

20 世纪 30 年代：抗日烽火奔太行

压迫者"反攻"。

我们现在的整个中国，应当继承他的战斗精神；我们中国的每一个人，应当学习他的战斗精神，因为他是我们的导师，是为我们"开路的人"。

首先，鲁迅先生是反抗压迫的典型人物，他的心胸中燃烧着热烈的广泛的同情心与正义感。他爱全人类，尤其爱青年。他对于压迫人的人，人吃人的人却极端的厌恶与憎恨，他反抗压迫他的人，并且反抗所有压迫人的人。从"五四"以来，他始终站在文化界的前哨上——不，站在所有反抗压迫者的前哨上，向压迫者"反攻"。他曾经遭受过猛烈的"围剿"，但是他丝毫不怕，仍旧坚持同敌人斗争。因为打的是肉搏仗，所以他抛弃了"长枪"而改用"匕首"。他的杂文曾经发挥了灿烂的光辉，照得他的敌人发抖。他有毅力，有决心，不受利诱，不怕威胁，不惧通缉。

其次是他的"冷酷"，反对他的人常常说他是"冷酷"的，这一个头衔他自己并没有拒绝过，我们也不应当替他辩驳或者拒绝。他"冷酷"，是当他对付敌人的时候。其实同志爱与同情心是时时刻刻在他的心胸中燃烧着的。他遇事不放松，与敌人干到底，这种坚决的精神还有人能够非议？"对于敌人的容忍，就是对于自己的残酷。"这句话是他常常意识到的。的确，他常常"打落水狗"，不过"落水狗"不打，爬上岸来是要咬人的。他的作品中充满着极高的热情与愤火——这或者就是他的"冷酷"的地方——例如，对于《狂人日记》，他自己就曾经说要"比果戈理的忧愤深广，而又不如尼采的超人的渺茫"。

第三是他运用战略的正确性。反抗压迫、击溃敌人是他最终的

岁月痕

——留影父母李庄赵培蓝

目的。但他为着达到这个基本目的，曾经不断地交换着战略。他有时候使"长枪"，有时候用"匕首"，有时候勇猛地"进攻"，有时候又暂时的"退守"，有时候"冲锋"，有时候"侧击"。在情势十分不利于他的时候，他也会到厦门去暂时的"潜伏"一下。在书店老板和编辑先生都害怕而"远离""鲁迅"这两个字的时候，他曾经使用了几十个没有使用过的名字发表他的杂文。他时常地走曲线，也时常地"退一步进两步"。有人说鲁迅这样干是踏着"野草""彷徨"了；他对这种"讽刺"，不辩白也不在意，仍旧"在荆棘丛中走走"，结果全都胜利通过了。

第四是他的始终如一坚决干到底的精神。在"五四"时候，他未尝没有若干的"战友"，不过久而久之，他终竟感觉到"孤独"起来。这是因为那许多"战友"与"同伴"们在艰苦坎坷的征途上，有的落了伍，有的甚至"转变"而作了官。鲁迅先生呢——我们的老战士呢？他始终握着一支笔，写他那敌人见了害怕的文章。由青年到白了头发，由庞大队伍的行进到"孤独"的苦斗。他的成功与伟大不只在于他的"著作等身"，尤其在于他的这种坚决奋斗的决心与精神。他的日记从民国元年起持续到他死的前一天，从来没有间断过，就是在前年的十月十八日他已经临危的那一天，还勉强挣扎着记上"十八星期"几个字。

第五，我们说到他与统一战线的关系。他是统一战线积极的倡导者与热烈的拥护者。他看出了中国的唯一出路是反对帝国主义，而反对帝国主义又应该具体的表现在首先打倒日本帝国主义上。要保证打倒日本帝国主义最后成功，端赖每一个中国人的共同努力——全民族的统一战线。对于统一战线，他说"在抗日战线上是任何抗日力量都应该欢迎的"。"我赞成一切文学家在抗日的口号之下统一起来的主张"。"我以为文艺家在抗日总的联合上是无条件的，只要他不是汉奸，愿意或赞成抗日，则无论哥哥妹妹，之乎者也，或鸳鸯蝴蝶都无妨"。

我们在保卫大武汉的紧急声中纪念这个伟大的人物，再不能也不应只喊几个空洞的口号了事了。我们纪念他，是为的学习他——我们的导师的战斗精神，踏着他的足迹前进。他的死诚然是全中国的一种莫大的损失，否则他在这热望一生而终于不得一见的民族解放战争中不知道要多么欢喜，用他那支坚毅的笔不知要发挥多大的威力。不过他的肉体虽然已经长眠地下，他的精神却依然健在；他的伟大的精神感召我们，使一个"鲁迅"成为若干个"鲁迅"。我们要学习他那反抗压迫，不屈不挠，再接再厉，贯彻始终，能进攻能退守的精神，因为这些都是在民族革命战争过程中极端必要的。我们应当像他一样的赞成、拥护统一战线，因为只有它才是民族革命能够成功的最确实的保障。最后，我们引证他《对于"左翼作家联盟"的意见》作为我们在民族革命战争中必须遵循的战略及本文的结束，那就是"战线应该扩大"。"应当造出大群的新的战士来"。（但那时……战线上的人还要"韧"）

（原载《民族革命》半月刊，1938 年 10 月）

《民族革命》刊影

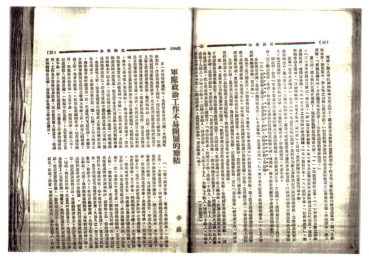

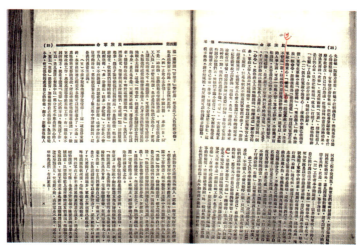

　　这是《民族革命》第四期发表李庄"军队政治工作不易开展的症结"的刊物版面。

20 世纪 40 年代…

激情燃烧迎解放

　　1937年七七事变，"一声炮响上太行"；1948年解放战争加速推进，"一肩行李下太行"——这是父亲对他自己和对我母亲他们这一茬抗战干部，青春年代在太行山革命根据地战斗生涯的形象概括。1949年1月和3月，父母与党中央机关报《人民日报》的同志们先后进入北平，"进京赶考"，来到解放了的大城市办报，迎接新中国的建立。

　　这大致就是我把父母亲20世纪40年代的工作和生活状态概括为"激情燃烧的岁月"的原因吧！这十年，对我父亲、我父母、我们这个家庭而言，至为重要：父亲李庄加入了党组织，进入了党的新闻宣传机构，从此走上了终其一生的党的新闻事业从业道路——从《新华日报》（华北版）、《新华日报》（太行版）、晋冀鲁豫《人民日报》、华北《人民日报》继而中共中央机关报《人民日报》，成为《人民日报》创始人之一，在人民日报工作了整整40年。母亲赵培蓝在1941年日寇的年关大扫荡中失去了自己的父亲，三年后又失去了母亲，参加工作后，革命大家庭就成了她的家；她最初在太行文联工作，后来调到人民日报，同样也是一辈子忠诚党的新闻事业，一直在中央机关报工作到离休。

　　1947年元旦，对我们这个家庭更是意义不同，因为李庄和赵培蓝从相识、相知、相恋而结婚了，在人民日报（晋冀鲁豫中央局机关报）驻地河北武安县河西村，借住一户老乡家的北房办了简朴的婚礼。在人民解放战争加速着胜利前进的步伐时，这个新家庭的年轻夫妻与周围同志们一样，憧憬着前方打胜仗、早日下太行、进城办党报。

"近乡情更怯。"太行山根据地成长起来的党报记者，多年憧憬北平，十多年来总是想着进北平生活，办报。北平成了胜利、解放、工作甚至终老此乡的同义语。真的能进北平么？在北平怎样生活、工作？能胜任在北平办报的任务么？这是党的新闻工作者们"进京赶考"路上的兴奋、思索。

他们相继在 1949 年 1 月底至 3 月初进了北平，1949 年 8 月 1 日《人民日报》升格为中共中央机关报，立即着手准备有关人民政协的报道。人民日报这些多数不到而立之年的记者编辑们，大半年兴奋得"睡不好觉"。李庄经历了接二连三的大好事——在接管国民党中央社北平分社、夜以继日在北平成功出报后，又接到通知，采访为新中国奠基的中国人民政治协商会议。因场地限制，能上天安门，进怀仁堂、勤政殿采访，这是对中共中央党报的特殊优待——31 岁的人民日报首席记者李庄深感责任重大，不负组织重托，和同志们前方后方紧密配合，以八篇通讯特写记录了新中国的诞生，胜利完成了任务。

纪念·追悼·庆祝

——一个包括着三种意义的大会

李　庄

　　背靠着太行山百丈绝崖，大会在一片万绿深浓的丛林中举行。

　　纪念、追悼、庆祝，一个会包括着三种意义。复杂的情绪烧红了人们的脸。"扫荡"粉碎了，我们要庆祝。但是，这次"扫荡"的粉碎，共产党、八路军付出了多么高贵的代价呀！在"七七"纪念日追悼左权将军和许多死难的烈士，使我们再一次得到一种明确的认识：如果不是他们以及成千上万的其他先烈的流血牺牲，坚持抗战，恐怕今天中国人已经没有纪念"七七"的福分了。

　　会场上的战士们，许多人都在左权将军的指挥下，同这次"扫荡"太行山的敌人拼过命。那些一顶草帽一条枪的民兵们，有些在山顶上放哨的时候，也多少次亲眼看见左权将军率队出击的英姿。现在他们默默地并排坐在主席台前，注视着左权将军的画像，有些人的眼圈儿发红了。

　　左权将军的遗著，摆在会场东边的几张桌子上。人们用力挤进去，小心地拿起来。其中有铅印的《苏联国内战争的教训》，是他在苏联时翻译的。油印的《苏联新的步兵战斗条令》，是他在太行山上翻译的。许多手写的报告、稿件，大部分是研究敌后游击战争战略、战术的，有的还未脱稿。戎马倥偬，他还能挤时间著书立说，这种精神是值得学习的。

几千人整整齐齐地排列在白布围圈着的会场上。溽暑蒸人，挥汗如雨，蓝天白云也罩上一层轻淡的灰雾，散在人们沉重的心头。当微风轻轻掀动那数不清的挽联的时候，人们稍微松一口气，但是，眉毛马上又会凝结起来。空气始终是紧张严肃的。

万绿丛中一点红，国旗悠悠上升，人们鸦雀无声，举手齐额，气都似乎不敢出了。大家转过身来向烈士致敬，眼望着左权、何云、张衡宇、李文楷、李月波等烈士的遗像，保有升旗时同样庄严肃穆的心情。烈士们用行动铸成的革命丰碑，大家在心中默默地膜拜。

布尔什维克是特殊材料制成的，人们的心钢铁般硬。彭德怀副司令讲话，每一个字都是斩钉截铁，带着非常乐观的调子。"我们不痛哭，不祷告！"他有力地号召："我们继承他们的遗志，踏着他们的血迹，和法西斯强盗搏斗到底！……"在台上，他大声疾呼，万千只拳头举起来，落下去。他那关于坚持斗争和坚决复仇的号召，深深印入全场到会同志的心中。

布尔什维克的心钢样的硬，革命的热情泉样的涌。彭副总司令挽左权将军的挽联写着：

并肩奋斗，携手抗日，鞍马十年方依界。

谋国忠尽，事党血忱，壮烈一朝期平生。

罗瑞卿主任讲话时，谈到打倒日本法西斯，怒目握拳，恨不得马上消灭净尽而后快。在开会前半点钟，他拿起左权将军一张倚着松树的半身小照，一言不发地注视着，至少有两三分钟之久。

团结、团结，在会场上讲话的，没有一位没有谈到团结。当罗主任说到"过去由于中国内部团结得还不很好，推迟了抗战胜利的

　　1942 年 10 月 10 日，参加公祭左权将军安葬仪式的刘伯承、邓小平等在左权墓前合影留念。

　　时间，让我们流了更多的血……"的时候，可以看出来，大家都感慨、悲愤了。他说："今后全国应该进一步地团结起来，早日完成抗战大业。"朝鲜革命先进金白渊先生讲话，几次谈到中国应该团结，团结是胜利的关键。日本觉醒联盟的新川君在会上说，中日人民应该亲密团结，携起手来。他在会上正式参加了八路军。日本弟兄也深深地感到左权将军的牺牲对于他们的正义事业也是莫大损失。日本觉联的成员在他们亲手制作的花圈上写道："左权参谋长以下烈士的遗绩，在中国共产党的旗帜下，发着灿热的光辉。英灵安息吧，吾人誓死替你们报仇。"

　　我们不能被血吓倒，要为死者报仇。吴青同志代表《新华日报》

抗日烽火奔太行
激情燃烧迎解放
留影父母
相濡以沫偕晚耕
忍忧参半砺风霜
红笔蓝笔两从容
不变的初心
开来继往同

（华北版）向全体同志和华北人民宣誓："本报何云同志虽离开我们而去，但全体同志将益发淬砺奋发，秉承先烈遗志，为党报事业而奋斗到底。"

天黑了，人们站起来，口号声也随着响起来：

"加强团结、争取抗战早日胜利！"

"咬紧牙关，渡过接近胜利的两年！"

会场后边的绝崖跟着叫起来，远山此呼彼应。

"这是怎样的一种力量啊！日本军阀的末路是不远了！"记者长时间反复想着。

（原载《新华日报》（华北版）1942年7月）

祝你健康

李　庄

　　几千个不同的人坐在会场里，脸上流露着相同的笑容。到会干部非常高兴，深庆自己有了这样一个英明的教师和坚强的战友。部队因为自己日益正规化，感到无上的光耀。民兵们咧着嘴笑，这些本来是赤手空拳的"受苦人"，今天都背上枪了。老百姓拥挤着窃窃私语："不是一二九师，咱们哪能有今天呢！"

　　对呀，刘伯承将军开辟了和坚持着这块根据地，他的"斗争功勋，写在群众的心上"（文艺工作团祝词）。

　　不必说那些别出心裁的珍奇的礼物，会场的颜色就够使人肃然起敬了。红的表示热烈，白的表示纯洁，"黄"在中国象征崇高，多么庄重博大呀！刘将军的精神，正像各位代表所说，是足当这三种颜色而无愧的。

　　从黎城、涉县起五更赶来的农民们，在冬日里流着汗，吹打着能够找到的各种乐器，扛着全猪、全羊、成捆的党参……拥进会场。刘师长被拥到台子上，用慈祥谦逊的眼光注视着这些绕场一周的"母亲"。旁边一位同志频频的介绍着"这就是师长！"农民们听见这个介绍，故意放慢了步子，几个老汉简直就不走了。谁忍心催促他们呢？为了瞻仰师长的丰采，表示自己的敬意，会场里的来宾，会场边的招待员……都不约而同的围拢来，看看群众，看看师长，再看看左右的邻人——大家都是相同的眼神，交织着衷心的欢乐。

一连串的老百姓把家藏的制钱、铜元、现洋送来了，这些东西都生了锈，虽然已经埋藏了很久。你说农民是保守的么？对于最亲近的人，对于国家，他们异常"慷慨呀！"

为什么会形成这样热烈的现象？当然，刘师长领导一二九师保护了他们的生命财产，这是最主要的原因，还有许多"细枝末节"，在农民的眼睛里也很重要：刘师长看见个别部队人员踏了麦田，马上告诫今后不得再犯，并把被踏的田原样整好；住了房子，临走时必须扫干净，一草一木不许乱动……中国人都是"礼尚往来"的现实主义者，他如此，旁人怎能不尊敬他！

这次祝寿，我听说师长劝阻了好几次，他怕花钱，更怕浪费大家的时间。但是，正像谢绝他那劝阻的人们所说的，这绝不是浪费。在首长们介绍了师长奋斗的历史，发出"以实际工作庆祝他"的号召以后，我听到几个工作同志悄悄地说："真是——再不好好地干，对得起他吗？"

会场里的贺幛、献诗，有不少的"绝妙好词"，这一定是对于刘师长有深刻认识、了解的人们写出来的。朱光同志写到师长的精神、业绩时，有下列的句子："……万仞山低首，千川流断踪，力斩长江险，泥夜走乌蒙……河山历万劫，先忧每仗翁，国危乃见节，高义谁可同……"张香山同志敬献红豆一枚，在诗中说："南国红豆寄相思，我馈将军代颂辞，春风五载沐薰冶，耿耿此心无已时。"在许多贺信中，有平顺商人庞天财的一封信，他写得很简单："你坚决奋斗，打败敌人多大家才能过活了。听到你十六日过大寿，特号召大小商人，减价三天，作为拥护。"小朋友李育才天真地写道："听说你替老百姓打了三十年仗，受了好几次伤，这都是为的大家呀！我要好好读书，你将来要教我打日本！"

信是抄录不完的。总之，在这里面可以看出一个共同点："要庆祝他，更要好好学习他。"（战士倪天成信）同时，还有一个相同的愿望，正像一个贺幛中所写的："千万人一个共同的声音——祝你健康！"

（原载《新华日报》（华北版）1942 年 12 月）

难以忘却的记忆

——追记 1942 年 5 月太行山根据地的反扫荡斗争

赵培蓝

一个人的一生坎坷跌宕，颠沛流离，经风见雨，不知会经历多少事情。有的事情过后即忘，留不下什么印记；有的事情却铭刻在心，甚至随时光历久弥新，永难忘怀。1942 年 5 月，驻在山西的日寇纠集 3 万余敌伪军，对太行山根据地进行扫荡，制造了惨绝人寰的种种暴行，就深深地印在我的心里。好长一段时间，我都时常被"鬼子包围啦"、"黑洞着火啦"之类的惊呼声从梦中惊醒。这个伤痛永远泯灭不了。

国难家殇

1942 年 5 月，驻晋日本侵略军扫荡太行山根据地。事前，辽县县委、县政府布置各单位备战，坚壁清野；组织老百姓跑反避难。当时我 19 岁，已参加工作两年，在二民校（第二民族革命小学校）教书，学校设在寺坪村。为反扫荡，学校放假，全体学生回家，校领导和外地来的教员随同当地政府人员和民兵一起打游击。学校安排我和母亲跟一个同学到他的家里暂住。这个学生的家在西山沟的一个小山村，它坐落在半山腰上，只有一二十户人家。开始的几天，我们还能在村里居住，后来形势愈益紧张，村里的民兵就安排我们与村里的妇女儿童转移到村后悬崖下的一个山崖里躲避。

赵培蓝在《纵横》杂志刊载她的文章的页面上给小女儿题写：
东东爱女留存，作为纪念！猴年吉祥　老妈
东东爱女：这段残酷的战争史，永留心间。　妈妈猴年记

一天上午，我们正躲在崖下，头顶上忽然响起了枪声，接着，对面山崖上也开枪了。我们知道是两军接火，互相对打了。不一会儿，就见到对面山崖上忽闪忽闪地掉下一个人。民兵说，这是我们的人，我们头顶上就是日本鬼子了。大家情绪很紧张，一动也不动，大气不敢出，只能静静地待着。没多久山崖上又掉下一个人，却被

半崖上的树杈接住了。民兵安慰我们说，这里是悬崖峭壁，敌人一时下不来。其实我们也知道，敌人要是下来，躲在这里的人都难逃劫难。

天渐渐暗下来，枪声也彻底停了。对面山上的游击队从山后绕道下来，寻找他们的战友。村里的民兵帮助他们把已经牺牲的战士就地草草埋葬。挂在树杈上的战士被民兵救下来，由游击队抬走了。当地干部和民兵商量，把我们妇女和小孩转移到南边一个小山洞里，洞口用蒿草遮挡，民兵在外边观察形势，做些掩护。

这个小山洞只有一个洞口，洞里还漏水。大家只能坐在高低不平的石头上等着，焦急地盼着外面的消息。我在洞里胡思乱想：1941 年年关，日寇扫荡辽东根据地，我和父母亲在南冶村南山上躲避。一天早晨，日军机枪连连扫射，父亲慌不择路，一脚踩空，坠下悬崖。我和母亲从旁边寻路下去，找到了父亲，三个人挤在一起，幸亏我们躲避的地方日寇的机枪扫不到，否则我们三人全得死了。父亲不幸遇难，当地民兵把我父亲安置好，带我和母亲转移到别处去。时隔半年，莫非我和母亲也要在这里遇难？我才 19 岁，真不甘心呀。可日军如果发现这个山洞，不是放火，就是放毒气，烧死毒死洞里的人。越想越怕，越怕越想。幸亏日军没有进来搜山，我们才躲过了这一劫。

后来，当地民兵告诉我们，在我们所躲山崖上面的那股敌人，在拐儿镇多次搜山，大肆杀戮老百姓，半个月时间里，他们用刀刺、开膛、砍头、火烧、扔下山崖等恶毒手段，杀死我基层干部、共产党员、民兵、群众 50 多人。群众愤恨地说，日本鬼子丧尽天良，真不是娘养的。

英雄血染十字岭

日寇 1942 年对太行山根据地进行大扫荡，妄图消灭八路军的指挥中心，气势汹汹，到处实行"三光"政策，异常残暴。我根据地军民反扫荡，上下一心，军民携手，艰苦卓绝，抗争到底。后来听说，八路军彭德怀副总司令、左权参谋长、罗瑞卿主任等领导和一二九师刘邓首长紧急开会，研究决定，一二九师突出敌人的包围圈，转向外线作战，打击敌人的补给线，粉碎敌人的扫荡。

5 月 19 日，日伪军 3 万余人，南从长治、武乡向北，北由和顺向南，形成一个大包围圈，开始大扫荡。24 日，中共中央北方局和八路军总部首脑机关，从辽县麻田镇向东面泽城、山庄一带出发反击。25 日上午，发现上万名敌军从四面向中心实行合围。八路军三八五旅将士首先与敌交火，战斗非常激烈，双方都有伤亡。后来发现敌人飞机在十字岭上空盘旋。总部临时召开紧急会议，决定分路突围。彭总率总部直属队和北方局的同志往西北方向突围，罗瑞卿主任率野政直属队向东南方向突围，后勤部部长杨立三率后勤部队向西北方向突围，左权参谋长指挥总部机关突围。突围的战斗极其惨烈。敌寇发现我军分路突围，万余敌军在 6 架飞机的掩护下，向我军占据的山头猛攻，三八五旅七六九团的将士们一次次打退敌人的进攻。左权将军站在山口大喊：同志们，冲出北边的山口就是胜利。这时他发现挑文件箱的战士没有赶上来，就让自己的警卫员去找，并护送那位战士走过山口。彭总突围后派部下一位连长，返回来接应左权参谋长。左权将军说：我不能离开这里，这是最需要我的时候。正当大家奋勇突围之时，一颗罪恶的子弹飞来，

抗日烽火奔太行
激情燃烧迎解放

留影父母

相濡以沫借晚耕
喜忧参半砺风霜

红笔蓝笔两从容
不变的初心
开来继往同

红
蓝

昂然挺立的左权将军头部中弹，血染沙场，壮烈殉国于辽县十字岭上。这天是 5 月 25 日，左权参谋长年仅 37 岁。噩耗传到延安，党中央立即派人安慰正在中央研究院学习的左权夫人刘志兰和她的小女儿。

十字岭的战斗还在继续进行。日寇实行梳篦式的清剿和烧杀。北方局机关报《新华日报》的同志们原本住在山庄村。战前，社长兼总编辑何云同志率报社的人员随八路军总部转移。他们在南艾铺、十字岭一带边战边向后山撤退。5 月 28 日黎明，他们被搜山的敌人发现，何云同志开枪击毙接近他的敌人，随之也被敌人乱枪击中，壮烈牺牲。与何云同志在一起的报社管委会主任兼总会计师黄君珏和另两位女同志，也被敌人发现了。黄君珏连开两枪，打死两个鬼子，她不愿被敌人生俘，转身跳下悬崖，英勇就义。另两位女同志，一个是报务员王健，一个是医生韩瑞，两人宁死不屈，顽强地站立着，敌人以为她们有枪，一时不敢接近，就放火烧了草丛，两位女同志被活活地烧死在山洞里。这三位宁死不屈的女同志，被称为新华日报社的女中三杰。

当时，新华日报社的史纪言、李庄、刘江、毛联珏等同志都在草丛中躲避。史纪言不幸被敌人发现，鬼子一枪打到他的腿上。因为他戴着眼镜，鬼子觉得他像个官儿，就派两个汉奸抬着他。天很快黑了下来，史纪言又高又胖，汉奸抬不动他，又害怕八路军，就把他扔下走了，史纪言才逃下一命。夜幕茫茫，躲在草丛中的人们开始小声招呼着自己的同志，当地的老乡也慢慢走了出来。有几个老乡脱下自己的衣服给报社的人换上，搀扶着受伤的人，引领他们向安全地带转移。

1942 年 5 月的反扫荡，新华日报社牺牲了 46 个同志，损失惨重。1985 年 5 月，太行新闻史学会和山西省新闻工作者协会，在左权县麻田为在战争中牺牲的新闻战士树立了纪念碑。当年的北方局书记杨尚昆同志书写了碑文"太行新闻烈士永垂不朽"。陆定一同志也题词"1942 年 5 月华北新华日报社社长何云等四十余位同志壮烈牺牲永垂不朽"。何云、黄君珏、王健、韩瑞等牺牲同志的名字，都镌刻在纪念碑上，流芳百世。

英名永驻太行山

　　反扫荡结束后，根据地逐步恢复了正常秩序，学校相继开学，各条战线的同志们都在忙碌地工作。我们学校有《新华日报》华北版，我们又能看到自己的报纸了。1942 年 7 月 8 日，《新华日报》第一版全文报道了太行根据地军民 7 月 7 日在八路军总部驻地麻田镇举行纪念七七抗战五周年暨追悼左权、何云诸烈士，庆祝五月反扫荡胜利大会的消息。参加大会的军民共 8000 多人，日本觉醒联盟、朝鲜义勇军等国际友人也参加了大会。会场庄严肃穆，四周布满了花圈和挽联。彭德怀副总司令敬献的挽联是："并肩奋斗，携手抗日，鞍马十年方依界；谋国忠尽，事党血忱，壮烈一朝期平生。"日本觉醒联盟的人员亲手制作的花圈上写道："左权参谋长的事迹，在中国共产党的旗帜下，发着灿烂的光辉。英灵安息吧，吾人誓死为你们报仇。"罗瑞卿主任在大会上致词说，左权将军不仅是一个坚决、勇敢、精明的指挥员，而且是埋头苦干、实事求是、秉公好义、品德优良的共产党员，我们要军民团结，学习他的精神，为左权将军报仇，坚决打倒日本帝国主义。

抗日烽火奔太行
激情燃悦迎解放
留影父母
相濡以沫偕晚耕
喜说参军砺风雨
红笔蓝笔两从容
不变的初心
开来继往同

《新华日报》还转发了延安党中央机关报《解放日报》发表的文章《左权同志精神不死》，以及周恩来副主席在重庆《新华日报》发表的悼念左权将军的文章。朱德总司令写了悼念左权将军的挽诗"名将以身殉国家，愿拼热血卫吾华。太行浩气传千古，留得清漳吐血花"，发表在报纸的左上角。刘伯承、邓小平、聂荣臻、叶剑英都发来了悼念左权的唁电和挽诗。报纸发表了左权将军夫人刘志兰的怀念文章，《晋察冀日报》总编辑邓拓也写了悼念何云同志的挽词。

1942年9月18日，辽县在辽县县委、县政府驻地西黄漳村召开大会，纪念"九一八"事变11周年，并将辽县易名为左权县。

我当时工作的二民校，仍在寺坪村，距离西黄漳村七八里地。这天早饭后，校长皇甫束玉率领我们几个老师和五、六年级学生20多人，整队出发，前往参加大会。大家走得很快，不一会就到了西黄漳村。

这时，会场里已经人山人海，全县各区乡党政军（指民兵）、群众团体5000多人到会。会场布置在村外清漳河畔一大片沙滩地上，绿柳垂荫成为天然帐幕，还用松柏树枝扎成几个大彩圈，中间高挂着左权将军的遗像。

大会开始时，辽县县长巩丕基宣布，全体与会者脱帽，向左权将军遗像三鞠躬。随后，请李一清同志讲话。李一清是晋冀鲁豫边区政府民政厅厅长，他说："我受边区政府委托，前来参加这个大会。边区政府接受一万名辽县民众、全县士绅、全县小学会议等签名要求，经边区政府委员会通过，决定把辽县易名为左权县。这是具有重大意义的决定。望全县民众要踏着左权将军的血迹前进，完成他的遗志。我们要像苏联红军保卫列宁格勒、保卫斯大林格勒那样保卫左权县，保卫晋冀鲁豫边区。"接着，他将边区政府授予辽县的"左权县人民政府印"交给县长巩丕基。巩县长接印后宣誓："我代表全县人民，接受左权县印，坚决领导全县民众为左权将军报仇。""誓死为左权将军报仇"、"誓死保卫左权县"的口号声此起彼伏，响彻云霄。辽县县委书记杨待甫也在会上讲了话，号召全县共产党员要在武装斗争中起先锋模范作用，左权县要成为军民关系最好的模范县。

就在这个大会上，有500多名青年要求参加抗日部队。当场，在左权将军遗像前，成立了左权县独立大队，任命左奎元为大队长，杨蕴玉为政委。左权县的武装力量加强了。

会议结束时，全场人员唱起了"纪念左权将军歌"。这首民歌是辽县文教系统的几位同志编写的，用辽县民歌小曲谱曲。歌词是："左权将军家住湖南醴陵县，他是中国共产党的优秀党员，咿儿呦，他是中国共产党的优秀党员！狼吃的日本鬼子，扫荡咱路东，左权将军麻田附近英勇牺牲，左权将军牺牲为的咱老百姓，咱们要为左权将军报仇雪恨，咱们要为左权将军报仇雪恨！"这首民歌，辽县路东学生唱，干部唱，青年男女唱，就连在炕头纳鞋底做军鞋的老大娘也唱，唱遍了根据地的边边角角，反映了左权将军的英名和事迹已经深入人心。

（原载《纵横》杂志 2014 年第 9 期）

战斗在《新华日报》

中华民国三十二年十月二十九日，《新华日报》（华北版）第四版刊载李庄文章《关于战争报导的几点意见》。

太行新华日报的同志们 1944 年摄于太行山根据地涉县七原村。后排右五为李庄。

清漳河勾起的回忆

李　庄

　　抗日战争期间，一阕名歌《在太行山上》，道尽太行万千好处，我时时都想吟诵的。但太行也有一个天生弱点：缺水，太缺水，缺到没有到过太行山的人难以想象的程度。

　　我在太行深处几个山村住过，那里没有山泉，没有河流，没有水井，村民都吃旱井储存的雨水。那真是一种奇妙的创造：在山石间选块黄土斜坡，挖个几十米的深井，口小肚阔，像个坛子。内壁用胶泥涂匀，防止渗漏。下雨天打开井口，注满雨水，用石板、胶泥封紧，不使蒸发。一个山村挖十多口旱井，编了号，按照乡规限量取水，真能做到涓滴必争。

　　部队、机关住在村里，绝对不许同村民争用旱井中水，都是自行到有山泉处汲运。水少人多，只能配给。早晨，炊事员分水，一人一碗，刷牙洗脸，自行调剂。这使不大不小的困难渡过了，人的生存能力实在是大。

　　1943年秋天，我们从左权县一个山村向涉县的桃城村转移。90华里，背着背包，未到目的地已精疲力竭了。前队有人突然喊道："水，水，大家注意，水！"长途行军，需要鼓励，这水比曹操发现的梅子管用得多，鼓劲，提神，于是背包轻了，腿也硬了。潺潺流水，粼粼波光，木构小桥，青白踏石，直把人们带进一个神话世界。太行山还有这种地方！难道到了江南水乡？不是江南，胜似江南。那鲜红的柿子压弯枝丫，常常碰到行人的头。那碧绿的胡桃发出阵阵清香，江南有么？

渠水是从清漳河截了来的。从此我们便在清漳河边住下来。

这大概是太行山最不缺水的地方。灌溉田亩，饮育人畜，还供人沐浴洗衣。后者也不是小事，特别对我们这些穿军衣还不很久的"学生仔"。诗人高咏写过组诗《清漳儿女》，受人喜爱。我不大读新诗，对他的大作却常常看看。记得有一首写村姑在漳河边浣衣，其中有句"微风抚摩她挽起的秀发，淡然一笑，红手儿又泡进绿水里"。有人说这诗 (有)"小资产" (阶级情调)，我却没有看出来。高咏当时 20 多岁，中等身材，江南人秀丽的面孔，戴一副金丝眼镜，举止儒雅，在当时很招人注目。他以国新社记者身份在太行敌后工作，写过不少歌颂太行军民的诗歌、通讯。不幸同许多烈士一起，在反"扫荡"战争中牺牲了。因当时战斗紧张、环境动荡，追悼会也来不及开，他的作品也散失了。谨利用这个机会，写这几句，怀念这位青年诗人。

太行山，人们的印象是山高谷深，巍峨险峻。清漳河边可不同：风光不同，景物不同，甚至村名都不同。我们驻村叫桃城，周围十多里内，温村、长乐、赤岸 (129 师刘伯承、邓小平司令部驻地)、弹音 (晋冀鲁豫边区政府驻地)、悬钟……都十分文雅。我请教村中长者，这些村名是何人何时起的？都不记得，只说老辈子就这么叫。这也是一种文化，比我在太行深处住过的一些村庄的大名：狼卧沟、刀把咀、胡家疙垯、大小羊角好听多了。

说这些题外话，其实都是为袁鹰兄出的一个题目作铺垫：没有清漳河的水，就没有我们当时那种大概是前无古人后无来者的"茶文化"。

自从上了太行山，就同茶绝缘了。买不起，也买不到。不需要它帮助消化，也不需要它辅助营养——这两个问题，每天吃的那些野菜都解决了。因此，慢慢也就忘断了茶。

但是出现了奇迹。漳河水渠边，生长一种野薄荷，一年生草本植物，两尺多高，叶子狭长，有薄荷的淡淡清香。晒干，揉碎，装在旱烟斗里，当然比不上正牌烟叶，但比公认的优等代用品桑叶要好。吸到嘴里，凉凉的，有点辣，略带苦头，但无邪味，且不"要火"（有的烟叶常常在烟斗中自行熄灭，需重新点燃，当地乡民谓之"要火"）。这宝贝还有一个大优点：生命力很强，在渠边自生，任君采摘，不发生违犯群众纪律的问题。

说不清是谁有了更重要的发现，它不仅能代烟，而且能代茶，甚至可以说就是一种茶叶。取几片新鲜叶子，在渠水中洗净，用滚水泡开，立刻出现一碗淡绿茶汤。叶子舒展展的，横在饭碗里。这碗口阔底平，从不委屈它们那颀长的身子。茶味微苦，但不涩；有些凉，但不刺人；还有些甜，不知来自清漳河水，还是茶叶本身。这哪是代用品，简直是正儿八经的茶叶。

从此，我们的"精神会餐"更丰富了。

"精神会餐"是我们重要的或唯一的业余享受。工作完了，睡眠之前，夏夜在打麦场上，冬夜围着泥堆的火炉，谈论今古。内容涉及各人家乡的美食、特产、名胜、文物以及各人有过的好朋友、意中人，总之是令人神往的事物。这种"会餐"，互相补益知识，鼓励热爱生活，为美好前途奋斗。在紧张的艰难的又深具信心的集体生活中，不失为一件好事。

由此想到几年前看过的一些描写战争生活的影片。在纵横交错的堑壕中，突然出现一棵小花或一只小鸟，受到战士的怜惜、爱抚，引起许多思念、憧憬，作出无畏、豪迈的文章。这大抵是外国影片的创造，我们移植过来的。但我总觉得不大真实。我未同敌人打过"交手仗"，但跟着战士爬过战壕。那是生死搏斗的地方，炮弹随时可能飞过来，机枪随时可能扫过来，哇哇怪叫的敌人随时可能冲过来。这时士兵要做的两件事，一是加固工事，二是抓紧时间休息，准备下一轮的厮杀，谁有那种闲情逸致！

但人总有七情六欲。部队休整期间，就像我们在不是反"扫荡"的"和平"时候，来一点"精神会餐"，谈值得思念的事物，谈胜利以后的美妙安排。这是一种心态、一种享受、一种精神力量。我们顺利度过艰难岁月，它也有一份功劳。

非常可惜，在我们的"精神会餐"中，茶总找不到自己的位置。过春节，大抵能够吃到一次猪羊肉，但喝不到一碗什么茶。茶在我们记忆中消失了，实在对不起它。

在漳河边，冬季品茶兴味最浓。夏天，公务员提半桶开水，从伙房走到我们办公室，热气渐渐散失，用它泡薄荷茶，叶子展不开。那水桶是半截煤油桶，打水、盛菜通用，水的杂味盖住茶的香味，只能解渴用。冬季不同，一个两尺多高的泥堆火炉蹲在房子中央，大大的搪瓷缸放在火上，冒出阵阵热气，发出咝咝轻声。灯是有了缺口的饭碗，贮半碗核桃油，旧棉絮做的灯芯从缺口探出头来。"一灯如豆"是文人笔法，我们这灯的光焰总有枣儿大，照在农舍的泥墙上，深沉，幽邃，比现今那电灯满室、一目了然的华屋古朴得多。大家围着火炉坐下，用滚开的水把薄荷叶泡得展展的，颜色看不清楚，香味却很浓郁。品茶是享受，解渴也是享受，这时我们终于能以前者为主、后者为辅了。

太行山冬夜很长，我们的"精神会餐"，或曰无题谈论的范围也拉得很广。大家都搞文字工作，大体也不出这个范围。20多岁年纪，读书本来不多，手头书籍更少，这种议论因而常常变成记忆力的竞赛。

由于一场争论，帮我记住一首戏作。我喜爱古典诗词，不很懂，偶尔也诌几句，看看无大意思，不想保存下来。这首《忆江南》中有句："梦里依稀传心话，醒来口角有余香"，是思念一个人的。前一句，亦"借"亦"偷"，记不起原主谁人，七嘴八舌地争论起来。太行山祝捷、过节有时也有点酒，柿子、枣儿酿的，性子很烈。也兴划拳，只是谁赢拳谁喝酒，因为酒少人多。这时当然无酒，我们以茶当酒，想起词主者奖一杯。无书据，无佐证，谁知是谁想对了？大家争胜，只好各饮一杯。

第二句出自我手，不需引书据典，随口就可评判。有人说不错，有人说不佳，特别是那个"有"字。于是争相"改正"，有人说应该用"留"，有人说不如用"泛"，有人说最好用"染"，意思是"连你的那个人也写进去"。最后问我本人的"高见"。文章当然是自己的好，我说还是不如那个"有"字。"不行，不行，太不谦虚，停饮一杯！"一人提议，众人响应。打油已毕，举碗同饮。莘莘青年，在我们党领导的根据地中，真不知人间有忧愁事。

（1991年）

抗日烽火奔太行
激情燃烧迎解放
留影父母
相濡以沫借晚耕
喜忧参半砺风雨
红笔蓝笔两从容
不变的初心
开来继往同

怀念老友柯岗

李　庄

　　我和柯岗已经相识 60 多年，从最初认识之日起，就是坦诚相交、无话不谈的朋友。不管是戎马倥偬的战争岁月，还是新中国成立后的和平年代，或是各种政治运动不断的非常时期，哪怕不在一个根据地或一个城市，哪怕数年未曾谋面或不通音讯，我们也一直是心有灵犀、肝胆相照的战友。

　　张柯岗于 1915 年生于河南巩县，我于 1918 年生于河北徐水，都是北方人，比较起来，他更是豪爽、直率的性情。他虽只比我大两三岁，但水平高出许多。因为在参加革命前，他已于 1937 年毕业于上海大夏大学，我却只是个农业中专的学生。虽然我自认学习也很勤奋，古文和历史的底子不错，但比起柯岗，从学识、涵养、气度等方面，还是自愧弗如。可见知识的系统学习和长期积累，确需真功夫。所以我一直把柯岗当兄长看待。

　　我和柯岗从抗日战争初期就已认识，因为我们都在太行根据地。柯岗在 129 师政治部宣传部工作，我在中共太行分局机关报《新华日报》（华北版）做记者。那时柯岗只有二十六七岁，却已有相当文名。我在报社也常写些通讯，甚至小说和报告文学等。革命队伍中的人，本就亲如一家，我两人年龄相仿，又都"舞文弄墨"，更是相见恨晚，所以很快熟识起来。后来 129 师和太行分局从山西武乡县移驻河南涉县，师部住赤岸村，柯岗所在的政治部住王堡村，我所在的新华日报住七原村。几个村子傍着风光秀丽的清漳河，前两者在河东，后者在河西。绿树农舍，相当安静，夜间可互闻犬吠之声。我和柯岗离得近了，更多了来往和谈心的机会。印象中清漳河有些暴性，夏季涨水，奔腾咆哮，声势夺人。冬天枯水，在河床里垫上石头，又往来如履平地。可不管河水是涨是枯，都阻隔不了我和柯岗的交往。

我和柯岗的第一次合作，是在 1942 年，至今记忆犹新，恍如昨日。当时中共中央在抗战五周年宣言中，明确提出再用两年时间打败日本侵略者，有如石破天惊般地振奋人心。为了鼓舞太行区根据地人民的士气，中央决定为刘伯承师长做五十大寿。祝寿活动需要有个文字介绍，如年谱、事迹等。采访和撰写的任务，落在了柯岗和我的头上。

在太行根据地，提到刘师长，就意味着胜利，体现着光荣，这是根据地军民的共识。革命队伍中流传甚广的说法是："跟着刘师长反扫荡，晚上脱衣服睡觉都不害怕。"为刘师长做寿是人心所向、万善同归。我能参加这次采写任务，亲聆刘师长的教诲，也真是一次难得的锻炼机会。

刘伯承将军很随和，尤其对年轻人，更是个蔼然长者。但带我们俩前往的李达参谋长说明来意后，刘师长的语调就不那么随和了。他说："大家都这么忙，谁出的这么一个主意？一个人有生死，都生一回，死一次，中国有多少亿人，写得完吗？我不过是一个兵，没有什么出奇之处。你们要写就多写军队，多写人民，多写杀敌英雄。好了，大家都很忙，就到此为止吧。"李达将军再三请求，刘师长执意不谈。我当时虽着军装，到底不是部队的人，又年轻，大着胆子说："师长，我们是领了任务来的，您不谈，叫我们回去怎么交代呀？"刘师长听到"任务"两字，略一沉吟，又对我们说："那好办，我给蔡树藩、陈克寒打电话，不干你们的事，不算没完成任务。"

比起我的沉不住气，柯岗就沉稳得多了，虽然也说不动师长，但他不着急，也不走。还是李达参谋长到隔壁请来了邓小平政委。小平同志的态度明快，话语干脆，他说："师长，我看还是要讲呀。这也是工作，而且是中央决定的嘛。没有年谱、履历，没个文字介绍，咋个祝寿嘛？他们已经来了，师长就谈谈吧。"

刘师长听了邓政委的话，变了态度，说："要说这是工作，是任务，我就无条件服从。组织决定嘛，个人无话说的。"

刘师长一答应谈，就谈得非常认真，而且从写文章的角度着想，把时代背景、个人经历、思想演变、经验教训等都详细地作了介绍，帮助我们两个年轻人圆满地完成了任务。

柯岗和我采访后，合作写了长篇通讯和刘伯承传略。柯岗反复修改，他的政治水平和文字修养得到了充分的体现。这两篇文章在《新华日报》（华北版）和129师的《战场报》同时刊登，在太行根据地产生了较大的影响。

日本鬼子投降后，解放战争开始前，解放军有些建制发生变化，柯岗被《人民日报》总编辑张磐石点名请来，短时间调到报社当编辑。这是我们两人为时不长的在一个单位工作的时光，能与他朝夕相处，共同工作，我当然大喜过望。当时编辑部主任是袁勃，然后就是柯岗和另一个年纪较大的编辑。报社有四名记者，我是领导，其实就是首席记者，采写的稿子最多。我有个习惯，写通讯喜欢尽可能描写几句，认为这样可以"出彩"、"生色"。没想到那位年纪大的编辑对此看不惯，甚至厌烦，见了就删。柯岗有时不同意，认为删了确实使文章减色，为此还发生小争执，几次都说得不欢而散。以后我知道是由我而起，就釜底抽薪，写通讯再不描写或渲染。柯岗没多久发现了此事，对我开玩笑说："怎么不声不响了，如此息事宁人啦。"我就打哈哈说："惹人生气必自毙。"

柯岗最大的特点之一，是为人正直，性格直爽，对看不惯的人和事，对工作中的意见和建议，想到什么就说什么，有时不顾及对象和场合，只要自己觉得对工作有好处，就当面说，甚至不惜争论。这本来是个大优点，但在某些人的眼里却成了"缺点"，有时因此而得罪人。记得1947年元旦那天，是我的新婚之夜。当时报社已从山边的南文章村搬到深山里的河西村，是个很小的村子，晚间极静。待闹房的、起哄的同志们都走了，时间已该就寝了，柯岗却一个人走了进来。那时我的烟瘾正大，柯岗也是位"老枪"，我们两人抽着烟，就着白开水，促膝谈心，说起来就没个完，把新娘子培蓝都熏得受不住了。慢慢谈到彼此的性格，柯岗自己说："我的性格好捉摸，凡事挂在嘴上，有什么说什么，恐怕得罪了不少人。不过也很有人喜欢吧，直性子嘛。"我和他略有不同，因为出身于大地主家庭，在革命队伍中有个改造意识，似乎夹着尾巴做人，所以处事非常谨慎，有时很难明说赞成什么反对什么，就有一些人认为是个"和事佬"。柯岗却对我说："只要交往，不用多少时间，谁都能了解你，心地善良，好善勿恶。少数人的看法会变的，不必管他。谁叫你生在封建地主家庭，又是五房中的长男呀。"听了他的话，我默默无言，心里真是感到温暖和宽慰，自己对自己说：知我者，老柯也。

柯岗在报社工作的时间并不长，按说与总编辑张磐石相交也不多，但关系特别好，就是因为柯岗的这个特点。磐石是老革命，又曾留学日本，资格老，水平高。但也有个习性，就是脾气大，好训人。我长期在他手下工作，他比较了解我，也算器重我，在报社从未训过我，但他真正喜欢的是柯岗的"直性子"，有话就说，说完就完，从不惹是非和麻烦。我就多次听到磐石在报社说："我就喜欢张柯岗这样的干部。"而柯岗也用磐石对我的器重鼓励我。记得我采写的《为七百万人民请命》的通讯刊登在 1946 年 6 月 15 日《人民日报》创刊号的一版，我自己还没什么特别感觉，柯岗却鼓励我说："这篇通讯写得不错，连邓小平同志都表扬了。你没见这两天老磐石那么高兴，整天喜滋滋的，也不发脾气了。继续努力吧。"这种政治上、精神上的互相关心和支持，确能给人极大的力量。就是在这个革命大熔炉里，经过长期的接触和交往，我与这两位老大哥成了真正的知己，我们之间的默契和情谊，真的是至死不渝。他们两人先我而逝，缅怀和思念的隐痛却留给了我。

柯岗在报社到底没有待住。以后组建中国人民解放军第二野战军，他又被调回二野宣传部，很快随大军南下，挺进中原，一直打到大西南。在中国人民解放战争的进程中，柯岗一手握枪杆，一手以笔作枪，写下了大量的作品，陆陆续续发表，出了不少著作。近年又辑录整理，精编刊印了《柯岗文集》五大本。我曾以为这是他的封笔之作，谁知他在耄耋之年，仍笔耕不辍，与夫人、著名作家曾克合著了《战犹酣》和《比翼齐飞》等大作。论起在文化艺术创作方面的成就，他也远远高于我和许多相同经历的同志。

柯岗念旧，人又厚道，决不趋炎附势，更无势利白眼，所以朋友非常多。他一直是二野的，长期在邓小平同志领导下工作，自然与这位老首长有较多接触。他不因小平处于高位而有所求，也不因小平挨整而躲闪回避。只要有可能，他就要去看看老首长，特别是小平倒霉的时候。这也是他能受到小平信任的原因，我就有一件小事可以从侧面证明这一点。那是粉碎"四人帮"以后，我刚刚"官复原职"，十年闲废，重新工作，天天上夜班，忙得一塌糊涂。而中华大地百废待兴，各方面的拨乱反正尚待进行，其中最急迫的，就是党和人民切盼邓小平同志的冤案平反，第三次复出为党和国家掌舵。有一天晚上，柯岗给我打电话说，因为党内大多数同志和全国人民的呼声，小平同志的问题有望解决，会再次出来工作。小平找了柯岗，希望在重新工作以前，先多方面地了解一下情况，让柯岗推荐一些人。柯岗首先推荐了我，认为挨整十年，从未屈服，又在报社工作，较多了解各地各方面的情况。小平已经同意。柯岗让我在工作之余认真做些准备，随时听通知与他一起去见小平同志。只是因为小平复出的进程加快，他再无暇顾此，我也失去了一次当面向小平同志汇报情况的机会。

在鼙鼓声中诞生

——晋冀鲁豫中央局《人民日报》的创办

李　庄

《人民日报》是在鼙鼓声中诞生的，创刊号上一片战声。

头版头条是一条长新闻，揭露蒋介石玩弄"黄河归故"的阴谋。标题是《国民党当局破坏菏泽协议　蓄意放水淹我解放区　不顾七百万人民生命财产　图逞内战阴谋　中共中央发言人表示坚决反对》。二版登了四篇关于黄河问题的新闻、文章，包括冀鲁豫人民对蒋介石的抗议，《冀鲁豫日报》社论《坚决实现菏泽协议》的摘要，李庄写的题为《为七百万人民请命》的文章。一版还登了两条引人注目的新闻：一条的标题是《国民党军结合敌伪高唱备战大举调动屡犯我解放区三个半月大小进攻七百余次》；一条的标题是《豫北形势紧张声中蒋介石到新乡中央社对其活动隐匿不报》。三版登了国民党猛攻我四平街的新闻、刘白羽写的通讯《英勇的四平街保卫战》。

"黄河归故"是蒋介石全面内战部署的重要部分。1938年，国民党政府扬言保卫中原，在郑州附近的花园口炸开黄河大堤，纵黄水横流，在河南东部形成大片"黄泛区"，几百万人失去田园庐舍，几十万人葬身鱼腹。正像《为七百万人民请命》所说："人为的灾害消灭了一个比利时，死绝了一个卢森堡。"蒋介石1946年要打全面内战，夺取华北、东北，理想的捷径是打通平汉路。但是，刘（伯承）邓（小平）的司令部设在邯郸，蒋介石啃不动，于是打黄河的主意：把花园口堵住，强使黄河返回故道。黄河故道大部在我冀鲁豫解放区，堤防早已废毁，河床住了人，种了地。一旦"黄河归故"，势必使冀鲁豫变成新"黄泛区"。蒋介石一则置解放区几百万人于死地，二则在北进蒋军右翼形成一道天然屏障，以便集中兵力沿平汉路正面进攻。如此一箭双雕，难怪他一再向喽啰夸口，这一招"胜过四十万大军"。

晋冀鲁豫人民顾全大局，关怀"黄泛区"人民（"黄泛区"当时主要位于河南省蒋管区），甘愿承担巨大牺牲，同意"黄河归故"，只提出"先复堤后堵口"这个最低限度、完全合理的条件，蒋介石在全面内战准备尚未最后完成以前，口头上也不敢断然拒绝，于是出现了两三个月的艰难谈判。

双簧不是独角戏，蒋介石又请美国主子帮忙。那些伪装正经的先生们，作为"联总"（联合国救济总署）代表，明里唱白脸，暗里维护蒋政府，因此谈判桌上总是二对一。复堤工程浩大，需要足够时间，他们两家尽量估短。复堤需要大量经费、物料，他们两家尽量估少。谁都知道国民党的中央社是诬骂共产党、解放区的专家，这时候忽然改变腔调，说解放区"民众素有组织"，"物料器材早有准备"，"复堤必可克日完成"。我方代表一本协商解决问题的初衷，据实据理力争，同时适当让步，同他们相继签订了几个协议。如果认真执行，堵口、复堤即可兼顾。不出所料，这些协议同在重庆签订的"双十协定"一样，在蒋介石认为不必用它继续骗人的时候，立即像废纸一样地丢掉。

这就是"黄河归故"的真相，是《人民日报》创刊号所以大张旗鼓突出宣传的原因之一（当时还不知道它的结果，但是看到了它的趋势）。5月16日上午，《人民日报》举行茶会，刘伯承、邓小平、杨秀峰等负责人都到了，祝贺中央局机关报顺利出版。许多同志表扬了创刊号，认为问题抓得准，报道集中、突出、有力量。边区政府主席杨秀峰说:《人民日报》"应该多多登载全区性的大问题。例如关系几百万人生命的'黄河归故'问题，就该连续深刻地披露"。

报纸创刊一个星期之前，编辑部开始全力准备各版的稿件。谁都知道，事实是第一性的，对于它的有无、迟早、大小，采编者无能为力。新闻是第二性的，在忠实反映事实的基础上，对于它的重轻、先后、繁简、聚散，却可以适当安排和组织，编辑能做的事情还是很多的。1946年夏季，我们遵照邓小平、刘伯承为《人民日报》创刊号题词的精神，在全国范围内，揭露和抨击蒋介石坚持内战、独裁、分裂的行径，力争和平、民主、团结，因为这是全国人民的最大利益。在晋冀鲁豫范围内，揭露敌人，保护人民，准备自卫战争，巩固、发展边区，这种种任务当时集中表现在关于"黄河归故"的斗争上，这方面新事很多，万人关注，应该成为我们的宣传重点。基于这种考虑，编辑部派遣专人长驻中央局、边区政府，重点采访有关的新闻；电请冀鲁豫分社、《冀鲁豫日报》全力供给这方面的稿件和材料；指定我写一文章，说清楚有关"黄河归故"前前后后，在创刊号发表。它不是新闻资料，不是政论文章，不是学术论文，但应该兼有这些方面的内容，用历史的、当前的无可争辩的事实，把蒋介石的阴谋揭穿，谬论驳倒。在十分缺乏参考材料的情况下，日夜奋斗，写得很苦。感谢《冀鲁豫日报》和冀鲁豫分社同志们的鼎力支持，邯郸凡有所求，菏泽必能供应，否则我这个任务难以完成，编辑部在这方面的整个报道也会大受影响。

　　1946年5月晋冀鲁豫《人民日报》编辑部在邯郸的社址——小白楼。正门上方有"人民日报馆"字样，左侧墙面上刻着"新华通讯社"。此照片为张磐石保存。

中华民国三十五年五月十五日（1946 年 5 月
15 日）晋冀鲁豫中央局《人民日报》创刊，二版
刊发了李庄文章长篇通讯《为七百万人民请命》。

父亲晚年将半
个多世纪前的报纸
剪贴成册，仍在
用红笔蓝笔做着
修改。

为七百万人民请命

李　庄

一、毁灭与新生

四月九日，五辆吉普车载着黄河勘察团从菏泽出发，沿着黄河故道，由西南向东北驶去。车上插着写有"黄河"两字的小旗。

"黄河要回来了！"濮县的老百姓做梦都遇到重新袭来的滔天黄水。恐惧袭击着沿河几百万居民。

今年一月里国民党就提出"黄河归故"。解放区因为这是个关系几百万人命的大事情，马上派遣自己的代表同国民党磋商。开封会议之后，由三方代表合组勘察团，赴黄河故道勘察，以决定施工合龙计划和救济的办法。

吉普车带着神秘的消息驶过来，人们看见西装革履的国民党代表，更加惊愕了。他们知道这些人就是过去负责"治黄"、贪污中饱而使黄河经常决口的人。这些人来了，只会给自己添加更多的不幸。他们又看到自己的代表——冀鲁豫行署贾心斋主任和号称"公正"的联总的美国人，又燃起一线希望。他们请愿，他们哭诉，希望代表们能够重视这个关系近三十县七百万人生死攸关的大问题，先复堤浚河，再合龙放水，同时切实救济被害的人民。他们知道国民党代表靠不住，因此，他们要求治河机构中一定要有自己的代表。

　　一周的勘察，给人的印象是毁灭和新生。

　　两千里的河堤，已经支离破碎了。许多地方被敌伪挖成了封锁沟，许多地方被农民改成了耕地。再加上风吹雨打，使许多段河堤连痕迹都没有了。黄河水利委员会委员长赵守钰也说："百分之三十的堤坝需要完全重新修补。"

　　不真去看看黄河故道，很难想象它的可怕。由于堤坝的破坏、增补，许多段河身高出地面一丈二到两丈，俗语所说的这种"悬河"，全是过去统治者只治标不治本，徒斤斤于"九仞之城"的结果。防险的石坝大多已经坍塌，在积沙的河身上矗立着一座座骇人的淤滩……这样大的工程，短期内是绝对不能完成的。在冀鲁豫境内的河身共长一四二六里，如果完全修好，至少须筑一千五百万土方，用人工二千三百三十万个——怕人的数字！

　　但是，沿着黄河故道走一遭，你同时能够看到民主政府和群众力量的伟大。自从这里成了解放区，过去因洪水泛滥而逃亡在外的人们都回来了。群众在民主政府领导与扶植下，垦荒植树，重新建立自己的家园。现在广袤的河滩里，点缀起一片片油绿的麦田，麦田中间是被杨柳树拱卫着的村庄，街道整齐，房屋宽敞，显然是有计划地建造起来的。

　　东平州过去黄水为患，"十年九不收"。自从黄河改道，这里建立了解放区以后，那种怕人的灾患完全成为过去了。冀鲁豫行署曾以十八万元专门治湖。三百顷瘠硗的湖地变为良田，每亩可收获三百斤麦子。东平湖与运河相连，运河又与黄河相通，如果黄河重来，这些湖地都将化为乌有。

利津东北近海的地方曾经全为荒区，荆条遍地，五谷不生。抗战后这里也成了解放区，寿光、安邱……的人纷纷赶来垦荒。民主政府发放了二百六十万元垦荒贷款。人们披荆斩棘：一面垦殖，一面和进攻的敌人打仗。新生活建立起来了，人口由五万增至三十万，七分之三的人口过着中农以上的生活。这里原先就没有堤坝，如果黄河归故，必致洪水漫流，这些流血流汗、功在国家的人民，又要遭逢流离失所的厄运。

　　"黄河归故"的影响太大了，仅郓、鄄、濮、寿、范、昆六县，就将有八百五十六个村庄陆沉水底，三十七万九千多人口失掉家园。

二、天灾？人祸？

　　抗战胜利之后，一九三八年黄河在中牟花园口溃决的公开秘密揭破了。原来是蒋介石命令马鸿逵掘开的。坚持一党专政的英雄们常打败仗原无足奇，问题在于这些人们永远不自悔悟，而以人民的生命财产做赌注，以致滚滚黄河一泻千里，豫东的中牟、尉氏及皖北的太和、涡阳等十六县随之陆沉。三十多万人死于非命，六百万人失掉了家园。人为的灾害等于淹没了一个比利时，灭绝了一个卢森堡。

　　黄河百害，早经载诸史籍。历代治黄，不知难倒了多少水利专家。其中原因虽多，但最重要的一项，是这种天灾常常与人祸相结合，二者并互为因果。从民国二年至二十三年，黄河在现冀鲁豫解放区范围内决口达十二次，决口次数按比例逐年增加。治黄被视作发财之道，偷工减料，苟且敷衍，黄河不决是无"天理"。沿河群众坚持治河机构一定要有解放区代表参加，就是这个缘故。从一九三八年到一九四五年，决口次数更是飞跃增加，八年中竟有九次（每次均决口数处），而且都是国民党掘开的。

国民党反动派会说："我在三八年掘开黄河，是为了阻止敌人，保卫中原。"中原是否因此保卫住了，已为抗战中的事实所证明，这里不去说它。只说以后的几次，其目的竟是完全为了淹没豫东坚持抗战的八路军、新四军和无辜的人民。例如：

一九四〇年，国民党汛东游击支队阮钊部在西华县郭村决口两处，目的在淹没我十二分区淮太西部队。

一九四三年，国民党在豫东大"剿"新四军，因为新四军有群众拥护，"剿"不了，国民党河南十二专署第三大队梁化龙就在古铜、刘口等地决口十三处，企图使我抗战军民同归于尽。

一九四四年，国民党汛东挺进军张公达掘开扶沟陵口，把豫东人民和我军已播种的田地完全淹没，企图把我根据地军民饿死。

一九四五年九月四日，国民党汛东挺进军曹世部掘开水波口，滚滚黄河向我反攻大军汹涌扑来，这时我已解放扶沟，正向鄢陵挺进（鄢陵城内驻的是伪军）。洪水阻绝了我军的进路。

一九四五年九月二十五日，国民党汛东"剿共"独立支队马淮诚决开西华以东清河围堤，这时我军正布置收复太康，洪水造成一片阻绝地带，给我军增加了许多困难。

这些决口给予豫东抗战军民的损失，恐怕永远也算不清。这次国民党要"黄河归故"，目的是把山东、豫东、苏中、苏北等解放区与华北解放区分割开来，是国民党全面内战阴谋的一部分。

三、问题的焦点

解放区民主政府和广大人民深知"黄河归故"将带给他们什么。但是，他们并没有反对"黄河归故"。体会黄汛区人民的痛苦，他们默默地承受了"黄河归故"这副沉重的担子。问题在于怎么个"归"法。

四月十五日，国民党、解放区及美方代表在菏泽达成了协议，规定先浚河修堤，后合龙放水；由黄委会呈请联总、行总切实救济沿河难胞，每人发给十万元（法币）迁移费；治河机构由国民党、解放区双方代表共同组成。

但是，菏泽协议墨迹未干，国民党就撕毁了这一协议。也许，在订定协议时它就没有准备实行。它的宣传机关中央社说："复堤工作已与共方商定，可于两月内配合花园口堵口工作同时完成。"这是瞪着眼睛造谣，明眼人一看便知。不但双方并未这么"商定"，而且像这样浩大的浚河复堤工作，本年内根本不可能完成。中央社是一贯诬蔑解放区的，在这时候却说："中共区民众有组织，有庞大的人力物力"，但是"阻挠河工之进行"。这显然是制造随时放水的借口。

解放区代表赵明甫氏看到这种情形，特亲自到花园口跑了一遭，又和国民党代表会谈，商定故道下游于麦收前先测量河床，秋后浚河并裁弯取直，明春修理险工，最后合龙放水。但是，惯于自食其言的国民党当局马上又变了卦，它顽固地坚持要两个月内全部完工。

与其说国民党从来不管人民的死活，毋宁说它的一举一动，都是有意致人民于死命。故道的复堤浚河工程虽离完成尚远，花园口的堵口工程却已差不多了。这个一千六百公尺的决口，连续从两边"抢修"，中间只剩了六百公尺尚未合龙。民国以来历次黄河决口，总是翌年合龙，甚至有迟至第三年者。那时候国民党迟迟其行，这次却特别卖劲了。他们调来汽车，修了铁路，残酷的鞭打强拉来的民伕，无限制的强征各种材料，为的是尽早放过水来，使沿河的解放区变成泽国。

花园口合龙之日，差不多正是大汛之时，滔天的黄水就要汹涌而来，几百万生命将要被抛到死亡线上。

面临着这个天大的阴谋，又一个"比利时"将被毁灭了。

全国人民警惕起来，拯救这七百万将被毁灭的同胞！

河南、河北、山东的人民动员起来，坚持彻底实现菏泽协议，用自己的力量维护自己的生命！

（原载晋冀鲁豫《人民日报》1946 年 5 月 15 日）

一肩行李上太行

　　1946年夏，太行《新华日报》的同志们"一肩行李下太行"，在邯郸参与创办了晋冀鲁豫《人民日报》。一个多月后，"一肩行李上太行"，又回到河北武安县河西村。一年半后，第二次下太行，到平山，已是全国胜利前夕。

　　1948年春，晋冀鲁豫《人民日报》副总编安岗和编辑部人员在住所河西村，石桌后戴眼镜的是何燕凌，何身后是袁毓明，靠墙戴眼镜的是杜波，小女孩身后的是卞仲耘，坐在椅子里回过头来的是林韦。

抗日烽火奔太行
激情燃烧迎解放
留影父母
相濡以沫借晚耕
喜忧参半砺风箱
红笔蓝笔两从容
不变的初心
开来继往同

我为什么"赶制"这篇电讯

李 庄

　　《新闻战线》1995年第7期登载《精深凝练的典型之作——学习邓小平同志一篇口述新闻》一文，同时登载所评介的新闻:《蒋方捏造"负伤""牺牲"谣言　刘伯承将军一笑置之》。评介文章写得很好。惟这篇新闻不是出自邓小平同志口述，而是我紧急"赶制"的。当时邓小平同志在冀鲁豫前线同刘伯承同志一起指挥作战，我在晋冀鲁豫《人民日报》工作（当时《人民日报》和新华社晋冀鲁豫总分社是"一个单位，两个牌子"，我任报社编委、总分社副主任），驻在河南省武安县（现属河北省），相距千里之遥。"精"文作者大概不熟悉当时情况，或日久记忆不准，后者在战争激烈、情况多变的环境中是常有的。时隔49年，我有责任把为什么和如何"赶制"这篇新闻的情况作一简要介绍。

　　日本法西斯投降后，蒋介石迫不及待发动反革命内战，扬言"三个月解决中国问题"，即把共产党、解放军、中国人民革命力量全部吃掉。战争初期，敌强我弱，500多万蒋军对百多万解放军，兵力、装备、交通运输、后勤供应等等处于绝对优势，气势汹汹，呈全线进攻态势；我军取攻势防御，全力歼灭敌人有生力量，不计一城一地的暂时得失，以运动战为主，大踏步进退，集中兵力寻机歼敌，解放军战士都懂得这个正确方针，记得战争初期，刘邓大军在冀鲁豫前线作战，为捕捉战机，常常大踏步进退，有时一夜后撤百余里。战士们满脚血泡，极度疲劳，由于总打胜仗，士气仍很高昂，乐观幽默，一边行军，一边编说"顺口溜"："大队长（当时解放军的美式装备，都缴自蒋军，战士们把蒋介石称为'运输大队长'，简称'大队长'），莫猖狂，当心师长（刘伯承当时指挥刘邓大军，战士们仍然亲热地叫他'师长'，抗日战争开始，他任八路军129师师长）的回马枪，叫你胡子留不长（蒋介石头发已脱光，战士们还要把他的胡须拔掉）。"蒋介石及其大将们不懂我军战法，也找不到失利原因，一意孤行，被明眼人讥为"虽九败而不悔"。关键在于中间派。当时蒋政府控制蒋管区宣传工具：制造谣言，颠倒黑白，掩饰败绩，虚报"战果"，使蒋管区一些人时不时产生某种迷妄，特别在解放战争初期"敌进我退"之际。因此，同蒋帮的造谣、诬蔑作斗争，把战争性质、事实真相和发展前途告诉全国人民，就成为革命新闻媒介的一项重要任务。

1946年10月，我军出于战术考虑，一度主动在冀鲁豫战场大步后移。蒋军重占两三县城，立即大声鼓噪，胡说刘邓大军"溃不成军"，刘伯承将军"负伤""潜逃""阵亡"……延安新华总社急电晋冀鲁豫总分社，要求当日赶发新闻，用事实粉碎蒋帮的造谣。鉴于这项任务十万火急，如果转电前线分社承担，采写、电发需三数日，深恐缓不济急。为争取时间，由我从权"赶制"。当天把此新闻电发新华总社，总社很快就广播了。

我敢于"赶制"这篇新闻，主要考虑基本事实完全真实——刘伯承将军没有"负伤""潜逃""阵亡"，正在前线指挥作战；我又相当熟悉我军高级指挥部的运转情况，确信写此短稿不会出错。当时张磐石同志（晋冀鲁豫《人民日报》总编辑、新华社晋冀鲁豫总分社社长）看了此稿，认为写得不错，同时含蓄地批评和提醒说：在激烈战争期间，为了击破敌人的造谣，在不违反真实的前提下，偶一为之也无不可，但以后最好不采取这种工作方式（大意）。

我在《记者笔下的抗日战争》（人民日报出版社出版）收录的《野火烧不尽春风吹又生》一文中说：为了迷惑日寇，"我还作了一次蓄意作假的报道"。写该文时完全忘记了还写过这篇新闻。除去主要事实完全真实，这篇新闻的细节都是"想当然"的虚构，从后一点说，戴个"作假"的帽子似乎也不为过。如果当时还能自我宽慰：对敌斗争，任务紧急，基本事实准确，可以"从权"出此。那么，在今天，新闻工作的任务、环境、条件跟当时大不相同，绝对不允许这样做了。

为了核对当时接受任务和拟稿、发稿的细节，我曾同张连德同志一起仔细回忆。张连德是抗战开始参加革命的"三八式"，1986 年在人民日报群众工作部主任岗位离休。他清楚记得这篇新闻的来龙去脉，还记得我为赶时间写的那手"怪字"（我写字又丑又草，同志们当时谥为"怪字"），这篇新闻正是张连德用明码发往新华总社的（张当时为总分社电务部门负责人之一，收发电报的铁手）。记得我当时反复阅读新华总社翌日的广播稿，从改动中揣摩精神，学习业务知识。改动几处，多数令我折服，惟对"将军总部浸润在紧张而冷静的气氛中"一句，把原稿的"沉浸"改为"浸润"颇有意见。"沉浸"两字确实粗蠢，改为"浸润"反而不通了。

岁月痕——留影父母李庄赵培蓝

（原载《新闻战线》1995 年 9 月号）

精深凝练的典范之作

——学习邓小平同志一篇口述新闻

李显宗

　　去年10月号的《中国记者》杂志，发表了一篇郑德金同志撰写的老新闻工作者吴象的回忆文章：《一则小平同志口述的新闻的由来》，其中披露了邓小平同志1946年10月口述的一篇新闻作品。这篇消息新华社曾向全国广播，同时登在1946年10月10日延安《解放日报》一版，题目是《蒋方捏造"负伤""牺牲"谣言（肩题）刘伯承将军一笑置之（主题）》。

　　到目前为止，在已公开发表的小平同志著作中，还不曾见到具体的新闻作品，所以这一篇十分令人欣喜和珍贵。

　　据介绍，1946年10月，蒋介石军队在刘邓野战军发起的陇海、定陶和巨野战役中，被打得狼狈不堪，损失惨重，无计可施，只好求救于谣言。国民党中央社发出消息，说刘伯承已经"牺牲"了。新华社为了驳斥敌人的无耻谰言，派记者采访刘伯承将军。将军把记者"推"给了小平同志。小平同志问明了情况，"先沉默了一阵，用右手扶着含在嘴里的烟斗，在屋里来回踱步。大约过了三四分钟"，"就一句接着一句，不紧不慢，干净利索，毫无停顿，更无重复，一气呵成了一篇电讯稿，简直像在念一篇已经写好的文章"。记者赶快记录下来，迅速发回总社。

　　揭穿谣言最有力的武器是事实。这篇消息一开头，像电影一样，一个镜头一个镜头地向读者展示事实。街上电线的纵横，发报机的作响，大幅的军事地图，构成了一幅繁忙有序的军机大帐的景象。并以此为背景，最后把镜头落在了正手握电话指挥作战的将军身上，而且加了一个特写：将军一笑，对敌人的造谣仅一笑置之而已。这样便把将军的运筹帷幄，指挥若定，挥洒磊落的大将风采展现得淋漓尽致，唤起了读者无限的敬仰和想象。

在这样光辉高大和真实的形象面前，敌人的一纸谣言显得何其卑下、蠢笨，只能化为灰烬，为世人所不齿。

消息并没就此结束，它的精深之处还在于对谣言的深究直追，揭穿敌人企图利用谣言掩蔽其败绩的实质。武器仍然是事实，点名道姓，指出番号，一一列举蒋军惨败在将军手下的狼狈纪录。这是对敌人直捣心窝的一击，也是敌人从谣言中自取的"回报"。

这篇消息大长了我军的志气，大灭了敌人的威风。它已远远不是一条普通的澄清事实的"辟谣"新闻，而是一篇讨敌惩恶、充满必胜信念的檄文。

整个消息内容精深，形象鲜明，气势磅礴，而且语言十分凝练。全文只用了 343 个字！可谓精练至极！

现在我们正大力维护消息的主体地位，大力改进消息的写作。小平同志的这篇作品，正是难得的一篇可供学习、研究的典范之作。

蒋方捏造"负伤""牺牲"谣言

刘伯承将军一笑置之

新华社随刘伯承将军总部记者七日电　当记者往访刘伯承将军时，将军总部浸润在紧张而冷静的气氛中，发报机的马达隆隆作响，街上电线纵横，通讯备极忙碌，刘将军在一幅巨大的地图前以电话指示机宜。记者以中央社捏造刘将军牺牲广播稿出示，刘将军一笑置之，仍继续其电话指挥。他正在创造一惊人战果。据刘将军总部某权威人士称：中央社这种无耻造谣，在于掩蔽其接二连三败绩，并图以振奋其再衰三竭之士气军心。近日他们一说刘将军负伤，二说潜逃，三说牺牲，前后矛盾可笑。天才指挥刘伯承将军部队，在三个月已歼灭蒋军十个旅（师），第三师师长赵锡田负伤被俘，第一旅旅长黄正成被执，三十一师师长刘铭锡、一八一师师长米文和仅以身免徽服落荒而逃。其他高级军官被击毙者更不计其数。他说：刘将军现在发挥其高明的军事指挥天才，不久的将来，蒋介石军将再一次尝到刘将军的厉害。

（原载延安《解放日报》1946 年 10 月 10 日一版）

河西村的婚礼

这是我父母李庄、赵培蓝结婚的新房，地点在人民日报（晋冀鲁豫中央局机关报）驻地河北武安县河西村，借住一户老乡家的北房，共7天。解放前夕成为我姑父的朱波等年轻编辑记者，在1946年12月31日、我妈从太行文联驻地下温村赶到河西村的当天设计、收拾出来的。那天晚上我爸爸还在夜班编稿子，我妈被送到齐语同志家过夜，以便朱波他们搭建婚房。瞧，靠墙还有个沙发，挺不错吧？

不过，囿于当时抗日战争环境下根据地的条件，这沙发是假的——里面是两把椅子架着，上面罩了个大单子，在根据地当时的环境中，还是足以营造一下气氛的。我妈被允许坐了那么一下——用今天的话说是"摆拍"，她就这么小心翼翼地坐在"沙发"一侧，我姑父用报社的照相机拍了这张照片作纪念，此后便没人再坐过，因为"沙发"中间是空的，不小心就坐塌了、坐地上了。

1947年元旦,李庄、赵培蓝
结婚留影

我和李庄于1947年元旦结婚。
地址在当时晋冀鲁豫边区各
报关报——人民日报驻地,河北省
武安县河西村。

赵培蓝于2016年6月20日

人民日报社

20×10=200

这是妈妈93岁高龄时写
下的,距爸爸长行十年之后。

1947 年 3 月 16 日，爸爸在新华通讯社稿纸上制作的纪念卡。当时他和妈妈一个在报社、一个在文联工作，驻地相距 90 里，不能经常见面，爸爸以此表达他对妈妈的思念。

曾克阿姨、黑丁伯伯的祝贺卡，很有政治高度和艺术水准。卡上镶嵌毛主席的照片，祝词是这样的：

佩蓝、李庄同志——
走着毛主席光辉的路，
你们快乐的工作，
　　快乐的生活。

　　　　　曾克、黑丁
　　　　　1947，元月。

相逢相知在太行山上

赵培蓝

编者按：自 1948 年 6 月 15 日诞生起，人民日报始终与时代同步、与人民同行，忠实记录中国革命、建设和改革开放波澜壮阔的光辉历程，见证国家发展，推动社会进步。65 年艰辛奋斗，65 年春华秋实，与新中国共同成长，与新时代一同进步，人民日报又站在了新的起点上。人民网特别推出人民日报创刊 65 周年纪念专题，重温历史动人瞬间。

赵培蓝同志《相逢相知在太行山上》这篇文章，回忆了她在太行山革命根据地的经历及她与李庄同志相逢相知的过程。本来是应钱江同志的要求而写的一份晋冀鲁豫《人民日报》史的附录，作者并未准备在报刊上发表。社领导阅后，认为此文生动感人，是一篇很好的报史资料，建议征得作者同意之后，先在《社内生活》上刊登。这确实是一篇情景交融的历史回忆文章，语言朴实，感情真挚。没有现代色彩的浪漫，却充满同志之间的真情。艰苦岁月的回忆，留下的是难以忘怀的人间欢乐。因文章较长，本刊分两期连续登载。

——编者

太行山是我永远的怀念，那是生我养我的地方，也是我踏上革命征程的地方。我将美好的青春年华献给了像海涛一样起伏的太行山。那里也是我和李庄相逢相知同结连理的地方。那时，李庄和我都年轻。

抗日战争最艰苦的 1942 年，我考入晋冀鲁豫边区的"太行联中"学习。那时，我经常读《新华日报》，读到了李庄写的不少文章。但是只见其文，不识其人。

太行区在 1944 年开展整风时，我们联中已经迁移到了河北涉县的悬钟村，这里距离太行区党委所在地赤岸村不远，是一个有百十户人家的大村，山清水秀。夏天，我们可以在清漳河里洗澡游泳。一到秋天，漫山遍野的柿子树、花椒树，果实成熟，红绿相间，色彩艳丽，一片田园风光。抗战前这里的人民生活很苦，糠菜半年粮。抗战开始后，这里成为根据地，实行减租减息，群众生活有所改善。可遇上灾荒年，还是十分艰苦。

当时新华日报社就在清漳河北岸的七原村。太行区文教系统的整风班由太行区党委宣传部长张磐石、新华日报副总编辑安岗领导，地址在清漳河南岸的上温村。李庄是新华日报社记者，参加这个整风班。太行联中的教职员工也参加由张磐石领导的整风班，领导我们学生整风的是杨焦圃、梁虹、肖鲁。

整风结束时已是 1945 年初。为了表示庆祝，搞了一个演出。演出会上有一个节目是两个青年表演。一高一矮的两个学员代表上台，矮个子站得歪歪扭扭，说一口不太标准的普通话；高个子站得倒周正，但说话磕磕绊绊。我已记不清他们表演的是什么，反正他们两人的演出引起会场一阵阵的笑声。我问坐在旁边的同学药恒（他也是太行联中同学，比我早毕业，已在新华日报工作）："这两位是谁？"药恒告诉我，高个子是鼎鼎大名的李庄，矮个子是归国

华侨杜展潮，都是新华日报记者。这是我第一次把李庄的人和名对上号。从那个时候起，李庄的影子就留在了我的心中。

这年，我22岁。整风结束后，我被分配到晋冀鲁豫边区政府工作。

当时边区政府正在筹备召开太行区文教群英会，要布置一个介绍太行区文教战线成就的展览。边区政府民政厅干部科长童一让我和郭国、苏蓟（太行联中同学）三人先参加展览会筹备组工作。筹备组的负责人是太行文联领导人之一的赵枫川，是一位画家。组里有好几位年长的同志，有的画画，有的写说明。我们三人的具体任务是把画贴在厚纸板上，再把说明文字抄在下面，摆放布置好。

布展中间，李庄来看过一次。他从头看到尾，却一句话也没有说。我心想，到底是名记者，挺严肃的。这是我第二次看见他。这时，我已经认准他是李庄，他并不知道我。

展览布置好了，我们这些参加筹备的青年人该分手回各自原单位去了。赵枫川忽然问我："你到文联工作好不好？"

我根本没有考虑自己够不够条件，脱口而出地回答："好。"

太行文联在下温村，机构小，人也少，可都是太行山上有名的人，像高沐鸿、王玉堂（冈夫）、洪荒（解放后改名阮章竞，是非常著名的诗人），还有赵枫川、袁毓明、郑笃、苗培时、寒声等作家、诗人、剧作家，都是我们年轻人的老师。文联办了一个刊物叫《文艺杂志》，主编是郑笃，我在他直接领导下工作，主要是来稿登记，看读者来信，给作者回信，等等。有时候，领导外出采访也带我们青年同志一块去，我和画画的吉林曾跟着高沐鸿到武乡县采访过。

《文艺杂志》是当时太行区影响比较大的一个文艺刊物。它通过小说、诗歌、剧本、散文、鼓词等形式，反映全区党、政、军各战线模范人物的事迹，鼓舞大家抗战的积极性。它的作者队伍除了区党委一级机关爱好文艺的同志外，还有全区各县的文艺作者，发行范围也很广，遍及全区各地。李庄也在这个杂志上发表过文学作品。他在太行山上写的小说《良民证》刊登在 1941 年 5 月《华北文艺》杂志创刊号上，得过奖。

1945 年底，文联开过一次作者座谈会。太行区党委、太行军区党委的不少人参加，新华日报的袁勃、李庄也参加了。我在会上作记录，好多同志发言，李庄也说了几句，谈新闻采访与写作，言辞和内容都很朴实。这一次，李庄给我留下了深深的印象。

我这个人从小柔弱，不善于表达自己的想法。当时，边区政府童一同志找我谈话。她关心我、理解我，热心地给我介绍过一个对象。对方还给我写过一封信，我婉言谢绝了。

文联高沐鸿也同我谈过，说我到了该恋爱的时候了。

我说我命不好。1941年年关"反扫荡"，我父亲——年近花甲的老人，在荒无人迹的大山上一脚踩空，坠崖身亡。三年以后，母亲病故了。我没有兄弟姐妹，孤身一人，连个说心里话的人都没有。说着说着我就难过起来。

高主任拍拍我的肩膀说，你的亲人没有了，可是革命大家庭这么多人关心你，你并不孤单，不要难过！不久后的一天下午，沐鸿同志叫我们几个年轻人陪他到村外山坡上散步。他悄悄问我："你心目中的对象是什么样子？你没有感到文联就有一位同志对你很好吗？"

我将沐鸿视为自己的长辈，知道他关心我，我对他也敢说些心里话。我对他说，我对这个问题并不着急。不过，要找就想找一个像李庄那样的人。哎呀，这一下子就说漏嘴了。

我压根儿不会想到，沐鸿同志很快就给李庄写了信。过了些日子，袁毓明笑眯眯走过来，递给我一封信，竟然是李庄写给我的。我们两人在一起把信拆开看了。

原来，沐鸿同志听到了我的心声，就抱着试试看的态度给李庄写了一封信。李庄没有直接给沐鸿同志回信，而是给他在文联的好朋友袁毓明写信，了解我的情况后，再给我写信。我看到的就是这封信，读完了，觉得就像梦一样，瞪着一双犹疑的眼睛问袁毓明：

"这是真的吗?"

袁毓明说:"李庄是考虑再三才给你写信的。"

这下我明白了,眼前发生的一切都是真的。我认真地给李庄写了回信,还大着胆子请袁毓明帮我看看、改改。他边看边说,这又不是退稿信,哪用得着修改呀?

就这样,我与李庄开始通信、认识了。这是 1946 年的七八月的事。我们最初的信写得都很简单,只是谈谈各自的工作、学习。但李庄一开始就鼓励我,说文联的工作条件很好,又有那么多老师,一定要好好利用这个机会多读些书。

太行文联不知在哪里搜集了一些书籍,有古典名著,也有当时的小说,有的书已经很破旧。因为有李庄的鼓励,即使在战争岁月里,我也认真地读起书来了,像《三国演义》《红楼梦》《水浒传》等,都是那时看的。有的字不认识,就查字典,句子不懂,请教老师。

大约在 10 月底,李庄到下温村来了。高沐鸿很高兴,专门"设宴"欢迎李庄,说是款待文联的女婿。

高主任的"宴席",其实就是炒了几个菜,蒸了一锅馒头,但已经比平时吃的大杂烩面条好多了。好像这顿饭就算订婚了。我们相约:1947 年元旦结婚。战争年代一切都发展得很快,包括我和李庄的感情,才几个月就把终身定下来了。

相逢相知在太行山上（续）

赵培蓝

　　就在我和李庄通信前不久，晋冀鲁豫《人民日报》创刊了。李庄是参加创刊的成员之一，他写了文章《为七百万人民请命》发表在创刊号上，邓小平看了非常高兴。当时，人民日报如果有稿子要送邓小平审阅，编辑部总是派李庄去，因为他手快，能很快又准确地领会刘邓首长的修改意图并能迅速组织语言。小平同志很喜欢他，每次去了，都给他一包"大前门"香烟。李庄得到邓政委给的香烟，都高兴地拿回来和烟友一块儿享受。

　　1947年元旦前两天，我到了人民日报社驻地——武安县河西村。一到村里，最先看到的就是那个在舞台上站得歪歪扭扭的杜展潮，接着来了好几个年轻人，记得有朱波、马映泉、安文一等人。我下马甫定，他们就开始取笑"围攻"我，问我怎么来的？到此有何感想？

　　我本来爱羞不会开玩笑，初来乍到，更觉得尴尬，该怎么应付这些能说会道的调皮记者？幸好李庄为我解围，说我骑马走了90里地赶来，很累了，劝他们明天再"采访"。这一下果然打退了"围攻"，他把我安排到一个大房间休息。

　　第二天一早，王定坤（张磐石的妻子）抱着儿子铁牛来看我。李克林领着大女儿小林也来了。我以前就认识这两位女性，我曾和

抗日烽火弃太行
激情燃烧迎解放
留影父母
相濡以沫偕晚耕
喜怒哀乐砺风霜
红笔蓝笔两从容
不变的初心
开来继往同

李克林在太行文教群英会的筹备组一块儿工作,在一个锅里吃饭、一个炕上睡了20多天。

接着李庄带我到办公室,在那里认识了何燕凌、宋峥夫妇。

回到我住的房间,杜展潮、朱波、马映泉这几位正等着我呢。他们向我提出种种刁钻问题开玩笑。我并不气恼,这就是我们的队伍我的家,人民日报的同志都是我的亲人。何况当时李克林的女儿小林对"大个子叔叔"(李庄)特别好,她怕别人"欺负"我,就守在我身边保护我。

杜展潮、朱波他们神秘兮兮地对我说:"我们要布置新房,送你到一个安静的地方休息。"于是,他们把我送到齐语的夫人那里。当时齐语外出采访了,几个年轻人嬉皮笑脸地对女主人说:"这是李庄的新娘子,今天交给你,丢了你负责。"

齐语的爱人也是从太行山上下来的老革命,她一边热情地招呼我,一边骂那几个人恶作剧,笑着把他们撵走了。我觉得不好意思打搅她,她却说:"这有什么,要不是有这个机会,咱们俩还不认识呢。"我们两人聊着聊着,天色慢慢黑了起来,我想走,又不知道去哪里。女主人笑着告诉我:"他们是故意把你藏到我这里,好让李庄着急。"

果真是这样,这时的李庄正在到处打听满村子找我呢。报社的年轻人就对他说:"看你只顾发稿子,把新娘子都丢了!"

元旦那天早晨,又是这群调皮鬼把我接回去。新房果然布置好了,墙上贴着大红喜字,还挂了不少红红绿绿的彩带。桌子擦得干干净净,茶壶茶碗摆放齐全,桌上还摆满了喜糖,特别是屋里还布置了一个假沙发,挺有意思的。

中午是丰盛的会餐，人民日报总编辑吴敏（即杨放之）和夫人（她在别的单位工作，是元旦放假赶回来的），还有袁勃、王定坤以及几位我不认识的同志，与李庄和我同桌。吴敏代表社领导讲了几句简短的话。他说，今年元旦有双重意义，一是解放战争的形势越来越好，这激励我们要更加努力地工作，迎接人民革命的最后胜利；二是大家欢聚一堂，衷心地祝贺李庄、培蓝同志的新婚之喜。

　　这真是充满了真情厚谊的婚礼。按理说，我应该向吴敏敬酒，也应该向大家敬酒，可是我不会喝酒，所以敬酒的事都由李庄包办了。那天他喝了不少酒。

　　热热闹闹的宴会结束后，整个下午不断有人到新房来祝贺。小杜、朱波等人也闹个不停，不断"围攻"我。又是小林始终守着我，保护着我，一直到天黑。当晚，李庄的好朋友张克岗也来到我们的新房，他与李庄似乎有说不完的话，一聊就到了半夜。

　　我和李庄就是在这样特殊的年代——战争岁月，特殊的环境——太行山上，相逢相知，走到一起的。我感谢太行山，感谢太行山里的那个小山村——河西村，它们给了我一生的幸福。

　　我在河西村住了7天，算是度完了"蜜月"，又赶回文联上班去了。我们的工作都很忙，李庄在报社就更忙了。我们两个单位相距90多里地，平时难得见面，只有互递鱼书。结婚后，李庄到文联来看过我三次，都是来去匆匆，未多耽搁。当年中秋节前，他曾写信说要到我这里过节，后来因为工作离不开，就写来一封信，诉说相思之情，信里还附了几句小诗："中秋夜，默默叩寒窗。梦里依稀说心话，醒来口角染余香。"别看李庄在战火中几番出生入死，这诗句却写得柔情蜜意，如今半个多世纪过去了，我不知忘却了多少往事，这诗句却被我记忆下来了。

当时我已经怀孕5个半月，多么希望他能推门而入来看看我。然而我理解他工作忙，能看到他写的这些悄悄话，也就满足了。

1947年冬，太行区还搞过一次整党学习运动，文联同边区政府一些单位的同志集中在离下温村四里地的常乐村学习。那时我已怀孕七八个月，行动不方便。文联领导为照顾我，劝我提前结束，回机关（下温村）去。我想坚持到底，结果肚子里的孩子坚持不下去了。1948年2月22日凌晨，我的大女儿在我学习的地方出生了。我措手不及，房东大娘只好用我的棉袄把孩子包起来。

李庄得知女儿降生，从90里外的河西村拍马赶来，看到我们母女平安无事，才放下心来，就急急忙忙去买鸡，熬鸡汤，做饼干。但他只住了3天，叮嘱我一定要给孩子找个奶妈，又匆匆地走了。

文联秘书长马印秋关心我，委托搞运输的两位马夫四处打听，终于找到了奶妈。未找到奶妈前，我抱着女儿在下温村找有奶的年轻妇女给喂奶。那时，我们党和人民是鱼水之情，村里的喂奶媳妇们得知我的情况，主动来我的住处为我女儿喂奶。根据地人民的养育之恩，我永生难忘！

我把孩子送到奶妈家，简单安顿好，就开始工作，正好碰上文联搬家。这回是从山上下来，搬到武安县的一个小山村。落脚未稳，马印秋同志告诉我，李庄已经离开河西村，北上石家庄去了。原来，中共中央决定，撤销晋冀鲁豫和晋察冀两个中央局，合并成立华北局，晋冀鲁豫《人民日报》和《晋察冀日报》合并成为华北局的机关报《人民日报》。当时由晋冀鲁豫区党委宣传部副部长、

岁月痕——留影父母李庄赵培蓝

《人民日报》总编辑张磐石同志率领，袁勃、刘希龄、李庄、何燕凌、李原等，作为先遣人员前往石家庄以西的平山县，与《晋察冀日报》的人员汇合。走之前，李庄没来得及给我写一个字，急匆匆地不辞而别了。

1948年6月，我调到人民日报社，随报社大队人马北上平山县。一直到1949年春节，趁三天假日，才到涉县把不足两周岁的女儿接回来。

从那时起，李庄和我都工作在人民日报。我们的青春和生命，都融进了人民日报的事业。

（原载人民日报：《社内生活》2004年3月25日"峥嵘岁月"）

两封电报

1948年4月27日，刘邓致中央的电报"刘邓来　要文宣干部去中原"。

1948年5月3日中央电报，"毛台来　允予通讯等机构干部配备"。

卯 C222 号 A 急　　　　　　　董、陆、陈、乔（请陆办）抄主席

1948.4.27

刘邓来
要文宣干部去中原

一波同志、并中央：

　　桐柏、江汉均已成立新闻通讯社，鄂豫皖西亦将相继成立。打仗时还须与陈谢、陈唐两处联络。野战分社几个人已经不能应付，即须成立中原总分社，及逐渐筹办报纸。合并时建议将通讯社与报馆书店等文化宣传机构，抽一套健全的给此间。安岗、李庄、穆之等尽量调来。陇海以南，我们文化宣传工作展开的很慢。农村中普遍读老书和国民党的军政知识，要求我们的读物，无法给予，文化宣传干部实在缺乏。（请工委转中央）

　　　　　　　　　　　　　　　　雪峯、际春　卯感

A 辰 24 号 AA 急　　　　　　　　　　　　已转发刘邓台

1948.5.3

毛台来
允予通讯等机构干部配备

转际春雪峯：

　　卯感电敬悉；在合并时一定给你们将通讯社报馆书店及文工团等机构一套干部配备齐全。李庄、穆之等亦可派去，安岗需留此间总分社，特覆。

　　　　　　　　　　　　　　　　　　一波　辰冬

太行山革命根据地是中国共产党在抗日战争时期创建的华北敌后抗战的重要基地之一，也是全国解放战争时期党及其领导的人民解放军的前沿阵地与可靠后方。

1943年10月6日，党中央决定，中共北方局与太行分局合并，由北方局直接领导晋冀鲁豫区的太行、太岳、冀南、冀鲁豫四个区党委，邓小平接替彭德怀担任中共北方局代理书记，并主持八路军总部工作，负责晋冀鲁豫地区党军政全面工作。当时晋冀鲁豫根据地面临的形势非常严峻。日军实行"三光"政策，造成根据地的生产力急剧下降，又连续两年遭受自然灾害，财政经济极为困难，环境极其艰苦。邓小平和师长刘伯承创造性地提出和运用"敌进我进"的方针，率部深入日本占领区的后方，在长达14年的抗日战争中，与日军进行了数千次大大小小的殊死战斗，在华北战场牵制了几十万日军和大量伪军，有力地支援了其他战场的抗战。到抗战胜利前夕，晋冀鲁豫根据地的正规部队发展到30余万人，"刘邓大军"成为一支不可战胜的力量。

抗日战争胜利后，国民党政府发动反共反人民的内战，国、共两党的军队在中原地区（湖北、河南交界）爆发了大规模的武装冲突，长达三年多的全面内战就此开始。太行军民在共产党领导下，进行了针锋相对的斗争。与此同时，根据中共中央的指示，派出大批部队、干部、民兵和民工支援全国解放战争。刘伯承、邓小平率领大军强渡黄河，千里挺进大别山，直接威胁国民政府的统治中心南京和武汉；陈毅、粟裕领导下的华东野战军挺进豫皖苏；陈赓、谢富治兵团挺进豫西。三路大军，互相策应，为推翻蒋介石的反动统治、夺取全国胜利创造了条件，揭开了由战略防御转为战略进攻的序幕。

《人民日报》报影

1948年6月15日创刊的《人民日报》，先为华北局机关报，1949年8月升格为中共中央机关报。升格后继续出报，没有重新排列刊期；直至今天，已两万五千多期的报纸，均为1948年6月15日在河北平山里庄创刊始的连续出版物号。

中华民国三十八年一月一日（即1949年1月1日）的《人民日报》。这是即将向北平进发前在根据地出的最后一张新年报纸，一版头条发表了新华社社论，标题是《将革命进行到底——1949年新年献词》；在社论中间、版面中央刊发了毛泽东主席手书："军队向前进 生产长一寸 加强纪律性 革命无不胜"。

"进京赶考"

李东东

　　"进京赶考"，是当年毛泽东同志一个著名的政治指代性提法。2016 年 7 月 1 日，习近平总书记在庆祝中国共产党成立 95 周年大会讲话中提到，1949 年 3 月 23 日上午，党中央从西柏坡动身前往北京时，毛泽东同志说："今天是进京赶考的日子。" 60 多年的实践证明，我们党在这场历史性考试中取得了优异成绩。同时，这场"赶考"还在继续，远未结束。

　　这里，我把父亲《难得清醒》一书中关于他经历的"进京赶考"的情节加以节录，以做这个小篇章的引语吧！

　　"近乡情更怯。"赴北平途中，我真正体会到古人一些诗句的深刻入微。北平不是我的故乡，我的故乡是徐水。昨天过徐水小城，卡车还在我家门前停下，我丝毫没有游子回乡的心情，甚至没有向围观卡车的孩子问一声。我厌恶那个没落的腐朽的家庭，进而冷落生活过十多年的故乡，到北平，才像回归理想的"故乡"。

　　多年憧憬北平，是因为儿时读过不少介绍这个故都的书，十多年来又总是想着进北平生活，办报。北平成了胜利、解放，工作甚至终老此乡的同义语。听说要我参加先遣队就兴奋，一路上兴奋，到了北平郊区更兴奋。

越近北平越兴奋，也越踌躇，回故乡到新地的心情交织在一起。真的能进北平么？在北平怎样生活、工作？能胜任在北平办报的任务么？从邯郸到平山，坐木炭发动的日本卡车，经常"趴窝"；从平山来北平，坐蒋大队长（战士们戏称蒋介石是运输大队长）送来的美国十辆卡车，一路顺风。在卡车上也说笑，也遐想，内容丰富多彩，大体不出上述范围。

　　乘卡车来北平，沿平汉路东侧砂石路走走停停。在抗日战争和解放战争时期，这片大平原属冀中根据地——解放区。冀中人民对两次革命战争的贡献，几本书是写不完的。此时继续为革命尽力，不过出动的已不是抬担架、扛云梯的战勤队伍，而是头尾衔接一望无际的运输长龙。车如流水，人喊马嘶，经常堵住汽车的路。北平即将获得解放的二百万居民要吃饭，近百万围城大军要吃饭，几十万即将放下武器或者起义的蒋军士兵要吃饭。冀中人民懂得，没有粮食就没有战争的胜利，有粮食就有解放后的新秩序，宁肯自己吃玉米、红薯，也把白面、小米送到北平。车把式兴高采烈，叼着烟袋，打着响鞭，不时向我们招呼："同志，北平见！"青年人口直，半开玩笑地喊："你们进城啦，可别忘了我们呀！"

　　我们第一站到达进北平城的基地良乡，同新华社总编辑范长江同志会合。他负责接管国民党在北平的新闻系统，筹建我们自己的新闻事业。但他只带了章明、李千峰等少数干部，具体工作主要靠我们这一伙人。

　　解放北平，中央有两种准备：立足打进去，力争开进去。打，比较干脆；谈，麻烦得多。但是，为了北平居民免受损失，大量文物免遭破坏，敌我双方多少万士兵免于伤亡，我们宁愿承担这种

113

麻烦。往返谈判几达一月，准备进城的人们于是在良乡暂时安顿下来。

打进城是基础，能打进城才有可能开进城，首要的准备还是前者。军事部署不是我们的事，新闻宣传稍稍有些复杂，因为此事涉及两家。我们先在良乡作了安排，范长江、李庄、李千峰接着又赶到驻在河北玉田的平津前线司令部，同第四野战军政治部主任谭政、新华社第四野战军总分社社长杨赓商谈解放北平的新闻报道分工合作事宜。决定攻城战斗和凯旋仪式由军分社组织，其他由新华社北平分社即我们负责。回到良乡，由于随时准备抬腿进城，准备工作更加紧张：继续调查研究北平情况，学习党的城市政策，研究进城办报方案，同时采访郊区恢复工作，并同准备进城进行接管的各个单位建立联系……

市委这时给我们分配三个干部：陈迹、陈泓、王金凤，原是北平的大学生，因在学校从事革命活动过于暴露，暂时撤到解放区，不久又被调回，市委分配到新华社北平分社。他们对北平的情况相当熟悉，对分社工作很有帮助，但是下马伊始也给我们出了一个馊主意。我们穿的棉军装，用土布制成。解放区缺染料，土布以杏树根榨汁浸染，呈杏红色，原来就很难看。两三个月过后，颜色斑驳，更加难看。陈、王两位女同志看不过，建议用肥皂水擦洗肩胸过脏之处。这下坏了，乳白、杏红、灰黑，单从颜色看，不下于现在军人穿的迷彩服。谁知这身花里胡哨的军衣，配上崭新的"中国人民解放军北平管制委员会"胸章，却引来广大市民的尊重。看！解放区的老革命，军管会的干部多朴素、多神气！听了这种议论，我们加倍自持，互相提醒谨言慎行，绝不能给党和军队丢脸。

最早的接管

——接管中央社北平分社的日子

李 庄

李庄接管国民党中央社北平分社后摄。当时父亲和他的战友们穿着根据地织染的杏黄色军装，洗得发白发花，但大家精神抖擞，很是自豪——胸前佩戴着"中国人民解放军北平市军事管制委员会"证章。

历时三年的解放战争，进行到1948年底、1949年初，党领导人民已取得推翻蒋家王朝的决定性胜利。三大战役消灭了国民党军队的主力，天津守敌被歼，新保安已解放，我百万解放大军云集北平地区，北平的几十万守敌已成瓮中之鳖，西逃南撤退路全断。

抗日烽火奔太行
激情燃烧迎解放
留影父母
相濡以沫借晚耕
喜忧参半砺风霜
红笔蓝笔两从容
不变的初心
开来继往同

最早的接管
——接管中央社北平分社的日子

傅作义将军审时度势，终于选择了一条正确的道路，接受了解放军的和平改编，北平获得和平解放。

北平和平解放，我党我军按系统接管国民党各机关单位；为保证有条不紊，清正廉洁，事前做了相当充裕的准备。

接管国民党在北平的新闻系统，进城办人民的新闻事业的小分队，由时任新华社总编辑的范长江统领。这个小分队近三十人，有新华总社的李千峰、韦明等少数人，大部分人员来自我所在的华北《人民日报》和新华社华北总分社。

人虽然不多，但却是按照办一家报纸、一家通讯社的架子配备。有些人过去不在一起工作，但共同的任务光荣、艰巨，我们的组织关系已经确定，大家志趣完全相投，很快就水乳交融了。

敌我双方关于北平和平解放的谈判，时间拖得相当长，有时难免让等待进城的人们心烦，但总的讲谈判还是日有进展。

以我们的驻地为例，最初是在良乡，那是进城人员的大本营，离北平城较远；接着进到长辛店，离北平比较近了；最后进驻青龙桥，几乎就在西直门外。

这段时间，我们多次修改、充实工作方案，拟定多种编辑、采访计划，设想可能遇到的各种问题及对应办法……当时生活还很艰苦，但大家精神极为亢奋，因为人民的共和国马上就要建立，我们梦寐以求地到北平办报的憧憬就要实现，还有比这更令人高兴的事情么？

我们成为第一批进城干部

正式宣布北平和平解放的日子是 1949 年 1 月 31 日，也是解放军开始入城的第一天。那天下午，我们这个小分队分乘三部卡车，载着各种通讯器材，从西直门进入北平城，成为第一批进城的地方干部。

西直门当时仍由解放军和国民党起义部队共同值勤，横在街上的"拒马"（一种木制加铁丝网的三角形防御物）尚未撤除，只是移开了一个过车通道的口子。原国民党部队岗兵的军装远比我"四野"战士的军装单薄，人在寒风中显得畏缩。但他们的精神似乎同样亢奋，不断向我们招手致意，好像在庆祝自己的新生。

接管有条不紊，主要由于思想明确，准备充分，衔接紧密。

我们所乘的卡车越过还在西直门大街行进的首批入城部队，一直开到天安门以东御河桥原日本大使馆改成的傅作义总部交际处。那时大约是下午六七点钟，《华北日报》和中央社北平分社的负责人已受命等在那里了。

《华北日报》是国民党党报，也是当时华北地区最大的报纸，社长名叫张明炜。中央社北平分社社长名叫丁履进，两人都是劣迹斑斑的国民党党棍，国民党时代北平新闻界的头面人物。

《华北日报》由范长江接管，我对那里的情况了解不多。我接管中央社北平分社，听那里的人员揭露，丁履进在日寇投降后，从重庆飞到北平，"劫收"日本的"同盟社华北总理处"，所得赃物合10万银元，一下子发了大财。北平解放前夕，他自知罪孽深重，同张明炜一起乘飞机逃跑了。

北平被解放军包围后，国民党守军在东单广场（即现今东单公园一带）开辟了一个简易机场，只有一条土跑道，可以起降小飞机，是被围的北平与蒋管区剩下的唯一交通渠道，丁、张两人赶上了"末班车"。

中央社北平分社主要出版新闻通讯稿，供北平各报和民营通讯社采用，以此控制舆论。

丁履进逃跑后，在我们接管前，中央社发稿业务照常进行，但不再传布中央社总社新闻，而改登新华社总社的新闻稿。完成这种标志中央社北平分社性质改变的大事，中央社北平分社编辑主任黄卓明出力最多。他不是国民党员，而是民盟成员。丁履进逃跑后，就以黄卓明为主，原采访主任赵孝章为副，维持中央社北平分社的业务。

在接管和移交过程中，黄卓明继续发挥了积极作用。解放后，黄卓明仍在新闻单位工作，长期在光明日报任厂长，相当得力。

原分社人员用面条汤为我们"接风"

1月31日晚约9时，黄卓明、赵孝章陪同范长江、我和组建新华社北平分社的其他同志到达西单以东石碑胡同的中央社北平分社。

中央社北平分社是一幢二层小楼，原有人员已齐集楼上等候。范长江会见了等在那里的所有的人，并作了讲话，扼要指明中央社这个机关的反动性质，说明原工作人员情况不尽相同，但现在都应持正确态度，希望大家认清形势，转变立场，恪尽职守，照常工作。我也作了简要讲话，表示坚决认真地执行党的政策，做好接管工作。长江讲话后，未多作耽搁，即前往王府井大街的华北日报社。

原中央社北平分社人员为我们准备了面条汤，一再说明只是表示一点心意，为大家御御寒。北平围城多日，供应困难，这点情意不算低了。我们几乎不假思索，立即婉言谢绝，说明我们自己带着干粮，有点开水就足够了。当时天已很晚，我们饥不择食，嚼着发霉的玉米面饼，就着开水，吃得特别香甜。这件事情很小，在我们是天经地义，出乎自然。而在国民党统治下生活惯了的人，一时却难于理解，他们同我们的思路反差太大了。

当晚发生的另一件事更使他们感到震动。这是北平解放的第一天，国民党的散兵游勇数万人还在城里，市内社会秩序相当乱。为安全计，由程子华同志负责的警备司令部给我们派了一个排的解放军担任警卫。我们在分社楼上腾出一间大房子，作为警卫排的宿舍。数九寒天，水泥地面，时间已晚，根本无处借觅铺草，战士们怎么休息呀？当时原中央社北平分社庶务主任（我已忘记他的姓名）领我到丁履进的办公室，那屋里有全楼唯一的一块地毯，我一看地毯相当大，马上提议移到战士的宿舍去铺地。庶务主任当即表示为难，说接管组干部也要休息，这块地毯正好用上，士兵们应该忍着点。我明确表示，这件事不必研究，考虑问题应该先想到战士；接管组的同志们好办，有几个沙发可以休息，办公桌也能拼起来睡觉，比露宿已经强多了。我这只是沿用我们队伍里处理此类问题的习惯做法，随口说出个人意见，自然而然，天经地义。事后得知，这竟成为原中央社北平分社工作人员多日议论的佳话，有人甚至说，这就是共产党打胜仗而国民党打败仗的重要原因。

在和平谈判期间，原中央社北平分社人员顺应形势，对被接管已经做了相当的准备。

2月1日清晨，分社人员花名册、全部财产登记册、近十天发稿登记及所有底稿，全都送到了我的办公桌上。庶务主任一再问我和韦明需要添置什么东西，他随时给准备。我表示：一切用具都带来了，缺少什么一定告知。

我们这个接管组共有十多个人，多为电台操作人员，编采业务人员中，我是编辑主任，韦明为副主任，还有在良乡新参加工作的陈迹、王金凤、陈泓等少数记者。人手少、工作多，又搞编辑、采访，又要了解、整顿这个旧摊子，工作紧张的程度，说夜以继日，毫不为过。

失散多年的弟弟从报上知道我还活着

我们忙，长江带的那个分队更忙，又要接管《华北日报》，又要筹办《人民日报》北平版。长江在入城时曾经发出宏愿：1月31日入城，2月1日出版《人民日报》北平版。谁知到达王府井大街《华北日报》大院已是晚九点多钟，人少事繁，千头万绪，2月1日出版无论如何已赶不及。结果《人民日报》北平版创刊号2月2日出版，当天下午2时以后开印，日报成了晚报。因为我军刚进城，军事、公安等领导机关都要发布"安民布告"，在《人民日报》北平版创刊号上发表。当时情况还不熟悉，交通、通讯远不如现在通畅，传播媒体很讲究的时效，自然退居第二位了。

北平人睁着眼睛看我们，最关心的当然还是接管。2月2日，北平各报都登出最抢眼的新闻：《接管开始范长江接管〈华北日报〉李庄接管中央社北平分社》。我那中断联系十多年，在北平从事秘密革命工作的弟弟，看了当天的报纸才知道，他的哥哥还活着，而且随着解放大军进了北平。

"劫收"大员彻底毁了国民党

接管伊始，我们观察和处理问题，把中央社这个反动机关同其中的工作人员严格区分；对工作人员也作了具体分析。

这里并非没有进步分子，如黄卓明，做了不少对革命有益的事，解放后给他安排了相当重要的工作。

这里自然也有反动分子，如一个姓蒋的记者（名字我已记不起了），中等身材，人很精干，一再要求同我个别谈话。他当时表示老实，说自己是清华大学毕业生，参加了中统组织，任务是利用采访机会刺探进步学生的活动情况，但仅此而已，并无抓人、杀人等恶行。他还缴出了一支崭新的左轮手枪，表示要悔过自新。我向他指出，参加特务组织，刺探进步学生活动情报是犯罪行为。主动交代、缴出手枪是赎罪表现，希望他能彻底坦白，并揭发别人的罪行，争取立功。对这样的人，我们当时都没动。但以后听说他还是被送到团河农场劳动改造去了。中央社北平分社的多数旧人是"混饭吃"的，其中不乏承认事实、明白事理的人。

朝夕相处十多天，他们大概看到我们是通达事理的共产党人，日渐敢说心里话。几个人都对我们说，抗战期间，北平沦陷八年，日寇投降后大家欢庆胜利，许多人对独夫民贼蒋介石的真面目并不认识。蒋介石消极抗战，积极反共，不断与日寇勾搭的逆行，沦陷区多数人并不了解，还认为他一直领导抗战，至少没有像汪精卫一样当汉奸。蒋介石在抗战胜利后到过北平，人们欢迎相当热烈，有说"万人空巷"的。可是一个"劫收"把国民党彻底毁了。那些飞来的接收大员没有一个不是大捞特捞，"五子登科"一点不假。像丁履进，简直算不上"劫收"大员，也"劫收"了10万银元，仅从这一点看，国民党、蒋介石就没有治了。

共产党和解放军领导人民打下江山，我们和平解放北平，在整个接管过程中，严格执行上级的规定，切实做到秋毫无犯、一尘不染。

四年时间，二次接收，北平老百姓眼见的事实，对比万分强烈。

原中央社北平分社的人员一再说，眼见为实，共产党与国民党确实不同，他们承认真是受了一次看得见、摸得着的深刻教育。

十多天后，新华总社的李慎之同志接替我的工作，我们两人在几分钟时间内就办好了交接手续。这在原中央社北平分社人员眼中又是一件奇事——几分钟，"大白话"。

当天，我离开石碑胡同新华社北平分社，前往东四钱粮胡

同，接管没有国民党党报之名而有国民党党报之实的《北平日
报》。原中央社北平分社全体人员列队送行。我一床被子来，原
有被子走，飘然一身，轻松愉快。圆满完成任务是共产党人最大
的满足。

第一张大合影

　　1949年3月15日，人民日报由河北平山迁到北平，告别了战争年代在根据地办报的历史。为了记录这一历史性的转折，1949年冬，报社约请大北照相馆摄影师，在王府井编辑部大院为全社同志拍照合影。这是人民日报社有史以来第一张全社人员大合影。

　　编辑部大院原为国民党华北日报社址，合影在北房办公室门前的藤萝架下进行，编辑部、行政部门和工厂大约二百多人参加。当时仍保持着解放区的优良作风，不分职位高低，或前或后，或站或坐，平等相待，随意选择。

拍照开始前，张磐石社长从北房办公室出来，站在最后一排中间，和大家一起合影。

著名诗人袁水拍（时任文艺部负责人）在摇头转机刚启动快门、由西向东转动拍摄时，从他最初站的西边的位置迅速绕过照相机背后跑向东边，在相机镜头转到东边的最后一瞬间赶到，因而在照片中留下了同一个人的两个镜头。

我妈妈在站立的第一排左侧，和根据地进城的许多同志一样，把两手揣在袖筒里。我爸爸不知忙什么去了，没有参加拍照，挺遗憾。

抗日烽火奔太行
微情燃烧迎解放
相濡以沫偕晚耕
淡悦参半历风霜
红笔蓝笔两从容
不变的初心
开来继往同

报道新中国成立

1949年9月21日，北平，中南海。出席中国人民政治协商会议第一届全体会议的代表步入大会会场。

1949年9月21日至30日，中国人民政治协商会议第一届全体会议在北平举行。会议共有正式代表585人，候补代表77人。

126

1949年10月1日，毛泽东主席在开国大典上宣读中央人民政府公告。

刚刚举行过开国大典的天安门广场。城楼上东西两幅标语：中华人民共和国万岁，中央人民政府万岁。

李庄左胸佩戴人民政协会徽，摄于开国时的中南海怀仁堂会场外。

作为人民日报首席记者，李庄受组织委派采访中国人民政治协商会议第一届会议，以八篇新闻通讯记录了中华人民共和国的诞生。

127

《人民日报》1949 年 9 月 22 日
"中国人从此站立起来了"——中国人民政协第一届会议特写

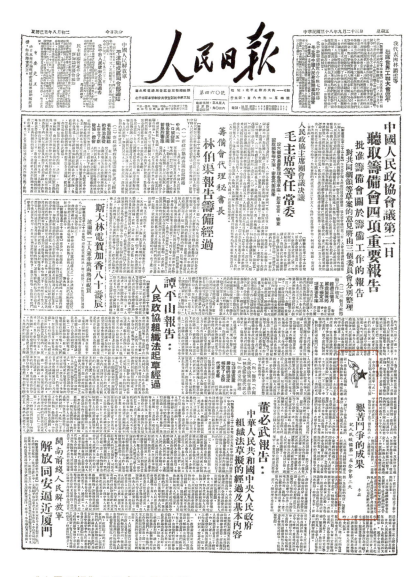

《人民日报》1949 年 9 月 23 日

艰苦斗争的成果——记人民政协第一届全会第二天

《人民日报》1949 年 9 月 24 日

新纪元开始了——记政协代表关于国旗国都纪元的讨论

《人民日报》1949 年 9 月 25 日
我看见了勇气百倍的信心——记人民政协第四天大会

《人民日报》1949年9月26日
热爱领袖，嘲笑敌人——记人民政协第五天大会

《人民日报》1949年9月28日
未来是属于我们的——记人民政协第六天大会

岁月痕
——留影父母李庄赵培蓝

《人民日报》1949 年 9 月 30 日
让全世界认识我们的力量——记人民政协第七天大会

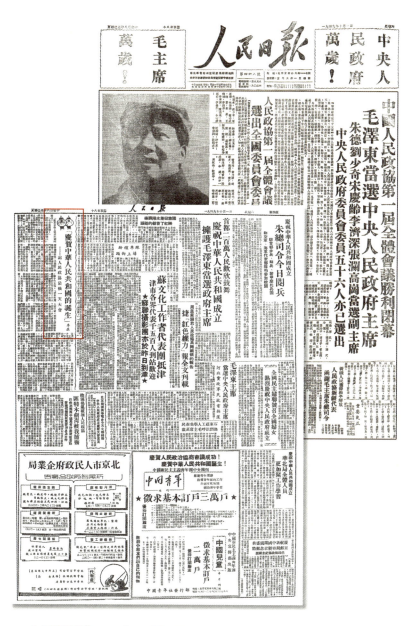

《人民日报》1949年10月1日
"庆祝中华人民共和国的诞生"——记人民政协最后一天大会

新中国首届政协盛会侧记

李　庄

1949 年 9 月，中国人民是在极度兴奋中度过的。中国人民政治协商会议召开，中华人民共和国成立，占人类总数四分之一的中国人站立起来了，毛泽东在人民政协 9 月 21 日开幕式上说得好："我们的工作将写在人类的历史上。"

《人民日报》的从业人员从 8 月份起就兴奋得"睡不好觉"。1949 年 8 月 1 日《人民日报》升格为中共中央机关报。远在抗日战争年代，我们参加党的新闻工作不久，在艰苦的反"扫荡"战斗中，每当想起将来可能到北平办报，立即胜利信心倍增。1949 年 1 月底进了北平，8 月 1 日升格为中央党报，立即着手准备有关人民政协的报道。好事一个接着一个，我们这些多数不到而立之年的"新闻记者"能睡好觉么？

人民政协这样的大事、新事旷古未见，从报道角度来说，应该如何准备？我们有个老传统：大家想办法。果然有效。七嘴八舌，想出两个好主意，准备一批代表访问记，会中逐日写"特写"。印刷、发行各个环节也作了相应的安排。

人民政协共有 662 位代表，由于多年战争、地区分割、情势变化等等原因，读者对代表并不完全了解，通过访问记作介绍是有效办法。事后证明，几十篇访问记产生了巨大的影响。如根据地"子

出席第一届政协会议的全体典型党员代表

弟兵的母亲"戎冠秀，舍生忘死，掩护、照料八路军和解放军伤病人员，十几年如一日，在晋察冀边区家喻户晓，其他根据地人民也相当熟悉。但新解放区，蒋管区人民就比较陌生。如华侨代表司徒美堂，旅居美洲 69 年，17 岁参加"反清复明"运动，辛亥革命前后以大量经费支持孙中山民主革命，抗日战争期间组织"筹饷局"，募集现金和物资支援抗战。不要说解放区，蒋管区人民也不大了解这位当年已 83 岁的爱国人士。还有一些国人瞩目的知名人物，如傅作义将军，几个月前还是蒋方反人民战争的方面统帅、中国人民认定的头等战犯，几个月后成为人民政协的特邀代表，他怎样看自己的过去，他的近况和政见如何，都是大家想知道的。54 篇访问

20 世纪 40 年代：激情燃烧迎解放

137

记，基本上涵盖了方方面面的代表人物。

报社能写访问记的人手不多。同现在比，当时的记者少得可怜。下了狠心，把外出的记者全部调回，还聘请了一批社外作者参加写作，共计24位同志，在当时算得浩浩荡荡了。

人民政协于1949年9月21日开幕。毛泽东致开幕词，中国共产党代表刘少奇，特邀代表宋庆龄，国民党革命委员会代表何香凝，民主同盟代表张澜，解放区代表高岗，解放军代表陈毅，民主建国会代表黄炎培，全国总工会代表李立三，新疆代表赛福鼎，特邀代表张治中、程潜，华侨代表司徒美堂等12人，相继在会上发表主旨讲话，提出对国是的意见。我在特写中概括大会充满"民主、团结、严肃、负责"精神，我认为完全符合实际情况。

读者说9月22日《人民日报》下了"倾盆大雨"，一点不错。对开6版，是当时全国篇幅最大的报纸，全部登载人民政协的材料。社论《旧中国灭亡了，新中国诞生了》，以万分喜悦的口吻，弃旧迎新，提出建设新中国的庄严任务。

虽然全社人员废寝忘食，当天日报还是出成晚报。很长一段时间，《人民日报》不能按时出版，越是有大事，读者希望早些看到报纸，我们出版越晚。主要由于政治上需要研究考虑，其次由于技术条件限制。22日报纸，我们自认为准备相当充分，但纰漏不出在编辑部门而出在印刷部门。从上午到中午，催报的电话不断，甚至责备报社"麻木不仁"、"不负责任"，我们事先规定代表发言者都要有照片，但报社摄影记者很少，发言者多数年高德劭，有的要休息，有的公事忙，很难抽出时间拍照，急得记者团团转。

现在电子照排准确便捷，半世纪前排版、制版还是手工操作。

我熟悉印刷操作全过程，一个深切的体会是工人师傅遇有急要任务是"心里热手上稳"，别人越催越坏事。当时技术水平确实低，《人民日报》受到各方照顾，排印、制版技术在北平还算最好的。

我获得得天独厚的工作条件，能上天安门，进怀仁堂，出入勤政殿采访，为众多同行难以企望。我知道领导给我这些条件，很难说是因为我的水平高、经验多，主要是因为我在中央党报工作，忝为报社首席记者，完全出于"工作需要"。我自知绝对不能辱没这个光荣称号，不能辜负组织的殷切期望。新华社记者以李普为首包了公报新闻，我决心每天写一篇特写——一篇一主题，事、情并重，随着会议的进程而发展，希望最后汇集起来成为会议的侧面历史记录。一天写一篇特写，今天的记者不足挂齿，在当时却是一件大事。记者这一环节就不易写出，编辑这一环节要加工整理，排印这一关更要有足够的时间操作。所幸自定的数量完成了，质量肯定离上乘甚远，读者如果认为及格已很不错。

参加这种采访本来就如临渊履冰，冲劲虽在，底气不足。到了怀仁堂，好像林黛玉进了荣国府，不敢多说一句话，不敢多走一步路。在根据地当过记者，看到的多是硝烟弹雨，接触的多是战士、农民。进城几个月，访问的也多是机关干部和普通市民，现在到的地方没有到过，要写的人、事没有接触过，主观上虽然小心谨慎，偏偏在第一天就出了岔子。我在第一篇特写里提到新华门、怀仁堂，被一位保密观念特别强的宣传部门负责人抓住了，他认为"严重泄密"，正式向大会宣传组负责人宦乡告状，提出"这个同志是否适宜参加这种报道值得考虑"。如果在若干年后，我一定是先作一个检查，再考虑是否以及如何申述我的意见。当时我还有一点

"初生之犊"的犟劲，又面临不能继续工作的威胁，只能据理力争，就不顾一切地对宦乡说："我认为根本谈不到泄密问题，开人民政协，这是大好事，无法保密，也无需保密。当时北平只有怀仁堂能开上千人的会，北平最好的汽车在新华门进进出出，能够保密？"我甚至说："我在特写里写了新华门、怀仁堂，我觉得没有什么错误。新闻里如果不写，我看是个不足。我们应该千方百计扩大政协会议的影响。"看来宦乡同意我的意见，只是说，"保密问题以后要多加注意"，了却这场"官司"。

我没有在敌人统治下进行秘密工作的考验，我有在敌人重重包围的根据地进行武装斗争的经历，从我的切身体验中，从我看过的对敌斗争经验介绍中，我认为保密工作确实极为重要，在一定条件下如不注意保密，革命者甚至不能生存，但是不能像对我那篇特写提出意见的同志那样草木皆兵。十分遗憾，这种"草木皆兵"的现象竟延续了许多年，结果许多事情对自己的一些人可能保了密，对有先进侦察技术的敌人却大门洞开，这种教训实在应该总结了。

人民政协第一届首次会议的主要任务是制定和通过起临时宪法作用的《共同纲领》，制定和通过《中华人民共和国中央人民政府组织法》，选举中央人民政府，决定国旗、国歌、首都。有些外国人不了解我国的民主制度，对于我国在决定重大问题时常常"一致通过"难以理解。其实，我们在决定问题之前，都经过充分磋商、讨论、酝酿甚至论争，许多工作做得很早、很细。到50年代后期，由于多种原因，伴随"一言堂"作风的发展，使我国的民主精神遭到严重损害，新中国建立前后的实事求是、生动活泼空气逐渐淡薄。以《共同纲领》而论，在讨论过程中，有的委员考虑我们国家的前途是社会主义——共产主义，提议应该在《共同纲领》中明确阐述这个远景。中国共产党代表刘少奇提出不同意见，认为中国将来是要走到社会主义——共产主义的，那是相当长久的事情，如果在《共同纲领》中写上这个远景目标，"很容易混淆我们在今天所要采取的实际步骤"。中国共产党另一位领导人、政协筹备委员会第三组组长周恩来作关于《共同纲领》的说明，也谈到这个意思。委员们认为很有道理，一致同意这个意见。

关于国旗，也经过热烈讨论，我还犯了一个"抢先"错误，幸亏是在当时，若在十多年后，不知道有的人会上纲到什么程度。原来政协筹备委员会曾向全国征求国旗图案，得2992案。筹委会筛选出38案供委员选择。314位委员主张选用第一、第二或第三案中的一案，人员已过正式代表半数。毛泽东也持这种意见，看来是定准了。这三案大同小异，都是红底加一黄星一黄带——红底象征革命，黄星象征中国共产党的领导，黄带象征中华民族发祥地黄河；区别仅仅在于黄星大小、位置和黄带长短、宽窄稍有不同。我自认得风气之先，就把这种选择及其理由写进第三篇特写。但是糟糕，早了。有些委员不顾自己居于少数地位，坚决不同意这种选择。张治中的发言有代表性。他说，红色代表革命，黄星代表共产党的领导，设计得好，唯中间一条黄带，如果彼人理解为把国家、把革命分裂为二就不好了；他坚决主张再作考虑。许多委员转而同意他的意见。最后一致决定选用现在用的五星红旗。讨论这个图案的说明词时，又出现不同意见。原来的说明词是大星代表共产党，四小星代表工人、农民、小资产阶级、民族资产阶级。有的委员提出，按照这样解释，不久进入社会主义，民族资产阶级不存在了，岂不又要改换国旗？多数委员，包括毛泽东在内，同意改用五星红旗，这时也同意改变说明词，不释四小星代表四个阶级，而说四小星象征人民大团结。大家说这样好，方案定下来了。最后表决时又有委员对国旗释文提出意见，说"上角一黄色大星，旁绕四小星"，不妥当，因为小星有别解（古时妾也称"小星"），应该另释。当日执行主席周恩来立即表示同意这个意见，建议改释文为"上角有五黄色星"，全场鼓掌一致通过。对于新中国国名讨论也很热烈。有人主张定名"中华人民民主共和国"，有人主张定名"中华人民民主国"。张奚若主张定名为"中华人民共和国"。他说，共和国说明国体，人民指工人、农民、小资产阶级、民族资产阶级大团结，符合"鲜明、准确、完备"的主旨，足够了。全体代表同意这个方案，最后以发表宣言的方式，宣告中华人民共和国成立。

人民政协第一届第一次会议开得好，报道这次会议，我个人尽了全力，如果能够在这个基础上继续追求，可望在记者岗位上取得较好成绩。可惜因为工作需要，在此后几十年中，除了去朝鲜短期采访外，一直做编辑工作。对于领导的安排，我没有任何意见，但是记者工作却中断了。1993年，我在《人民日报风雨四十年》一书中，曾经扼要回顾我采访人民政协一届首次会议的工作，说句客观的话，我认为能够代表当时工作着的我国记者的水平。但是质量不高。数量达到了每天一篇的预期，水平却不理想。当记者，"依样画葫芦"不难，写事能够翔实、准确，文字清通，基本及格。难在记者本人在新闻中加点什么。当然不是加事实，新闻记者必须遵守绝对真实的原则，在这里不能有任何随意性。但是可以"加"观点，加思想——在客观、全面、准确、缜密介绍事实的基础上，提出个人的分析和判断。记者水平高低似乎主要表现在这个地方。当时我已知道应该作此努力，但是功力不济，效果不佳。我曾力求每篇特写都在当天的会议进程、成果（事实）的基础上，表现它的特点，即提炼一个观点作为立论基础。第一天开幕式，会场洋溢着兴奋、胜利气氛，体念创业艰难，瞻望前程远大，人人一副笑脸。我个人是抗日战争、解放战争的幸存者，同全场情绪融通，文字虽然粗朴，却是一边书写一边拭泪的。可惜以后拙作未能在这个起点上前进一步。功力如此，是勉强不来的。

我在那本书里写道："除了加观点，我以为还可以'加'知识，包括烘托主题气氛的背景材料、中外古今的相应掌故，等等。"我认为，记者不仅应该努力学习和掌握马克思主义立场、观点、方法，而且应该力求成为及格的"杂家"，积累、运用广博的知识，写文章始能挥洒自如，收烘云托月之效。我当时十分拘谨，不敢作此努力；功力不逮，也难于作此努力。所以几篇文字基本是"依样画葫芦"的水平。

（原载《名家》1999 年 5 月）

我为父亲李庄的开国报道而自豪

李东东

2009年3月3日，阳光明媚。春风中，天安门广场上红旗猎猎。当我和新闻出版界几十位政协委员一同走进人民大会堂出席政协第十一届全国委员会第二次会议时，当我在大会堂大礼堂作《加大投入，优化政策，发挥新闻出版业在"保增长"中的重要作用》

的大会发言时，不禁百感交集。

整整 60 年前，我的父亲李庄从河北平山党中央所在地出发，在 1949 年初春随第一批进城的部队进入北平；金秋 9 月，参与了政协第一届会议的新闻报道工作。8 天会议，他始终在中南海怀仁堂现场采访，以每天刊发在《人民日报》上一篇新闻通讯，全程见证并记录了新中国成立的历史时刻，成为有幸采访政协一届会议，并有幸在 10 月 1 日开国大典登上天安门城楼的为数不多的新闻记者之一。

3 月 3 日已固定为每年政协大会开幕的日子，又是我们全家永难忘怀的日子。2006 年 3 月 3 日，父亲在全家人齐聚守护中，驾鹤西去。从 2008 年 3 月 3 日开始，在我担任全国政协委员的任期中，我将不能和家人在这一天去八宝山革命公墓看望他；但我相信在天上看着我的父亲，会因为我忠实履行政协委员的职责而感到欣慰——对国家尽忠就是对他尽孝，这是父亲生前对我的一贯教导。

这样的机缘，这样的巧合，使得父亲与政协、我与政协、我和父亲共同与政协之间，似乎有了一种特殊的经历、特殊的际遇、特殊的感情。六十一甲子，当举国上下隆重庆祝新中国成立 60 周年之际，翻开 1949 年 9 月 22 日至 10 月 1 日的《人民日报》，从那一张张发黄发脆的竖排报面上，我看到的不仅仅是一天天、一篇篇的令人振聋发聩的新闻报道，还有党的新闻工作者们，包括我敬爱的父亲，殚精竭虑，夜以继日，笔走龙蛇，倚马可待，奉献给历史、奉献给人民的激情、才华和忠诚。

以通讯特写记录开天辟地的历史

60 年前的 1949 年 9 月 21 日，中华人民共和国开国盛典——中国人民政治协商会议第一届会议在北京中南海怀仁堂开幕。毛泽东主席致开幕词时说："占人类总数四分之一的中国人从此站立起来了。""我们团结起来，以人民解放战争和人民大革命打倒了内外压迫者，宣布中华人民共和国的成立。"

我的父亲在怀仁堂会场主席台旁见证了这一历史时刻，用充满激情的笔墨写下了预示新中国成立的第一篇新闻特写，标题就是从他亲耳聆听的毛泽东主席的历史性宣言中提炼出来的——《中国人从此站立起来了》。

当年 31 岁、风华正茂的父亲感慨万千。他是在"七七事变"后怀着一腔报国之情，"一声炮响上太行"参加革命的。八年抗战胜利后，又"一肩行李下太行"，在平山县西柏坡附近的里庄，参与党中央机关报《人民日报》的创建，成为创始人之一，历任编委，副总编辑，总编辑。2006 年以 88 岁高龄辞世。用我母亲的话说，他一辈子只做了一件事，就是党的新闻工作。而在我看来，这"一件事"中颇具重大意义的事情就是对新政协召开、对新中国诞生的报道了。

1949 年 9 月 21 日至 9 月 30 日召开的政协一次会议，是一次开天辟地的会议。这次会议，实际上兼具了全国人民代表大会和全国政协的职能，代表全国人民的意志，宣告了中华人民共和国的成立，发挥了重要的历史作用。

作为党中央机关报《人民日报》派出的记者，李庄和新华社等几单位的同志们一道，在怀仁堂会场全程参与采访报道了这一具有历史意义的重要会议，见证了中国人民政治协商会议第一次全体会议的与会者共同为新中国奠基的全过程。8 天会议，新华社记者逐日发布新闻，人民日报记者李庄逐日撰写通讯，共发表了 8 篇通讯特写。

在我父亲和他的新闻同行的笔下，新中国成立的壮阔画面被一幅幅展开：中国人民政治协商会议第一届全体会议经过热烈讨论，通过了具有临时宪法性质的《中国人民政治协商会议共同纲领》；制定了《中国人民政治协商会议组织法》《中华人民共和国中央人民政府组织法》；决定了新中国的名称、国都、国旗、国歌、纪元；选举毛泽东为共和国中央人民政府主席，朱德、刘少奇、宋庆龄等六人为副主席；10 月 1 日，开国大典在天安门广场举行。

父亲不仅把新闻的真实写进了历史，作为一位经历过抗日战争、解放战争的党的新闻战士，他更是把历史的厚重写进了新闻。在《"中国人从此站立起来了"》一文中，父亲写道："这是人民民主新中国开基立业的盛典。这个盛典是 1949 年 9 月 21 日，在人民首都北平举行的。毛主席宣布这个盛典正式开幕，乐队立即奏起《人民解放军进行曲》，礼炮在会场外隆隆齐鸣。这是胜利的声音，我们在艰苦的斗争中深深地懂得，胜利是不容易得来的。中国共产党成立了二十八年，人民解放军建立了二十二年，从开始到现在，一直领导全国人民，和国内外的敌人艰苦地战斗着。这二十多年，使青年变成中年，中年变成老年，多少烈士为革命而英勇牺牲了，但是，人民终于胜利了，打出了一个人民民主的新中国。于是全国人民表示竭诚拥护共产党、毛主席和解放军，全场代表也毫无

20 世纪 40 年代：激情燃烧迎解放

例外地热爱、尊敬共产党、毛主席和解放军。"这不仅仅是一个记者的感触，更多的则是一位亲身参与革命十多年的共产党人的切身体会。

父亲在现场采访时，深切感受到各界人士对新中国成立的热切盼望，感受到各界人士对共产党和毛主席的竭诚拥护，对新中国的美好祝愿。他把这一切真挚的感情都凝练在笔下。

"在主席台上，悬挂着孙中山、毛泽东的巨幅画像，巨像中间是人民政治协商会议的会徽。会徽正面为一地球，地球中间是一幅红色的中国地图。地图上面有四面红旗，象征四个朋友，地球左右饰以麦穗，地球上面饰以车轮，麦穗与车轮表示着农民和工人，车轮中间缀以红色五角星，象征着工人阶级的领导。整个会场是这个会徽的具体表现。六百多位代表，包含了中国人民民主统一战线中各阶级、各民族的代表人物。党派代表的席位在主席台右前方，中共代表位第一排，毛主席为首席。主席台左前方为部队代表的席位，人民解放军总部位第一排，朱总司令为首席。解放军后面是特邀代表，区域代表和团体代表的席位在党派和部队代表的两旁。大会济济一堂，真是空前的民族大团结。""毛主席进入会场时，全场起立鼓掌达两分钟之久。他的开幕词经常为热烈的掌声所打断。"（引自《人民日报》1949 年 9 月 22 日一版：《"中国人从此站立起来了"——中国人民政协第一届会议特写》）

我曾多次研读父亲当年在现场采访的文字，感受到历史使命的光荣和神圣，体悟到当年父亲笔下参加政协会议的各界人士责任重大。特别是，近 60 年后自己担任全国政协委员后，更加深刻地体会到父亲当时所写的"民主、团结、严肃、负责"这 8 个字的分量。

"为了把胜利恰当地写在人民中国的大宪章上，代表们采取了极为恰当的态度和步骤。如果要用几个字概括起来，那就是：民主、团结、严肃、负责。"实际上，在此次会议举行的前一年"五一"，中共中央就提出召开人民政协的伟大号召。"消息如野火飞传，迅速遍于全国和海外。响应的通电雪片飞来，各方民主人士络绎抵达解放区，各民主党派和全国人民都团结在'人民民主专政'的旗帜之下了……商讨成立新政协筹备会及新政协的性质任务等问题，获得了共同的协议，大家一致承认中共的号召为全国人民团结奋斗的共同基础。1949年6月15日，新政协筹备会在北平宣告正式成立。筹备会用了近三个月的工夫，拟订了参加人民政协的单位、名额和人选名单。为研究某一个代表适当与否，各方面函电往返，再四斟酌，有费时达数周之久的。""人民政协共同纲领的产生，同样经过了非常慎重的努力。筹备会负责草拟纲领的小组曾经讨论过三次，大会开会前已到北平的人民政协代表讨论了两次，筹备会常委会也讨论了两次，始成最后的草案。可以说，各方面应该集中的意见都集中起来了。广泛的民主铸成了新中国的大宪章。"

　　"人民政协组织法草案也是反复研究、慎重讨论的结晶。负责起草这个文件的第二小组就开过四次会。先交换意见，拟成讨论提纲，再按照提纲，研讨政协组织的基本原则及政协的性质、职权与政府关系等问题。这时在小组内组织了起草委员会，开始着手起草。初稿完成，又广泛征求各方意见，一再修改，在小组会上讨论、整理后，始提请常委会第四次会议通过。小组最后召开了第四次会议，整理了文字，提请筹备会第二次全体会议原则通过，成为现在的草案。中央人民政府组织法的产生过程，和上面几个文件大

抗日烽火奔太行
激情燃烧迎解放
留影父母
相濡以沫偕晚耕
喜忧参半砺风霜
红笔蓝笔两从容
不变的初心
开来继往同

体相似。起草小组开过三次会，小组推定的五人起草委员会也开过三次会，还特别征询了专家的意见。政协第五次常委会讨论修改了文字，送请筹备会第三次全体会议原则通过。在这次大会上，将要最后研究与批准它，从而产生中华人民共和国的中央政府。"（引自《人民日报》1949 年 9 月 23 日一版:《艰苦斗争的成果——记人民政协第一届全会第二天》）

从这些忠实、真切的新闻报道中可以看到，共产党领导创建的新中国，是在广泛而充分的人民民主的基础上奠基和产生的。

以澎湃激情书写波澜壮阔的新篇

在这中华民族历史上具有开天辟地意义的会议上，父亲目睹了一个个伟大的时刻，同时也忠实地、详细地把会场氛围、把会议进程写进报道，存留为历史。

"人民把会场布置得朴素而壮丽。会徽后面衬着杏黄色的幕布，在中国，这种颜色是象征庄严与伟大的。会场照明全用水银灯，一个接着一个，两廊下排着红色宫灯。新华门油漆一新，鲜红夺目，两边竖着八面红旗。门下挂着巨大宫灯。这一切，都给人们一种富有生命力的印象。中华民族本来是富有生命力的民族，过去被帝国主义、封建主义、官僚资本主义束缚着不能发展，现在真正解放了，相信不要很多时候，新中国就会建设得很好。各方面送给大会的贺幛中，充满了这种赞美与自信。民主朝鲜全体华侨送给大会的贺幛上，精致地绣着彩色的毛主席像，绣像的背景是中国共产党的党旗，还有一座工厂和几部拖拉机。旗上还绣着'庆祝新中国诞生，在毛泽东旗帜下前进'的字。这幅图案表示：工业的中国，独立、自由、富强的新中国在向我们招手了。"（引自《人民日报》1949 年 9 月 22 日一版：《"中国人从此站立起来了"——中国人民政协第一届会议特写》）

第一届政治协商会议产生了中华人民共和国中央人民政府主席和副主席，选举是在最后一天大会上进行的。父亲现场目睹了这个伟大时刻，心情澎湃，认真仔细地把选举过程写进他的最后一篇会议特写，成为一个国家的信史的可靠依据。

"选举中央政府委员会主席、副主席和委员时，刘少奇任大会执行主席。周恩来对于选举办法作了扼要的说明，刘少奇宣布：'到会有选举权的代表共五百七十六人。'如数发下选票后，在我们开国史中最庄严的仪式正式开始。每一个人经过一度深思，立刻在选票中表达出自己的希望。

大会选出六十个代表作监票人。九个票箱由九个监票人监守着。监查人详细检查了票箱，小心谨慎地锁起来，钥匙交给执行主席，然后开始投票。整个过程是那么严肃认真，表现着政协会议自始至终的精神。毛主席仔仔细细写好了自己的票，在四时二十分整，把票投进第三号票箱。从开票箱中检出五百七十六票，与发票数目完全相符。执行主席李立三说：'有选举权的代表都投票了，我们的投票是有效的。'人们热烈鼓掌，庆贺投票手续的完美无缺。

七时三十分，执行主席刘少奇宣布选举结果。他一字一句地说：'中央人民政府主席，毛泽东，五百七十五票。'全场代表一致起立，热烈鼓掌。乐队奏起'东方红，太阳升，中国出了个毛泽东'的乐曲。代表们和着乐声的节拍鼓掌，其中并响着此起彼伏的'毛泽东万岁'的口号声。乐声刚刚停止，有节奏的掌声又升扬起来。全场情绪沸腾，欢欣鼓舞。这是众望所归，每一个人都为自己投了伟大领袖一票而感到光荣、骄傲。刘少奇宣布：'中央人民政府副主席，朱德……'，会场又沸腾起来，《解放军进行曲》与掌声相和，十分雄伟有力。刘少奇又宣布：'中央人民政府副主席，刘少奇……'，'中央人民政府副主席，宋庆龄'……一直到宣布了五十六位政府委员的名单，会场上始终回响着阵雨一样的掌声。"（引自《人民日报》1949 年 10 月 1 日四版：《"庆贺中华人民共和国的诞生"——记人民政协最后一天大会》）

父亲见证了中国历史上意义非凡的 8 天，8 天里诞生了新中国。他不仅记录了中央人民政府的诞生，也描摹了国号、国都、国旗、纪年诞生的细节。新中国国号"中华人民共和国"的通过，父亲当年的感觉"就好像一场知识竞赛"，他对此也作了真实的记录：

"关于国号的讨论就热烈多了，有相当多的不同看法。我心里说，这好像一场知识竞赛。有的委员主张定名'中华人民民主共和国'，有的委员主张定名'中华人民民主国'，各自陈述的理由都很充分。张奚若委员发言比较靠后，他主张定名'中华人民共和国'。他说：共和国说明国体，人民指工人、农民、小资产阶级、民族资产阶级，涵义准确，表述简明，请诸位委员审议。大家同意他的意见，决议以发表宣言的方式宣告中华人民共和国成立。张委员说话沉稳，言简意赅。我长时间默想：知识，知识，知识的力量真是无穷尽的。"（引自《新闻战线》1999 年第 10 期李庄文章《一个新闻记者看新中国的诞生》）

父亲在通讯报道和回忆文章中都写道，代表们经过讨论，最后一致同意建都北平，并把"北平"易名"北京"：

党影父母
相濡以沫偕晚耕
红笔蓝笔两从谷
不变的初心
忧参半傲风霜
激情燃烧迎解放
开来继往同圆梦

　　"北平位于华北老解放区内，人民力量雄厚。邻近东北重工业区，便于发展工业。文物集中，交通便捷，具备着现代大国首都的各种资格。有些代表提出：北平毗邻天津，出海方便，航空交通四通八达，而且建筑雄伟，气象万千，应该把这些条件加在建都北平的理由之内。江西省人民政府邵式平主席向政协转来一封隐名氏的信，信中提议建都西安、重庆或成都。这位隐名氏用了二三十张纸申述了自己的理由。理由合适与否，这里不来说它，但其关心这个问题的热忱，是非常感人的。"

　　国旗的诞生同样也标志历史新篇的开始，新中国使用什么样的国旗，从父亲当时的通讯和后来的回忆中看到，全国人民和各界人士广泛关注、热烈参与。

　　"为集思广益，设计能代表新中国的庄严、大方、寓意深远的国旗，政治协商会议筹备委员会曾经向全国征求国旗图案，得2992案。应征者有工人、农民、解放军指战员、教师、干部和著名艺术家，也有远在印度尼西亚、马来西亚、朝鲜和美洲的华侨，充分显示了中国人的爱国热情。朱德、郭沫若等委员也设计过国旗图案。筹委会从中选出38案，供代表考虑。这些图案，旗底均为红色。最后确定的国旗为'国旗上角有五黄色星'，全场热烈鼓掌，一致通过。"（引自《新闻战线》1999年第10期李庄文章《一个新闻记者看新中国的诞生》）

　　父亲还在他写于会议第三天、记政协代表讨论国旗国都纪元的通讯《新纪元开始了》中写道：

　　"代表们先后发言二十余次，讨论非常热烈。发言的基本精神只有一个，即如何把人民新中国在国旗上表现得更好些。有四五位代表发言提出：'国旗要大众化，使每个老百姓都能制作。'新中国是属于人民的，人民的代表考虑任何问题，都要时时刻刻想到老百姓，这种精神和作风，将是人民政权的主要基本特点。"

中华人民共和国的纪年，"绝大多数参加讨论的代表都主张采用现代世界大多数国家公用的纪年制度，如今年即称 1949 年。因为新民主主义的创立，在中国历史上是一个划时代的大变革，不宜再沿用中华民国的纪元。"（引自《人民日报》1949 年 9 月 24 日一版：《新纪元开始了——记政协代表关于国旗国都纪元的讨论》）

以忠诚勤勉履行新闻记者的职责

1949 年 10 月 1 日，在全世界关注的天安门城楼上，父亲作为新闻工作者，在毛泽东主席附近，看到主席用扭转乾坤的巨手，按下了升起五星红旗的电动开关。当时能在这些地方进进出出，为许多同行所羡慕。父亲深知这是党和大会给予共产党中央党报的照顾和尊重，对个人来说则是组织交给的重任。因此在工作中兢兢业业，日以继夜，以对党和人民的忠诚努力完成任务。

在难忘的 1949 年，父亲经历了两件令他终生难忘的大事。先是在年初刚进北平时，受命接管国民党中央社北平总分社，"在紧张、兴奋中工作了半年多"，又于秋天承担了为新中国奠基的人民政治协商会议的报道任务。

1949 年 1 月 31 日，是中国人民解放军正式接管北平防务的日子，在西直门城门口，举行了简单的交接仪式。解放军在前门举行隆重热烈的入城式，则是在 2 月 3 日。父亲作为第一批入城接管的地方干部，于 1 月 31 日下午随部队从西直门入城。作为一名新闻记者，他目睹了历史的伟大进程，深刻感受到新时代的气息。在他的笔下记录了当时的北平细节。比如，他乘车到新街口，遇到几个中年男子，安步当车，步履从容，看样子是欢迎解放军后兴尽回家的。三人都是四十岁上下年纪，两人戴眼镜，都着蓝布长袍，从做派看是知识分子，三人尽情谈笑，时不时哼着"解放区的天是明朗的天"的歌曲，此情此景，强烈地掀起他这个新闻工作者的冲动。心里一直在想：北平是原华北"剿总"所在地，昨天还挂青天白日旗，特务横行，行人缄口，他们这歌是从哪里学的呢？

政权更迭，大军进城当天，新闻接管立即进行。当时两项重要的接管任务，一是范长江同志负责接管国民党的《华北日报》，二是我父亲负责接管国民党中央社北平总分社。中央社北平总分社主要出版新闻通讯稿，供北平各报和民营通讯社采用，以此控制舆论。

1月31日晚约9时，黄卓明、赵孝章陪同范长江、李庄和组建新华社北平分社的其他同志到达西单以东石碑胡同的中央社北平总分社。中央社北平总分社是一幢二层小楼，原有人员已齐集楼上等候。范长江会见了等在那里的所有的人，并在讲话中扼要指明中央社这个机关的反动性质，说明原工作人员情况不尽相同，但现在都应持正确态度，希望大家认清形势，转变立场，恪尽职守，照常工作。我父亲也作了简要讲话，表示坚决认真地执行党的政策，做好接管工作。2月2日，北平各报登出新闻《接管开始　范长江接管华北日报　李庄接管中央社北平分社》。

接管后，父亲即在这里主持工作，十多天后，新华总社的李慎之同志接替父亲的工作，他们两人在几分钟时间内就办好了交接手续。这在原中央社北平分社人员眼中又是一件奇事——几分钟，"大白话"，交接毕。父亲则离开石碑胡同新华社北平分社，前往东四钱粮胡同，又去接管没有国民党党报之名而有国民党党报之实的《北平日报》。

对于1949年那些激情燃烧的岁月，父亲晚年回忆说，新中国诞生在即，一件大事接着一件大事，一件好事接着一件好事。进入北平几个月后，新的大好事又落到他的头上。他得到通知，采访为新中国奠基的人民政治协商会议。开国大典时能上天安门，采访政协会议时能进怀仁堂、勤政殿，这是最特殊的政治信任和工作条件。除父亲以外，还有新华社极少数同志，以及中央人民广播电台和新影的几位工作人员。

父亲后来表示："一个新闻记者有机会采访新中国诞生这件旷古盛事，是三生有幸。当时我有幸上天安门，进怀仁堂、勤政殿，访问众多政要、名流，写了些记述文字。在工作过程中，个人也获得终生难忘的教益。"

中国人民政治协商会议第一届会议共有662位代表，除了因事因病请假者，经常到会者638人。他们都曾在不同的情况下为新中国的诞生尽力，每个人的斗争事迹都可写成专门文章。但因长期战乱，环境动荡，地区分割，不少人的事迹并不普遍为国人所知。人民日报当时有24位同志参加了会内外的采访报道工作，如现仍健在的金凤、柏生阿姨。当时报社工作人员少，外出记者全部调回北平，又抽出一些编辑参加，还聘请了一些社外作者。而父亲的任务主要是大会采访，也抽空访问一些广受瞩目的代表。他访问过蜚声海内外的华侨代表司徒美堂；访问过著名的拥军模范戎冠秀；也访问过率部起义将北平交回人民的傅作义将军……

今天的新闻将成为明天的历史。60年前，父亲笔下忠实描述了新中国成立的壮阔画面，60年新中国变化天翻地覆，特别是改革开放30年发展日新月异。我们和父辈们一道参与见证了更为壮阔的历史画卷：在马列主义、毛泽东思想、邓小平理论和"三个代表"重要思想的指引下，全面贯彻落实科学发展观，党和国家各方面政策的灿烂阳光，孕育了今日中国经济、政治、文化、社会等各个方面的发展和繁荣。60年成就辉煌，我们的国家已经实现历史性跨越，由一个积贫积弱的旧中国，发展成为欣欣向荣、正在全面建设小康社会的新中国。而今天的全国政协，也成为发挥统一战线功能、履行参政议政职责、汇聚社会各界精英、由两千多名委员组成的大家庭。

父亲10年前在新中国成立半世纪时曾撰写纪念文章，他看到"两代人成长起来。披荆斩棘的创业人相继仙逝，万千后继者接过他们留下的革命火炬。我们国家前程似锦。"父亲晚年在病榻上多次对我说过，他此生最后的愿望就是看到北京奥运会的成功举办和建国60周年庆典的隆重举行。虽然父亲未能看到60年后的今天伟大祖国更加辉煌的成就，但可以告慰他的是，如今，第三代、第四代人已经成熟，在全面建设小康社会的伟大历史进程中，新中国正在变得更加美好。

（原载《文史资料选辑》第155辑）

抗日烽火奔太行
激情燃烧迎解放
留影父母
相濡以沫偕晚耕
喜说参军破风霜
红笔蓝笔两从容
不变的初心
开来继往同

太行奶娘

1949年12月31日，利用放假的两天，李庄、赵培蓝去老区河北涉县小曲峧村接女儿李晨。

左上图中抱着孩子的是李晨奶爹宋砚田，右上图中抱着孩子的是奶娘曹桂女。

　　抗日战争爆发后，中国共产党领导的八路军东渡黄河，挺进山西。辽县（今左权县）这个太行山腹地的山区小县，成为华北乃至全国抗战的指挥中心。八路军总部（应为八路军前方总指挥部——编者注）、中共中央北方局、一二九师司令部等150多个党政军学商机关单位在这里驻扎。从1940年11月7日进入辽县，八路军总部和北方局等中央机关驻扎1699天，其中在麻田镇就达1457天。

　　70多年前，在山西、河北、河南三省所辖晋中、长治、邯郸、邢台、武安五市十多个县，成百上千普通农家妇女用乳汁、身躯甚至生命，哺育八路军后代。她们拥有一个共同的名字——太行奶娘。一个奶娘一颗心，人人为了八路军。这个特殊群体——可敬可爱、可歌可泣的太行奶娘，她们的真情故事不仅是太行山区抗日历史的一个重要组成部分，也为我国抗战历史增添了新的内涵。

……透过奶娘这个特殊群体，今天的人会领悟许多：那时候，八路军为什么舍得下自己的亲骨肉？那时候，老百姓对八路军的后代为什么那么好？那时候，一个政党、一支军队与老百姓的关系为什么就能那么简单，好到"你中有我、我中有你"水乳交融的地步？那时候其实就是今天的一面镜子啊！

　　多年以后，《人民日报》高级编辑赵培蓝依然记得那一幕。1949年底春节放假3天，她和丈夫李庄一起，先坐火车到河北邯郸，又坐运煤的小火车赶到涉县县城，再步行十几里地赶到小曲峧村，到奶娘曹桂女家接女儿李晨。担任村民政委员的奶爹宋砚田和侄子一道，送她一家三口。一路到了县城，奶爹还不舍得放下李晨，盘腿坐地上，用自己的棉袄包着她抱在怀里，一直等到小火车来。

　　　　　　　　　　（录自《奶娘，奶娘，下辈子还做你的儿郎》）

20 世纪 50 年代：

如火如荼绘新篇

留影父母
红笔蓝笔两从容
相濡以沫借晚耕
喜忧参半砺风雨 不变的初心
开来继往同圆
日烽火奔太行
激情燃烧迎解放

这个十年是新中国成立、社会主义建设事业开端、百废待兴而欣欣向荣的十年。来自全国各地的红色新闻人成为新中国第一代新闻工作者，他们告别了或穿梭于前线、或转战于敌后的革命战争年代新闻事业，在盼望已久的和平环境中开始了新的工作、新的生活。

我的父母因参与《人民日报》的创办、又因《人民日报》成为中共中央机关报而进了北平（他们在太行山的战友中留在山西的同志，就到了省委机关报），成为新中国首都的第一代非老北京籍贯的北京人。

在新中国成立初期新闻采访和伏案编辑生涯里，他们经历了几件有声有色的大事：李庄从和平走向战争，三次赴朝鲜战地采访报道；担任1954年日内瓦会议中国新闻代表团副团长，参与重大外事采访报道；担任《苏中友好》杂志高级顾问和中方专家组组长，赴莫斯科协同苏联同志办刊……赵培蓝圆了大学梦，考上中国共产党创办的新中国第一所新型大学，四年努力攻读，1959年成为中国人民大学新闻系的第一届毕业生……

再具体到我们家，因为我的出生，五口之家就齐全了。我的姐姐哥哥出生于1948年、1949年，因为分别生在祖国解放的黎明和北平更名北京之前，而被父母起名李晨、李平。我出生于新中国成立之后的"毛泽东时代"，故名为东东。我们的名字，已不再像父辈大家族那样按偏旁部首或以某字排辈分（比如父亲一辈的名字都是单字、草字头：李莊、李蓁、李蒳、李茜、李芷……），而是反映了父母参加革命后所经历的大变迁的时代背景。这个十年的阶段，我太小，仅从幼儿园升至小学，全然不可能懂得大人们的政治生活，在我的印象中，不记得有什么阴霾，一家人的日子过得阳光灿烂。

新生活开始了

图为父母进京后的第一个家庭住址——人民日报社煤渣胡同宿舍。最初，人民日报的部分工作部门也在这个院子办公。十几年之后的 1965 年，煤渣胡同 3 号从五进的平房院成为五层宿舍楼。

1951年初夏，李庄夫妇的合影。当时赵培蓝正怀着第三个孩子——8月出生的李东东。

　　1950年，摄于北京市东城区煤渣胡同3号。李庄为人低调，不喜拍照，再加上个子高，拍照片时从来都是站在后排。此片中他在最后一排中间，完全在阴影里。

　　绿色的台灯玻璃罩，橙色的温暖灯光，这是父母初进城时在伏案工作。

　　爸爸和妈妈的老战友安岗同志夫人樊亢，著名经济学家。右图为妈妈与樊亢阿姨在颐和园铜牛旁的合影。

　　这两张照片摄于颐和园，明显是刚进北京不久拍的，大家的衣着是统一发的列宁装、黑布鞋。妈妈已不记得她们几个同志为什么去的颐和园。片中从左至右：赵培蓝、樊亢、安岗、肖风、凌建华。

抗日烽火奔太行
激情燃烧迎解放
相濡以沫偕晚耕
喜忧参半砺风菅
红笔蓝笔两从容
不变的初心
开来继往同

从和平走向战争

——李庄朝鲜战地报道

李东东

　　1950 年 6 月，朝鲜内战爆发。美国为了维护其在亚洲的霸权地位，推行侵略政策，在其后不久出兵朝鲜。1950 年 10 月，应朝鲜民主主义人民共和国政府的请求，为保护我国东北地区的安全，中国人民志愿军跨过鸭绿江"抗美援朝，保家卫国"。

　　虽已亲身经历过抗日战争、解放战争，深知战地艰险，刚刚报道新中国成立半年多的李庄，在接到赴朝鲜采访的任务后，当即表示"愿意不顾一切，全力以赴"，义无反顾地告别妻子儿女，告别北京的和平生活，奔赴朝鲜战地采访报道，从和平走向战争。1950 年 7 月至 9 月中旬，在中央的部署和人民日报社安排下，作为中共中央机关报派出记者，李庄与法国《人道报》的马尼安（法国共产党中央委员）、英国《工人日报》的魏宁顿（英国共产党员）组成国际记者团，奔赴朝鲜战场采访，成为赴朝鲜战地采访的第一位中国新闻工作者。这次，他在朝鲜南北方采访了 50 多天，写下《美丽的河山，勇敢的人民》《走在民主朝鲜的土地上》《"三八线"上》《罪证》《全朝鲜都和美国侵略者作战》等十多篇访朝通讯。时隔数月，1950 年 12 月至 1951 年 3 月，李庄担任领队，率人民日报记者赴抗美援朝战场进行战地报道，第二次、第三次奔赴朝鲜前线。这两次赴朝，李庄在朝鲜战地度过了艰苦卓绝的 99 天，共记下 72 篇日记，写就《被人们欢呼"万岁"的部队》（因为部队番号要严格保密，故"38 军万岁军"未能在当时叫响）、《"皇家重坦克营"的覆灭》等脍炙人口的通讯。

父亲的一贯思想是，"战地记者的岗位在前方，在战地"。正因为此，他总是力求到离战地、离战士们最近的地方去。为了写《被人们欢呼"万岁"的部队》，父亲与当时的 38 军 112 师一个营的战士共同生活，一起吃一起睡。即便这样，他还认为"不能亲自在火线上，趴在战士身边，体验体验生活，亦为大憾事"。父亲本没有写日记的习惯，但朝鲜战地采访期间，由于是他首次出国，又是采访重大战争，"遂就每天所见所闻写详细日记，详细到稍加整理即可成文"。因为贴近实际，他的朝鲜战地通讯的绝大多数稿件，人物形象丰满，故事情节生动，有着细致入微的心理刻画和细节描写。后人评价说"作品的新闻性、思想性、艺术性俱佳。生动、细腻的新闻叙述方法改变了以往战地报道存在的单调、僵化、枯燥乏味的状态"。

李庄的朝鲜战地报道，包括当年发表的战地通讯、政论文章、新闻性报告文学作品，以及他的战地日记，还有几十年后的部分回忆文章，已结集为红蓝文稿的另一本书《山河笔》专册出版。本书将顺着"岁月"的痕迹，将他系统梳理总结自己一生经历的《难得清醒》一书第 42、43 章（他对自己朝鲜战地报道经历的完整回忆）加以辑录，并附两篇采访评价文章，以及他的相关新闻作品存目。

李庄朝鲜战争新闻作品存目

本报朝鲜战地特派记者报道

人民军宽大对待美俘　美俘已在反对美国侵略朝鲜

（1950 年 7 月 20 日《人民日报》一版）

朝鲜通讯之一

美丽的河山，勇敢的人民

本报朝鲜战地特派记者　李庄

（1950 年 7 月 21 日《人民日报》一版）

朝鲜通讯之二

在民主朝鲜的土地上

本报朝鲜战地特派记者　李庄

（1950 年 7 月 26 日《人民日报》一版，

《朝鲜目击记》：走在民主朝鲜的土地上）

朝鲜通讯之三

"三八线"上

本报朝鲜战地特派记者　李庄

（1950 年 7 月 28 日《人民日报》一版）

朝鲜通讯之四

罪证

本报朝鲜战地特派记者　李庄

（1950 年 8 月 2 日《人民日报》四版）

朝鲜通讯之五

"原子英雄"的幻灭

本报朝鲜战地特派记者　李庄

（1950 年 8 月 6 日《人民日报》四版）

朝鲜通讯之六

有文化的朝鲜人民军

本报朝鲜战地特派记者　李庄

（1950 年 8 月 7 日《人民日报》四版）

朝鲜通讯

一面是残暴的怯懦的生番　一面是光荣的英雄的人民

——南朝鲜新解放区目击记

本报特派朝鲜战地记者　李庄

（1950 年 8 月 25 日、26 日《人民日报》四版）

朝鲜通讯

获得了解放的朝鲜农民

本报特派朝鲜战地记者　李庄

（1950 年 8 月 29 日《人民日报》四版，
《朝鲜目击记》: 新解放区农民的欢欣）

朝鲜通讯
我见到的朝鲜人民军
本报特派朝鲜战地记者　李庄
（1950 年 9 月 1 日《人民日报》四版，
《朝鲜目击记》: 人民军四战士）

朝鲜通讯
美国侵略军的兽性
本报特派朝鲜战地记者　李庄
（1950 年 9 月 3 日《人民日报》四版）

朝鲜通讯
全朝鲜都和美国侵略者作战
本报特派朝鲜战地记者　李庄
（1950 年 9 月 6 日《人民日报》四版）

访问金日成将军的故乡
本报特派记者　李庄
（1950 年 9 月 18 日《人民日报》四版）

忆汉城

李庄

（1950 年 10 月 29 日《人民日报》五版）

东条的下场等待着杜鲁门

李庄

（1950 年 11 月 18 日《人民日报》三版）

普及与深入抗美援朝保家卫国的思想教育

李庄

（1950 年 12 月 2 日《人民日报》二版）

战斗在长津湖畔

本报特派记者　李庄

（1950 年 12 月 17 日《人民日报》一版）

朝鲜通讯

复仇的火焰

本报记者　李庄

（1950 年 12 月 20 日《人民日报》一版）

朝鲜通讯

在汉城

本报记者　李庄　超琪

（1951 年 2 月 2 日《人民日报》一版）

"朝中亲善万岁！"

本报记者　李庄

（1951 年 2 月 12 日《人民日报》一版）

朝鲜通讯

"皇家重坦克营"的覆灭

李庄　超琪

（1951 年 2 月 26 日《人民日报》四版）

朝鲜通讯

被人们欢呼"万岁"的部队

本报记者　李庄

（1951 年 3 月 12 日《人民日报》三版）

朝鲜通讯

锦江南岸的战歌

李庄　超琪

（1951 年 3 月 17 日《人民日报》四版）

朝鲜通讯

光辉的阻击战

——汉江南岸战斗纪实之一

本报记者　李庄

（1951 年 3 月 23 日《人民日报》四版）

汉江南岸的日日夜夜

——汉江南岸战斗纪实之二

魏巍

（1951 年 3 月 24 日《人民日报》四版）

钢铁第三连

——汉江南岸战斗纪实之三

超祺

（1951 年 3 月 29 日《人民日报》四版）

"我们打出去！"

——汉江南岸战斗纪实之四

李庄

（1951 年 3 月 30 日《人民日报》四版）

白云山十一昼夜

——汉江南岸战斗纪实之五

林韦

（1951 年 3 月 31 日《人民日报》一版）

坚守文衡山

——汉江南岸战斗纪实之六

高巢

（1951 年 4 月 3 日《人民日报》四版）

三赴朝鲜战地

——《难得清醒》第 41、42 章

李 庄

41

人们常说新闻记者消息灵通，在一个相当长的时间内，新中国的新闻工作者不是这样。这可能与计划经济有关。几十年来我们以此为苦，时间久了也就习以为常，因为我们首先是一个革命干部。

1950 年 6 月底，我正在人民日报总编室整理稿件，满脑子国内问题。当时尽管台湾、西藏等少数省区还未解放，国家的工作重点已经逐步从战争转为经济恢复和社会改革。6 月 14 日至 23 日举行全国政协一届二次会议，听取和讨论刘少奇作的土地改革报告，周恩来作的政治报告，陈云作的关于经济形势、调整工商业和调整税收等问题的报告。会议定于 7 月 1 日至 7 月 7 日举行和平宣言签名周，号召全国人民签名保卫世界和平。保卫和平是当时的主旋律。

6 月 26 日夜间，突然接到一条惊人新闻："朝鲜民主主义人民共和国 6 月 25 日下午 6 时公报称：朝鲜民主主义人民共和国警备队于 25 日遭到南朝鲜伪国防军的意外进攻后，迅即击溃敌人进攻，转入了反攻。"我们临时调整版面，以最醒目的标题披露这条消息，同时刊登社论，提出"朝鲜的全面内战爆发了"。按照当时的理解，这场战争是朝鲜人民争取国家统一、民族独立、反对李承晚卖国独

裁政权的内战，只因美国充当"国际宪兵"，假"联合国"之名，出兵干涉，战争性质发生变化。朝鲜内战于25日爆发，美国在27日就派兵支持南朝鲜李承晚卖国集团，对朝鲜内战进行武力干涉；同时派兵插足台湾，阻止我国人民解放自己的领土，公然干涉中国内政。

"东门失火，殃及池鱼。"我国人民的注意力理所当然地转向友好邻邦，有关朝鲜战事的新闻在一个相当长的时间占据《人民日报》头版和国际版的重要版面。6月28日，政务院总理兼外交部长周恩来代表我国政府发表声明，强烈谴责美国侵略朝鲜、进占台湾的罪行，人们从中看到正义的力量。以后战争逐步扩大，战火很快烧到鸭绿江边，我国被迫派出志愿军抗美援朝。一场革命同反革命进行的内战终于发展成仅次于两次世界大战的"中型战争"。

7月10日，人民日报社长范长江突然对我说：朝鲜战争国际化，美国海空军在朝鲜占绝对优势，它还动用陆军侵入朝鲜，其24师到达大田即被歼灭，现正继续增兵。法国《人道报》准备派记者去采访，英国《工人日报》也准备派记者去，中央决定派你去，三家组成一个记者团，你牵头。少奇同志写了信给朝鲜劳动党中央，他们会帮助你们。你有什么意见？

我当然没有意见。到战地采访，求之不得，还能有意见？我表示：愿意不顾一切，全力以赴。我虽然水平有限，至少能够做到一条：像抗日战争、解放战争中一样，绝对不给党和国家丢脸。长江说："相信你会完成任务的，中央决定你去经过慎重考虑。我还想去呢！"

《人道报》记者马尼安，是法共中央委员，在第二次世界大战中参加过法国抵抗运动，花白头发，文质彬彬，像个大学教授。《工人日报》记者魏宁顿是英共党员，在希特勒发动"英伦战役"，妄图以大轰炸迫使英国投降时，在伦敦当过救护队员，稍有华发，在中国当过一个时期英语专家，穿一身哔叽中山装，气宇轩昂。我临时赶制一套比根据地时大有改善的咔叽军装。这身制服虽然比他二位的穿着远为"土气"，但在战地却实用得多。

长江从我的办公室走后，我才来得及把此事的方方面面回味一番。按照参加革命后个人的经历和体会的习惯做法，接受工作任务，特别是接受这类具有火药味的任务，是从不讲价钱的。通常是接受任务以后再来仔细思考怎样完成任务。我这次接受的任务有几个第一：第一次出国采访，对友邻国家的国情民情都不了解，对美军的一切更加无知，仅听说它的陆军平常，军舰不能上岸，但空军十分猖狂，完全掌握了制空权以及制海权，给朝鲜人民军造成极大困难；第一次跟外国同志共事，仅仅知道他们二位是共产党员；第一次远离直接领导，只能独立完成任务。我下定决心，绝对不辜负领导的信任，绝对不给国家、不给党丢脸。个人不足道，但人家看你是新中国、是中国共产党派出的记者，这个关系很大，要谦虚谨慎，勤奋工作。跟外国同志相处，多学习人家的长处，真诚友好，不亢不卑。他二位城市工作、城市生活经验肯定比我多，我在革命战争环境中工作、生活的经验不一定比他二位少，因此要互相帮助，我应该更加主动。三人行我牵头，这个头我认为就是服务，我三人在朝鲜都是客人，他二位在中国我就是半个主人。朝鲜有中国大使馆，有事请示使馆党委就是。

我的妻子在人民日报当编辑，她也是在反对日本侵略者不断

"扫荡"中长大的，当然支持我承担这个任务。她提议照一张"全家福"，我明白她的意思。"全家福"其实只有四个，两个大人之外，就是两岁多的女儿、一岁多的儿子。在朝鲜的几次遭遇，险些使这张照片成为最后的纪念。

在北京准备时间很短。办签证、交代工作之外，抓紧时间看一些背景材料。找到几本介绍朝鲜历史情况的书，可惜没有时间细读，到战地又不能带它。儿时看过一些关于中朝关系的演义、说部，虽然还有印象，但其观点荒谬，没有利用价值。几天之后，马尼安从香港到达北京，我们就在有关知识准备非常不足的情况下匆忙出发了。

朝鲜热烈欢迎我们前往访问。我们是到朝鲜的第一个国际记者团。朝鲜遭受日本几十年殖民统治，朝鲜民主主义人民共和国建立不久，尚未获得国际广泛承认，建立外交关系的国家不多。在朝鲜常驻的外国记者只有中国新华社、苏联塔斯社的少数人。我们乘火车过鸭绿江，到达平安北道首府新义州，立即进入另一世界。新义州已被美国飞机炸掉一半，街上行人来往匆匆，但是十分镇定。

在朝鲜，特别是中国人民志愿军参战以后，日夜可闻美军飞机马达声和轰炸声，对付敌机成为人们日常生活的一个重要内容。我在抗日战争和解放战争中，从未感到敌人飞机有多大威胁。山区，游击战，战场广，夜间行动多，我们从来没有把敌机放在眼里。朝鲜不同，一个狭长半岛，蜂腰部平壤到元山只有二百多公里，对手是空军强大的美帝国主义。朝鲜空军将士虽然英勇，但兵力单薄，开战几天后，制空权全被敌人掌握。军民初期多是"消极防空"，躲避空袭的损失。我们最初进入朝鲜时，美国空军的主要任务还是阻扼朝鲜人民军在朝鲜南部前进，所以平壤以北火车尚能开行。我们从新义州到平壤，乘坐的就是包括十二节车厢的客车，除了三个外国记者和少数陪同人员，乘客全是新入伍的战士，有的还穿着白色农民服装和青色学生制服，准备经过必要的训练，开往前线作战。

我对朝鲜人民有些了解，是在抗日战争中。抗日战争年代，我在《新华日报》（太行版）工作，住在涉县清漳河畔的七原村，朝鲜独立同盟太行分部、朝鲜义勇队一个支队也住在七原。一个战壕里的战友，自然无话不谈。什么叫亡国奴，什么叫求独立，为什么朝鲜革命志士那样为复国而前仆后继，到中国参加革命反对共同敌人？为什么中国大学生在"九一八"后要求蒋介石抗日不成而自焚抗议？为什么有的开明士绅也能为抗日毁家纾难……这许多问题经常同朝鲜战友晤谈、交流。1942年5月反"扫荡"，我们在山西辽县、河南涉县间被敌包围，朝鲜义勇队在突围中那种英勇奋战、视死如归的气概，给我留下终生难忘的记忆。在平壤，朝鲜劳动党中央宣传部部长朴昌玉对我们说："战争爆发以后，北朝鲜人民参军者已有八十万人，南朝鲜新解放区参军者也有五十万人。"广大人民爱国主义热情为什么这样高？我完全可以理解。我们到元山访问，在防空壕内，江原道（道相当中国的省）劳动党委员长（相当中国的省委书记）林春秋说："元山是朝鲜东海岸最大的城市，主要部分都被美国飞机炸毁了。可是元山人民没有屈服。'它轰炸，我参军，在地面结果它。'这就是人民的回答。"

在元山采访完毕，返回平壤途中，三个外国记者、少数陪同人员乘坐的四辆汽车，成为美国六架轰炸机的攻击目标。我们因为跳车及时，只损失了一辆汽车，人员没有伤亡。我们站在一个小山头上，环顾四野，多处起火，朝鲜农民的草房最怕火攻，美国飞机专在草房集中的村落投燃烧弹。魏宁敦、马尼安经历过希特勒发动的大轰炸，二位一致认为德国飞机没有这么猖狂，它们即使在大战初期也能受到盟国空军的抵抗，不像美国飞机在这里如入无人之境。军事目标摧毁了，有的它也找不到，就对手无寸铁的平民出气，想借此摧毁朝鲜的士气民心。这叫什么战争？三个人气不过，利用防空时间，就自己亲眼所见，起草一份声明，揭露美国飞机屠杀和平居民的罪行，请新华社发出。这是亲身经历，时间、地点、情况十分准确，又有三个人签名，当时在国际社会发生了相当广泛的影响。

从元山回来，我们要求立即去汉城采访，主人得做许多准备工作。三个记者，三国语言，翻译、车辆、陪同，在战争时期，在一个人口不多的新建立的发展中国家，不是轻而易举的事。主人尽全力照顾我们；中国大使馆临时代办柴成文抗战期间在八路军总部工作，我们是老相识；新华社平壤分社社长丁雪松、特派记者刘桂梁自认为是"半个主人"，全力协助我们。就这样我们还在平壤等待两三天。敌机随时来袭，人们对空袭习以为常，有时候到附近防空壕躲一躲，有时候躲也不躲，该干什么干什么。

一天，从朝鲜中央通讯社回旅馆途中，两位朝鲜人民军军官客气地拦住我，问我是不是"中国同志"。两位都是校官，制服考究，中青年，很英俊，中国话说得很好。我说是中国记者，人民日报的，你们怎么看出我是中国人？他们说，你穿中国军服，四个兜，戴解放帽，跟人民军不一样，一眼就看出来了。深谈以后才知道，他们两人原来是解放军第四野战军的营、连干部，延边朝鲜族人，中校姓朴，父亲早年参加中国共产党领导的"红光支队"抗日，牺牲了。他和同行的李姓少校在日本投降后参加民主联军，打过辽沈战役；朝鲜民主主义共和国建立后需要干部，他们响应号召，集体来朝鲜参加了人民军。他两人都知道郑律成，说郑也是朝鲜人，原在中国从事革命活动，是著名作曲家，以后回到朝鲜，担任文化省副相（相当中国的文化部副部长）。他二人现在民族保卫省工作，可惜不能陪我们去前方。中朝两国革命者的战斗友谊，特别是当代，在朝鲜一度被日本并吞，许多朝鲜革命者转到中国进行抗日活动以后，实在是太亲密了。"一个战壕里的战友"，并肩战斗几十年，我就亲眼看到许多朝鲜勇士的鲜血洒在中国的抗日战场上。

我在朝鲜写的一些通讯，多讲中朝两国当代革命者并肩战斗的革命情谊，尽量少提中朝两国的历史关系。首先，我对这方面的知识积累很少，知道的一些，多是中国封建王朝欺侮，压迫朝鲜的历史。中朝两国也曾并肩抗倭，那也并非完全处于平等地位。记得我80年代第四次访问朝鲜，主人邀我在平壤参观，到达"苏文峰"，很想引我看看这座古色古香的庙，又有些踌躇。我心知其意，诚恳地说，对这座庙的庙主，我们都该致敬。他曾率领朝鲜军队抵抗中国封建王朝的侵略。中国人民反抗封建王朝的起义，可能是世界上次数最多、规模最大的。从这个意义说，中国封建王朝是两国人民的压迫者。主人听了后动容致谢，一再说，共产主义者才是彻底的国际主义者。

对中朝两国的历史关系不可不提，不必多写，这就是我的态度。在访朝第一篇文章《美丽的河山勇敢的人民》中，我提到"隋炀帝侵略朝鲜时，曾经进至此江（清川江——作者），大败而回。"也说到在朝鲜的华侨"和朝鲜人民站在一起欢送朝鲜新战士"，说明"新的时代、国际主义时代到来了"。9月中旬我从朝鲜第一次采访回来，向长江、邓拓汇报工作，我说由于历史知识积累不足，有时影响文章质量，对中朝两国历史关系的议论，就因为心里不是很有"底"，尽量采取少谈甚至不谈的办法，不知是否恰当？长江说，"历史知识不多，可以学习、补足，至于中朝历史关系怎样议论，你那种（写新闻通讯）不可不提、不可多写的想法是对的。"

朝鲜中央广播电台这时把"三八线"以北原朝鲜民主主义人民共和国称作"共和国北半部"，把"三八线"以南原李承晚统治的大韩民国称作"共和国南半部"。战事正在南半部进行，北半部是后方，人们该做什么做什么，大致可以概括为生产、支前两事，同我们过去在敌后抗日根据地反"扫荡"间隙的情况相仿，唯一不同的是防空。天空经常有敌机活动，它在丘陵地区乡间不能造成多大危害，但对人们的日常生活却有不小的干扰。它也许从你头上疾飞而过，也许俯冲下来打几排机枪，对我们这类"外宾"影响较大。四辆汽车非常惹眼，陪同人员特别小心，以致走走停停，前进甚缓。我们提出不管敌机多么猖獗，我们照常疾行赶路。几经争取，陪同人员勉强同意，谁知当天就出了事。

7月22日，我们正在"三八线"南不远的田间公路疾驶，离汉城只有几十公里处，突然遭到八架美国海军飞机攻击。两辆轿车、两辆吉普，袒露在一条毫无遮掩的狭窄田间公路上，两边稻田一望无际，禾苗长势甚旺。听到飞机俯冲的啸声，几个人从车里扑出，滚到稻田里，几枚小炸弹随之在附近爆炸。一架敌机不知是由于机械故障，还是驾驶员操纵失误，竟撞毁公路右侧一排电线杆，栽在我们右前方两三百米的稻田里，起火焚毁。可怜马尼安的法国西服，可惜魏宁顿的毛料服装，再看看我的驼色棉布军装，二人都说我有预见性。其实，我哪有他们那种考究服装？马尼安留在汽车里的照相机丝毫未损，为那架失事飞机、那个暴尸在朝鲜的飞贼留下多张照片。

经此惊险，取得经验，到汉城以后，主人把我们乘坐的轿车都换成小吉普，风挡全都放倒，遇空袭跳车方便多了。

这时汉城不像 50 年代初期的北京，倒有些像天津。高楼很多，商业繁荣。商店的字号、招贴几乎都用汉字，使人几乎忘记身在他国。有轨电车照常行驶，行人熙熙攘攘。除了汉江渡口等极少数向南的交通要道以外，整个城市几乎没有遭到轰炸，这一点出乎我的想象。平壤已被炸得面目全非，汉城城区基本未遭轰炸，这意味着什么？按照我的粗浅分析，这是对方准备反扑的征候，不得不早为之备。朝鲜当时驻共和国南半部的最高负责人李承烨会见记者团时，我坦率地说了一个"刚到汉城的外国记者"的上述看法，他委婉表示这是"过虑"。同样的意见我也向我大使馆在汉城的同志谈过，希望他们代为转达。

马尼安在汉城待了两天，即经平壤、北京回国。他在平壤见了金日成，写了访问记。我和魏宁顿对此事毫无所知。魏听说马独自访金大发脾气，说是资产阶级作风，对两个兄弟党报记者玩这种手法很不光彩，等等。我一笑置之，没有参与关于此事的议论。因为我的一贯思想是战地记者的岗位在前方，在战地。

此时大田战役结束不久。美军 24 师轻敌冒进，在大田被歼，师长迪安被俘。这是朝鲜人民军一次歼敌最多的辉煌战例。魏宁顿提出他准备访问大田，然后回中国。我考虑当前战事集中在东线洛东江流域，双方争夺重点是大邱、釜山，既然魏去大田，我正好去东线，两人分头采访，可以多写一些东西，于是就在汉城分手了。

越往前，美国飞机越猖狂。战场在山地、丘陵区，空军作用相对较小。但因朝鲜人民军前进甚快，运输线延长，美国空军集中攻击人民军的运输线，使几条主要公路近于瘫痪，给朝鲜人民军造成绝大困难。美国起用第二次世界大战后期的一些职业"飞贼"，这些高价雇用的亡命徒技术高超，心狠手辣，驾驶战斗机，主要以机枪袭击人民军的运输车辆，致使日间运输中断。我以后随中国人民志愿军采访时看到美国空军更加凶狠恶毒，因此逐渐生长了同抗日战争、解放战争时期不同的想法：解决战斗最后当然靠陆军，但在现代战争中，随着科学技术的飞快进步，空军的作用确实越来越大。如果不是能够排除万难的人民军队，像抗美援朝战争初期志愿军遇到的那种困难，确实不易克服。

主人给我换了车辆：两部新缴获的崭新美国小吉普。翻译、陪同、警卫，坐了满满两车。给主人增添这么多麻烦，我心里非常不安，几次提出不必如此兴师动众。主人说"三八线"以南是新解放区，社会治安不像共和国北半部，他们的安排是为了工作。想想主人说的也有道理，白天不能行车，全靠夜间赶路，特务打黑枪，以信号弹给敌机指示目标的情况经常发生，而朝鲜领导方面原来估计的南半部人民起义配合的事我从来没有听说过。

所有陪同人员长期生活在北半部，车辆换了，司机还是原来的人员，都不熟悉南半部的道路。这给我们提出一个新的问题。美国飞机改变了战术，它最初用普通炸弹轰炸渡口、桥梁，人民军工兵不畏艰险，随炸随修，对交通运输影响还不太大。美机随即改用定时炸弹，几枚炸弹丢在渡口、桥上，弹头楔入土中，弹尾露在土

抗日烽火奔延行
激情燃烧迎解放

留影父母

相濡以沫借晚耕
常忧参半伤风霜

不变的初心

开来继往同

外，发挥威慑作用。行人难以测知它们何时爆炸，交通可能断绝若干天。

为了减少损失，朝鲜军方施行交通管制，白天禁止机动车辆行驶，于是各渡口夜间车辆很多，十分拥挤。我是外宾，一般享受先行的优待，但遇到定时炸弹拦路的桥梁，陪同人员坚持主张绕行。道路不熟，转来转去，有时跑了半夜，又回到原来的地方。我只好打破"客随主便"的惯例，向陪同人员建议，今后不提"安全第一"，强调"赶路为上"。我说，打仗总有牺牲，当然要防止无谓的牺牲。当着牺牲和任务发生矛盾的时候，还是应该不怕牺牲完成任务。我亲眼看到许多朝鲜战友同中国同志同时牺牲在中国的抗日战场上，我来朝鲜采访，早作了充分的思想准备。我具体建议：我们只是两辆小吉普，目标不大，行动快捷，事先仔细检查机械，拉大距离，加快速度，不顾一切闯过去。虽然也冒一点险，谅无什么大事。陪同人员大概也认为这是唯一可取的办法，没有坚持反对意见。行至大邱以北的安东，眼前横亘一河，河上便桥为去大邱必经之路。守桥的警备队员说不能过，桥上有几颗定时炸弹，美国飞机昨天下午投的，还未爆炸。南方炮声隆隆，吸引我们赶路。我们原准备拂晓前赶到人民军东线最高指挥部，能否如愿，在此一冲。我认为应该向守桥警备队员说明我们的来意，谢绝一切善意的劝阻，按照既定方法大胆赶路，发生任何问题由我们这个集体的坚决完成任务的革命精神负责。谁知天下竟有如此巧事，我乘坐的第二辆吉普刚刚过桥，一枚定时炸弹轰然爆炸，掀起的土石骤雨般落入卸掉车篷的车中。几秒钟！如果我们晚过几秒钟，如果炸弹早炸几秒钟，一车五人全成烈士。大家开玩笑"真要感谢马克思在天之灵"。我们这个集体的领队林少校说："我这次任务，真称得上很困难、很艰巨。"

在大邱外围一山村中，见到东线最高司令官武亭将军。青松遮掩，几户人家，不远处炮火连天，这里却出人意料的静谧。原来司令部尽量前伸，这里已在敌人火力封锁区死角内。敌人为彻底截断人民军的后勤供应，在火线近处设两条火力封锁线。一为空军，昼夜以战斗轰炸机在交通要道盘旋窥伺，夜间以气球悬带的探照灯照明，发现对方人、车，立即俯冲炸射。一为炮火，以飞机测好弹着点，不管有无目标，定时施放排炮，形成一道弹幕，我们如果不是采取多少有些冒险的"大距离、加速度"行车法，到达司令部不知要推迟多久。

武亭将军对我访问东线表示热烈欢迎。抗日战争期间，他这个朝鲜劳动党党员转为中国共产党党员，在太行山与中国战友并肩对共同敌人作战，1945年"八·一五"后回到祖国，任民族保卫省副相（相当中国的国防部副部长），战争开始不久即到东线指挥作战。他仔细向我介绍敌我态势：敌人以大邱（在北）、釜山（在南）、庆州（在东）、马山（在西）为支点，构成菱形纵深阵地，号称"釜山环形防御圈"，又称"东南防御方阵"。阵中部署美军四个师、英军一个旅、李承晚军五个师和一些特种部队。敌人以大量坦克充作活动炮垒，构成主防线，以远程炮火和轻轰炸机、战斗机组成隔绝地带。背靠釜山港，紧握制空、制海权，粮弹充足，供应十多万大军死守硬磨。武亭说："朝鲜人民军英勇敢战，不怕牺牲，坚毅顽强不在八路军之下，装备还超过八路军，可是比美国军队的火力差远了。以我们现有的兵力、火力，歼灭敌人严防坚守的大兵团不容易。"听了武亭这位战场最高指挥官的介绍，我突然想起第二次世界大战中的北非之战，盟军依靠优势海空军，死守亚历山大港，使隆美尔久攻不克，最后反败为胜的故事，两者不是惊人的相似么？由于人所共知的原因，我没有向主人说出自己的想法。

朝鲜最高统帅部曾经号召人民军英勇作战，争取在（1950年）"八·一五"完成祖国解放大业。从东线即主战场的情况看来，这是绝难做到的。一个记者如果持"将军"立场，蓄意问难，这是一个好题目，但对自己的同志、战友，这个问题只能闷在心里。看看武亭司令的焦急神情，看看那几个苏联顾问（他们都穿着便装）沮丧的面孔，我蓦然感觉来的不是时候。

但我还是要求到第一线采访，武亭说可以到师指挥所看看，不要到前沿去了，"现在是相峙形势，记者不要无限制前伸，没有什么意义。"

访问前沿师指挥所时，同李师长登上一座一千一百米高山，满目青翠，林木遮天，敌机擦着头皮穿梭飞过，几个人似乎不闻不见，果真应了那句话："和英雄在一起，懦夫也会变成勇士。"用八倍望远镜观察大邱，几处高楼历历在目，可惜可望而不能取。

朝鲜战争本是一场人民解放战争，自从美国假联合国名义插进来，性质变了，规模大了。名义上有十六国作为联合国军参战，实际上除美国以外的国家，多的出兵两旅，少的提供几架飞机或派出一艘医疗船，壮壮声势而已。但美国逐次增兵，数量仅次于它参加第二次世界大战。南朝鲜李承晚原来根本看不起朝鲜民主主义人民共和国，说这个国家"兵力不过几万，只有来复枪，火炮甚少，士气不高，根本不能作战"。一旦战场相见，竟然一触即溃。美国军方更看不起李承晚军，说汉城、鸟致院所以战败，是因为李承晚军太不中用。它匆忙派出美军24师万余人，孤军冒进，进至大田（汉城南一百五十公里的战略要地）即被歼灭。据我在朝鲜战地观察，美国最初没有料到中国会派出志愿军赴朝作战，它先认定中国不会出兵，视中国警告为"讹诈"、"恫吓"；看到中国要出兵了，又自我安慰，先说中国不过是要"保护水电站"，后说是要"挽回面子"。直到在云山战役挨了大棒，才发现真正遇到了强对手，匆匆忙忙宣布美国"处于紧急状态"，火速增援海陆空军，把一场"局部战争"扩大成"中型战争"。

从我在朝鲜接触的事实，结合以后战局的发展，证明毛泽东目光深远、头脑清醒。他对朝鲜半岛形势的观察符合实际，他对美国可能出兵干涉的预见完全准确，他在中共中央集体支持下作出的抗美援朝决策显示了崇高的无产阶级国际主义精神和伟大战略家的远见卓识。我们国家为抗美援朝确实付出高昂的代价。但是，这场正义战争对于提高我国的国威、军威的巨大作用，我认为怎么说也不过分，1954年日内瓦会议充分证明了这一点。

我在朝鲜东线采访完毕，武亭即告诉我东线近期不会有大的动作，并含蓄提醒继续留在这里没有多大意义。一周多的时间，从司令官的介绍，几个能说汉语的参谋人员的谈论，我得到一个强烈印象：以东线人民军的综合战力看，釜山、大邱绝难打下。双方形成僵持状态，如此拼消耗对朝鲜很不利。而且顿兵坚城乃兵家大忌。敌人坚壁固守，以逸待劳，想搞什么鬼？不能不引人深思。这种一孔之见，当然不能形之笔墨，更不能在朋友面前班门弄斧，只能作为个人采访过程中思考的问题。有些国家的新闻工作者可以某种形式发表个人意见，包括对一些重大问题的意见，是对是错，由读者评判。我们国家不提倡这种做法。但我认为，这绝不意味着记者可以放弃思考、判断这类问题的努力。我们不能满足于仅仅充当"你做我写"的新闻工作者。

我带着一大包朝鲜人民军英勇战斗事迹的材料，仍取来时冒险赶路办法回到汉城。在旅馆遇到十几位中国军人，大使馆驻汉城同志介绍，这是使馆武官组的同志。我很奇怪，武官组怎么有这么多人？但当时不便多问。他乡遇战友，分外亲切。我详细介绍在东线的所见所闻，包括个人的一些想法。他们听、记相当认真。这时他们已经接到火速回国的电召，劝我一起行动。我感谢他们的好意，但是说："新闻记者喜欢赶热闹，各国都是这样。请诸位放心，我留在汉城继续进行朝鲜南半部新解放区的采访，不会有什么问题。"事后得知，这些同志都是东北边防军的师、团干部，到朝鲜来了解美伪军各种情况的。

感谢主人的关照和安排，我利用不太长的时间，走了不少地方，访问新解放区的新人新事，凡是我认为新解放区应该报道的方方面面大体都采访了。由于都是独家新闻，写成通讯，受到读者关注。

我在朝鲜工作一月多，采访前线和后方，访问各方面人士，呼吸全民战争空气，虽然不了解军事机密，也逐渐形成一种想法：一定有什么大事在酝酿。东线当时是主战场，陷于胶着状态。这样摆开架子拼消耗，对人口相对较少，经济发展程度不高，建立新国家时间不长的朝鲜十分不利。朝鲜是一狭长半岛，海岸线很长，最利于美国这个海军大国作文章。战区指挥官含蓄地告诉我那里暂时不会有什么大动作，暗示我工作完了可以返回。在汉城遇到的我武官组同志奉命火速回国，而且促我同行。特别是李立三同志的告诫，更引起我许多联想。

为参加朝鲜的"八·一五"五周年庆祝盛典，慰问进行祖国解放战争的朝鲜人民，感谢朝鲜人民对中国革命的援助，我国各民主党派、人民团体、少数民族代表人物组成"中国人民慰问团"慰问朝鲜军民。中国保卫世界和平委员会主席郭沫若任团长，中华全国总工会副主席李立三任副团长。慰问团在平壤参加"八·一五"庆祝会后，李立三率部分团员到共和国南半部慰劳、访问。途中多次遭受敌机袭击，幸无伤亡。慰问团还想继续前伸，被主人劝止。

我从东线回到汉城，参加朝方欢迎慰问团的宴会后，李立三同志约我长谈。他详细询问我在朝鲜南半部的各种见闻和对战局的看法，最后半含蓄半直露地说，要密切注意敌人的动向，大邱、釜山不会如此长期僵持，敌人可能有新动作。"你一定要同大使馆保持密切联系，千万不能一个人长期闯来闯去。"

我在朝鲜工作告一段落，范长江同志正好来电要我回报社汇报。敌机更加猖獗，平壤到新义州火车已不通行。大使馆临时代办柴成文奉命回国述职，我搭他的汽车同行。回到安东（后改为丹东），气氛已很紧张，全市一派临战状态。敌机经常侵犯我国领空，空袭警报使人心烦。

对朝鲜战局，毛泽东同志看得极准。一个月以后，应朝鲜政府邀请，中国人民派出志愿军抗美援朝，保家卫国。几十万大军出动，如果事先不作大量准备工作，是绝对不可能的。

我向在安东的最高军政当局汇报了在朝鲜战地的见闻。他们嘱我快回北京，"也许领导要听你的汇报。"

42

抗美援朝、保家卫国是中国共产党、中国政府的一项很困难很英明很有远见的决策。中国人民爱好和平，急公好义，不怯懦，极冷静，1950年秋季，面对十分严峻的形势，毅然作出关系国家、民族命运的正确决定。

朝鲜内战一声炮响，美国立即假联合国之名出兵干涉，同时进占我国台湾，武力阻止我们解放自己的神圣国土；连续轰炸我国东北地区，向新中国施加压力。美国侵略军占领朝鲜临时首都平壤后，继续分路急进，一些好战分子公然叫嚣"鸭绿江不是把（中朝）两国截然分开的不可逾越的障碍"，等于公开宣告下一个目标是新中国。

怎么办？是退让，是斗争？当时美国号称"国际宪兵"。欧洲靠"马歇尔计划"吃饭。东方"第一强国"日本被美国占领。美国自诩从来没有打过败仗，在两次世界大战中都捡了便宜，发了大财；它垄断着许多人谈虎色变的原子弹。四十多年前，世界处于一种畸形状态，美帝国主义任意横行，世界上亿万人异议盈天，但是无人敢碰。

我国即使从"民国"算起，各种战事已历三十多年，人民早想喘一口气。新中国建立不久，新解放区还未进行土地改革，近百万被打散化为土匪的国民党溃兵正在肃清，经济凋敝，百业待兴。社会主义阵营虽已兴起，大敌当前，大而强者顾虑重重，我们这个大而弱者作何选择？事关民族命运，为子孙万代着想，这个决心实在难下。任弼时同志病逝，我在采访过程中得知一个秘密：当时党中央殚精竭虑，筹谋对策。任弼时同志身为当时中央五位最高决策人之一，不顾重病，昼夜聚议，以致病情加剧，终于不治。我的看法，他是为抗美援朝献身的第一位烈士。

彭德怀将军的壮语发挥了很大的作用：坚决抗美援朝，必须打这一仗。不怕打烂坛坛罐罐，大不了相当解放战争晚胜利几年。

许多参加过二万五千里长征的老红军参加抗美援朝，说这是一场"空前伟大、空前艰苦"的战争。他们最有资格作这种概括。反蒋介石的"围剿"，反日本法西斯的"扫荡"，解放战争初期的大踏步进退，我们的战士很英勇、很艰苦。但那是在自己的国土上作战，有人民支援，多数情况下是在根据地——解放区行动；当时基本是陆军对陆军，人民军队的装备是不如对手，但差距不如抗美援朝战争之甚；1950年冬季朝鲜特别冷，东北部气温达到零下三十摄氏度，志愿军有的部队还穿着薄棉衣。魏巍的名著《谁是最可爱的人》说，志愿军战士"一把炒面一把雪"，但在战争初期，战士们吃不到炒面的时候有的是；朝鲜人民尽全力支援志愿军，但山区人烟稀少，多数地区又经过美、李（承晚）军队洗劫，志愿军体念人民困难，提出"不动民间一草一木"，任何困难都靠自己，靠惊人的毅力、耐力来克服。

我在七八月间随朝鲜人民军采访时，已经感到由于对手的空军极为猖獗，人民军初期在只能消极防空的情况下，战术必须相应改变，后勤供应必须重新安排。中国人民志愿军参战后，对方陆军特别是空军大量增加，经常保持一千二百架到一千八百架飞机在第一线，对志愿军的作战特别是后勤运输造成难以想象的威胁。过去二十多年，红军、八路军、解放军军粮多是就地筹集，械弹多是取自敌人，现在全由祖国供给，运输线长。祖国人民无限关怀志愿军，各种军用物资源源送往前线，但在最初几个月，赶运的物资百分之四十以上被敌机在路上打掉，人员、车辆损失也很严重。后来高炮部队大批入朝，保护桥梁、渡口等交通要冲；空军相继出动，逐步取得鸭绿江到清川江百多公里的制空权；公路沿线普遍设立防空监视哨，使交通运输大为改善。尽管如此，在朝鲜战争中，敌机造成的后勤供应障碍，仍然始终是困扰我们的一大问题。彭德怀司令员高度评价后勤部门的伟大贡献，说后勤同志和第一线将士同样英勇无畏，前赴后继。他甚至说："朝鲜前线的胜利，百分之五十一的功劳在后勤。"整个朝鲜战争中，志愿军歼敌七十万，后勤部门的英雄们功不可没。

我第二次去朝鲜，随志愿军38军采访时间最长。这是一个老部队，原为第四野战军第一纵队，是"四野"的"拳头"，在东北解放战争中战功赫赫。后来到38军采访的还有《人民日报》的陆超祺，我两人合写了不少通讯。他当时只有二十几岁，很优秀，后来担任《人民日报》副总编辑。

我写过一篇通讯《被人们欢呼"万岁"的部队》，读者后来知道这是表扬38军，因为志愿军总部通令嘉奖38军战功时彭德怀亲笔加上一句话："38军万岁！"以38军对朝鲜人民和祖国人民的伟大贡献、英雄气概与牺牲精神来说，这个称誉当之无愧。后来38军打到汉江以南，敌我战线相对稳定，能够说说敌我攻守态势了，我两人合写的通讯《光辉的阻击战》《我们打出去》，对此都有反映。

我同38军112师的一个营共同生活了一星期。人们一直叫112师为"老一师"，它是"四野"一纵队第一师，是"拳头"中的"拳头"。我所以要在战地时间特别珍贵的情况下挤出一星期时间，是因为真正感受到古人说的"不能自己"的深切涵义。这个营过鸭绿江时有七百多人，这时候几间草房就住下了。但休整中指战员士气甚高，因为部队总打胜仗，伤亡大，胜利更大，一个人捉十几个俘虏的英雄大有人在。我把一包素材带回北京，利用业余时间写成一书。烈士们的主要事迹都为幸存的战友所目睹，我如实记述；至于某些细节，那些淳朴的幸存者坦言：阵地上硝烟弥漫，情况紧张，看不清楚，也没时间细看，是根据对烈士的长期了解和个人的体验"想的"。因此，我写的生者和逝者都改了姓名，但事迹未作渲染，不是通常说的小说中的"原型"。承《新观察》同志们支持，这部纪实文字先在这个刊物连载，后来印成《战斗十日》一书，寄托我对几百烈士的尊敬和怀念。书名老实再老实，反映了几十年前的社会风尚。"文革"期间，我在北京挨批，38 军在河北"支左"，一些同志一再打听我的情况，问我是否需要什么帮助。我自忖一身清白，能够挺住，没有麻烦他们，但这种革命情谊我永远不会忘记。

抗美援朝期间，我刚三十出头，有了十多年新闻工作经历，可以思考有关新闻报道的一些事情了。但是想想而已，并未把某些自认为较有把握的观点体现在自己的作品中。除了客观原因以外，我们自设的禁区太多。我们这一代人（即所谓的"三八式"）从大处说，生很逢时；从小处说，有人逢时，有人历经坎坷。这里，我只就一些小范围的情况，说说我当时想到的一些看法。

在一个相当长的时期内，至少在改革开放之前，我们的记者一般不在新闻作品中直接表达个人的意见，不进行必要的结合事实的评论。虽然透过事实的报道，必然表现记者的褒贬臧否，但总不如直接评论明确有力。造成这种情况的原因很多，例如记者自身力有未逮，过分谦虚谨慎，等等。但我认为，培养、鼓励不足，有形无形的阻力是更重要的原因。其实，在采访过程中，记者总有这样那样的看法，作为个人的意见，提出商榷、探讨，应该有利无害。问题是要培养这样的习惯，提供这样的环境。1950 年 7 月我在朝鲜洛东江前线采访时，强烈感到当时形势对人民军不利。论兵力，敌人不比人民军少；论火力，敌人比人民军强许多；论后勤供应，敌人有可靠的海运之利，人民军更不能同敌人比。敌人固守坚城，人民军攻势顿挫，敌人能退不退，显然别有企图。这些情况，连我这个很不熟悉军事的记者都看得出来。当然，对于朋友，又在战时，评论不是那么容易，也未看到不许这样不许那样做的明文限制。问题在于自己限制自己，根本就没有进行评论的念头，当然更不会探索评论的方法了。在洛东江前线采访时间不算短，除了写歌颂人民军战士英勇作战、壮烈献身的通讯外，未能写出别的文字。

同样的情况出现在对于朝鲜南半部土地改革的报道。朝鲜"三八线"以南土地十分集中，封建剥削极为残酷，农民盼土地如大旱之望云霓。我曾在汉城附近新解放区采访，当地正在进行土地改革，其办法、程序都由民主政府规定。这项艰巨、复杂的工作一般限在十天左右完成。得到土地的农民欢天喜地。我写了《新解放区农民的欢欣》，介绍当地土地改革的情况和农民得到土地以后对民主政府的感激之情，都是实情，毫无渲染。当时也怀疑经过这种从上而下的行政安排，能否提高农民的觉悟，形成农民的阶级优势，巩固土地改革成果？也考虑这种"群众运动"如何同解放战争密切结合。一旦情况有变，如何领导群众妥善应付，等等。但都是脑筋初动浅尝即止，没有也不愿意继续想下去。

我第三次去朝鲜，同陆超祺同志合写过一篇通讯《在汉城》，是介绍美军仁川登陆后朝鲜人民军保卫汉城战斗的。其中说到这次保卫战是"在最勇敢的人民和最不勇敢的敌人之间发生的"。前者指朝鲜人民和人民军，一点不错：人数少，装备差，后勤供应十分困难，艰苦奋战十多天。后者指美国侵略军，用的是当时习惯的说法：少爷兵，怕死鬼，顺利时横行无忌，不利时比赛逃跑，等等，这就缺乏分析了。志愿军入朝后进行几次战役。第一次战役，志愿军先头部队刚到朝鲜，还未进入预定地区，就同轻敌冒进的美军、伪军遭遇，全凭指挥机动灵活，部队积极主动，发挥山地作战、勇敢穿插、近战夜战的特长，奋战十二昼夜，歼敌一万五千人，取得初战的胜利。敌人挨了一棍，并未摸清志愿军的力量和决心，匆忙增加部队，调整部署，发动它大肆吹嘘的"圣诞节回家"的攻势。志愿军继续发挥运动作战的优势，冒零下三十摄氏度的严寒，奋战一月，歼敌三万六千人，收复平壤。美军一退几百里，狼狈跑回"三八线"，说它"最不勇敢"似不为过。但是，敌人也懂得总结经验：从此缩短战线，兵力"抱团"，依托既设阵地，发挥技术优势，这时就不再是"最不勇敢"，不要说歼灭它的建制师，就是建制团也难一口吃掉。志愿军后来采取"削萝卜"战术，一营"削"一连也"削"，进攻时"削"，防御时也"削"，积少成多，不断消灭敌人有生力量。这时双方都着力构筑阵地，都难以发动大的攻势。停战谈判就是在这种背景下开始的。一般地说敌人"最不勇敢"，就不大确切。

1951年3月2日，《人民日报》登了一个材料："在（朝鲜）龙源里战斗中，英雄的郭忠田排对美军五百余人，与敌人大量飞机、坦克激战竟日，自己无一伤亡，夺获大炮六门，汽车五十八辆。"这个材料当然是要告诉读者，我军英勇无敌，敌人十分草包，是"最勇敢"与"最不勇敢"的一次较量。这个材料不出自新闻工作者之手，是部队的正式报告，经过层层审核，完全准确的，缴获的汽车、大炮俱在，造不得假。但是，可以肯定，这个材料写得不全面、不清楚，一定是有些重要内容漏掉了。虽然如此，它还继续流传，因为符合一个思维定式：一切反动派都是纸老虎，美国侵略军属反动派，所以是纸老虎。我在朝鲜就听说彭德怀批评这个宣传材料写得片面，说："敌人这样好打，还抗美援朝干什么？"可谓一针见血。我个人的看法，写这种材料，这样写法，用心肯定是好的，但是效果不好。许多读者会感到难以理解，甚至认为在说假话。可见坚持真实、全面的原则，不但要有勇气，而且要有水平。

　　"一切反动派都是纸老虎。"毛泽东这个著名论点，我们记得很牢，但有时用得很滥。在实战当中，每当敌人气势汹汹，我们遇到困难的时候，想想这个论点，就会信心百倍，士气大增，这是我们一再取得胜利的主要原因之一。可是，上面这句话，只是毛泽东论证帝国主义、反动派两面性中的一个面，他的整个意思是"从本质上看，从长期看，从战略上看，必须如实地把帝国主义和一切反动派都看成纸老虎，从这点上，建立我们的战略思想"。"另一方面，它们又是活的铁的真老虎，会吃人的。从这点上，建立我们的策略思想和战术思想。"我们如果运用这种方法分析、观察、报道美国军队，就不会一般地作出"最不勇敢"这种结论。近战、夜战、单兵作战，美国兵确实表现怯懦、无能、畏缩，可是，如果组配起来，多兵种联合作战，他们却能形成相当强大的战斗力量。中国志愿军和朝鲜人民军歼敌上百万，其中团以上建制美军不多，相当有力地说明了这种情况。

几十年来，毛泽东的言论、文章，错的不说（如关于"文化大革命"的言论和《毛泽东选集》第五卷中一些言论），就是对的，由于执行者理解错误或"各取所需"，也发生过不好的作用。我觉得应该逐条或者择要加以分析、论证，使读者有全面、准确的认识。这是拨乱反正的一个重要方面。

我当随军记者，总是把革命战争写成豪迈、壮烈的事业，这当然是对的。八路军、解放军、中国人民志愿军所以前赴后继、视死如归，就是因为胸怀伟大理想，为正义、为真理、为解放祖国和全人类而自觉奋斗。这是革命者的战争观。但是战争又是残酷的，是要流血的。有个时期，有些战争影片描写战士在前沿阵地利用炮火间隙稍歇，看到两朵野花、一丛小草，怀念故乡、恋人，泛起一片诗意。这大概是学习某些外国电影的镜头，是东施效颦的套套。我问过一些战士对此观感如何，他们说这是拍电影的"胡编乱造"，"叫他们在阵地上爬半天，就没有力气这么拍了。"

"长自家的志气，灭敌人的威风。"这是我们的工作准则，恐怕任何国家的随军记者都一样。把敌人的暴行同敌人的力量相混同，跟对不写战争恐怖的片面理解相联系，可能是我们一些人的"发明创造"，结果常常束缚了自己的手脚，这也不敢写，那也不能报。我曾三次过朝鲜平安北道首府新义州。第二次在1950年11月底，这个美丽的江城已是一片瓦砾。11月8日，一百多架美军飞机袭击新义州，其中有八十多架B29重轰炸机。美军飞机先用烧夷弹轰炸城市外围，烧起一圈大火，然后在市区进行"卷地毯"式穿梭轰炸；战斗机则在城市周边反复扫射，封锁居民外逃道路。新义州是朝鲜最北部同中国紧邻的未设防城市，美国空军竟对和平居民进行这样精心设计的毁灭性屠杀。参加过苏联卫国战争的一位苏联记者说，新义州被破坏的程度远远超过斯大林格勒。我掌握美军这次有计划罪行的大量材料，由于担心在客观上夸大敌人的力量，造成某种对战争的恐怖心理，竟忍心搁笔。这种片面的担心幸亏没有普及，否则南京大屠杀、奥斯维辛焚尸炉将永远不为世人所知，德意日法西斯的滔天罪行也因此失掉警醒后人的作用。

参加抗美援朝志愿军的都是各部队的精锐，定期轮换，以便都能见识见识美国军队，体会出国作战的艰苦。这是最好的实战教育。各个领域的文化人，首先是新闻记者，也包括作家、艺术家、戏剧工作者，都有计划地赶往朝鲜，进行报道，体验生活，仅《人民日报》派出的记者就有十多人，生产了大批反映、纪录、歌颂抗美援朝的作品。如果说"武装部队"打得很好，"文装部队"也功不可没。这两种部队的雅号是抗战时期八路军野战政治部主任罗瑞卿在太行山叫响了的。写抗美援朝战争的作品以千百计，影响最大的当属作家魏巍的《谁是最可爱的人》。这是一篇报告文学，篇幅不长，《人民日报》一版登载，中央人民广播电台连续广播，一时洛阳纸贵。在朝鲜，我和魏巍同时在38军采访，明显看出记者、作家工作方式不同。两人同时访问，工作都很紧张，记录、提问、思考……我是记者，"现贩现卖"，随时注意怎样把稿件传回北京。战地通讯万分困难，军用电台不传新闻稿件，山野间谈不上商业性邮电，唯一的办法就是托人从汉江南带到鸭绿江北的我国边境城市安东，再从安东寄往北京。一般是中午听说有人回国办事，下午到附近山坡上寻一岩凹隐蔽处赶写通讯。当时还没有圆珠笔，都用钢笔写作。天寒笔冻，只能用口中热气化冰，随呵随写，进度很慢，心急如焚。写完回来已是黄昏，常常自嘲这些作品可算得"文不加点"。写作时也有一乐，坐在山坡上观察美国战斗机往来搜寻目标。平心而论，美国飞贼技术甚高，他在山沟里穿梭翱翔，有时低得在我们脚下，驾驶员能看得清清楚楚。我坐在岩凹处，敌人或者看不到，即使发现了也只能看看。"老子安心赶稿，其奈我何！"

作家工作方式不同。我看到魏巍也作记录，有时静坐沉思，大概是在酝酿、揣摩，但未见他动笔。《谁是最可爱的人》在若干时间以后发表，可见提炼、概括、精雕细刻，水平甚高之外，又下了极大功夫。

我认为记者、作家任务不同，当然也难截然分开。记者多数写"管一天"的东西，只要真正能管一天，就起了应有的作用。当然，像范长江的《中国的西北角》，题材重大，角度新颖，当时言人所不敢言，提供了许多新信息，可以称得上新闻记者的传世之作。朱启平的《落日》，记述有历史意义的大事，有感情，有联想，给人以爱国主义的思想营养，也称得上传世之作。40年代初期，路透社一篇电讯，从阿沙德、真纳步出会场时的不同表情，暗示英国在印、巴分治上的态度和印、巴分治的前途，使我在五十多年后还能记得，同样称得上传世之作。记者在采访中注意积累材料，最后成为作家的也不乏人。"管一天"，真正抓住、写出人们当时关心的事件，点出、暗示它的意义与前途，对读者有所帮助、启发，也可以算得上乘之作。新闻记者不必妄自菲薄。

20世纪50年代：如火如荼绘新篇

母亲们的反侵略呼声

培　蓝

美帝侵略台湾、朝鲜与朝鲜人民反侵略战争节节胜利的消息，接二连三的传到了北京西郊海甸、六郎庄一带。劳动妇女和家庭主妇们听到了，又是愤慨，又是兴奋。

有七个孩子，三个孩子参加了革命的五十多岁的尉迟廉贞，在北京解放后，担任了海甸镇民校文化教员。她说："我要告诉我的孩子们，为了彻底解放台湾和支援朝鲜人民解放战争，要努力学习和工作。我在民校，也更要一面教大家学文化，一面努力学习政治。"有三个孩子的母亲祝妈妈说："毛主席领导中国人民革命了二十多年，今天我们胜利了，翻身了，我们有力量保卫这个胜利果实。我虽然不能拿枪打仗；反对美帝的心却是坚决的。"母亲们都激动地声言：我们抚养一个孩子，从擦屎、擦尿、喂奶……养大真是不容易，但是，如果美帝国主义胆敢侵略我们，我们就要送出一个个年轻力壮的小伙子去和他们拼命！

提起美帝在北京残害中国人民的情景时，母亲们个个咬牙切齿。董淑华曾经在前门外珠市口大街，亲眼看到吉普车上的美国兵，用铁棍在一个老乡头上打了一个窟窿，鲜血直流，老乡昏倒在地，美国兵却哈哈大笑开着吉普车走了。一位六十多岁的老太太，在东四牌楼走路，许多美国兵坐着吉普车，把老太太撞倒压过去，老太太大腿的骨头，露在血淋淋的皮外。想起这些血债，有的母亲的眼圈都红了，女旅长张淑明噙着眼泪说："拉来一个美国兵，我要问问他，给他七块美金，买他一条人命，他干不干？"原来在西郊飞机场附近蝉角湾，一个崔家九岁的孩子，被美国兵的吉普车压死了，倔强的中国人，再不能忍受这个凌辱，告到了法

院，结果美国帝国主义的走狗国民党政府判决，他的主子只要赔偿七块美金，就可以了却这一件人命案子。美国帝国主义者除了出枪、出炮、出飞机，让中国人给他打仗外，同时又鲜血淋淋的在杀害中国和平居民，有良心的中国人，永远不会忘记这些仇恨。

母亲们坚毅地表示：美帝国主义的原子弹，吓不倒我们，全中国、全世界爱好和平的母亲们团结反对美国侵略，看美帝这只纸老虎，能有几天威风！

这些母亲们为什么能这样勇敢，热爱自己的祖国，热爱全世界爱好和平的人们，董淑华、董淑贞女青年劳动者说得好："我们祖祖辈辈，给地主扛长活，年年到头落个两手空。共产党来了，毛主

席领导我们翻身了，分了土地分了房，好容易盼来了好光景，谁不让我们安心过好日子，我们就要和他拼！"王顺成的妻子，拿出给她儿子的信让大家看，信上写着："毛主席领导咱们翻身了，去年咱村实行了土地改革，咱家分了两间房子、十二亩旱地、三亩七分水地，还分了五百斤大米、八百斤玉米。现在咱家有吃有喝了，希望你好好学习，解放台湾时立个大功，才是父母的光荣。"

母亲们热爱自己的家园，热爱自己的领袖毛主席，她们决心努力生产，教育孩子，为新中国培养新生力量。六郎庄的青壮年妇女，对支援解放台湾，充满信心地说："俺村今年稻田比每年长得都好，如果风雨调和，可保证增产一成半，好的还可增产两成。我们多打一石粮，就可多造一颗炮弹，彻底消灭蒋匪、打败美国帝国主义，解放台湾。"

（原载《人民日报》1950 年 7 月 24 日一版）

与劳动模范赵桂兰在一起

李东东

毛主席接见赵桂兰并在她的笔记本上题字。

新中国建立之初，我妈妈赵培蓝是人民日报党的生活组编辑，参与报道关于党的建设、党的生活的相关新闻。大约在 1950 年夏秋，《人民日报》对"党的好女儿"、全国劳动模范赵桂兰的事迹进行了连续报道。

赵桂兰，山东安丘人。1946 年起，先后在大连市国光工厂、建新化工厂当工人。1948 年加入中国共产党。1949 年 12 月 19 日抱病上班。下班时，手持雷汞送配置室，途中突然头晕腿软，为保护工厂安全，她紧握雷汞不放，跌倒时雷汞爆炸致残，被称为"党的好女儿"。1950 年获全国劳动模范称号。1961 年毕业于吉林大学法律系。后任大连市西岗区人民政府信访办公室督

图为报社部分女记者女编辑
与赵桂兰合影留念。

导员。

　　1950 年 6 月 14 日，赵桂兰以特邀代表身份参加了第一届全国
政协第二次会议，这次会议通过了《中华人民共和国土地改革法
草案》和国徽图案等议程。1950 年 9 月 25 日，赵桂兰出席全国战
斗英雄代表会议和全国工农兵劳动模范代表会议，1950 年"十一"
国庆节，赵桂兰作为大会主席团成员，受邀在天安门城楼前的观礼
台上陪同党和国家领导人检阅威武的中国人民解放军陆海空三军。
《人民日报》对赵桂兰的事迹进行了连续报道。

任弼时同志二三事

李　庄

　　任弼时同志生前有三怕：一怕工作少；二怕麻烦人；三怕用钱多。这三怕，就是他的崇高品质的具体表现。凡是和弼时同志一起工作或一起生活的人，对于他的伟大人格，都有深刻的印象。

　　在一些小的平凡的问题上，往往能够看出一个伟大人物优良的本质。

　　弼时同志在毕生紧张的革命工作中，得了高血压症。但他继续坚持着繁重的工作。到了一九四九年四月，弼时同志的病势已经很重，实在支持不住了，才不得不休息。青年同志们都还记得，那年四月在北京召开新民主主义青年团第一次全国代表大会时，弼时同志抱病出席，向大会作政治报告。政治报告的前半段是他自己讲的，后半段是由旁的同志代读的，他连作完一个长篇报告的气力都没有了。今年六月，弼时同志的病况刚刚好了一些，立刻写信给毛主席，要求参加工作，每天工作四小时。参加工作后不久，弼时同志向医生要求，把工作时间增加到五小时。最近由于美帝国主义在朝鲜扩大侵略战争，弼时同志非常关心时局的发展，他的工作时间实际已超过八小时以上。对于一个重病未愈的人，这是一种沉重的负担。过去，弼时同志散步的时候，有说有笑，借以恢复疲劳。他既会工作，又会休息。现在弼时同志散步的时候，一声不响，慢慢

20世纪50年代：如火如荼绘新篇

踱来踱去，低着头想事情。深夜，他一个人坐在房子里，聚精会神地批阅电报，研究文件，察看地图。有时候头痛得利害了，被迫暂时停止一下，叫女儿轻轻地捶一捶，稍好一点了，立刻又恢复工作。弼时同志由于过度疲劳，神经经常呈现一种亢奋状态，需要吃些安眠药才能休息。有时刚刚吃了安眠药，电话响了，他马上爬起来，问是不是通知开会，如果是开会，他是非参加不可的。十月十九日，在他病势转危前的五六天，他还在和武安县委书记、区委及支部书记谈话。为了搜集党的组织工作的材料，弼时同志细心地向这几位同志调查研究，征求他们的意见，自己还作了详细的笔记。想不到五六天之后，弼时同志竟停止了呼吸，和我们永别了。

弼时同志事无巨细，凡是自己经手的，一定要负责到底。在胡宗南匪帮进攻延安的时候，弼时同志和毛主席一起，留在陕北坚持斗争。弼时同志兼任中央直属机关的司令员。当时昼夜行军、打仗，紧张而且艰苦。弼时同志的身体不好，但以惊人的精力，小心谨慎地照顾中央直属队。他抓住任何一点时间，召开检讨会，或者自己跑到兵舍里、马号里，检查行军备战情况。侦察员请来向导，弼时同志要亲自和他谈话，问他吃了饭没有，衣服穿得够不够，给向导解决一切困难，使他欢天喜地地自愿担任这个重要的工作。

弼时同志特别注意调查研究，注意群众的疾苦、意见和要求。在陕北，他利用打猎的机会，跑到农民的山庄里，问农民收的粮食够吃不够吃，帮助他们研究生产门路。弼时同志利用行军打仗的机会，和驻地农民谈话，问他们土地改革作得怎么样，帮助他们纠正偏向，想出贯彻的办法。在北京，弼时同志利用警卫人员到街上买东西的机会，调查商人的生意好不好，对政府有什么意见，研究如何才能把市面繁荣起来。弼时同志到颐和园游览，看到该园管理处的负责同志，耐心地询问园内有多少工作人员，有多大开支，有什么困难；告诉他们养鱼、栽花、种果树，争取自力更生，以减轻人民的负担。弼时同志了解的材料不是从一方面来的，而是从多方面来的；他不只注意正面的材料，同时也注意侧面、反面的材料，因此，他的材料常常是最全面的。他随时都在替群众想办法，群众都愿意把材料告诉他。他向群众请教，和干部商量，每解决一个问题，都要经过千思万虑，然后作出结论。

弼时同志的原则性，渗透在他的整个生活中。有一次，他住在陕北一个乡村里，让警卫同志给他装置一个打靶的靶子。弼时同志是很喜欢打靶的。警卫同志在老乡家里找到一张芦席，作成一个靶子。弼时同志问清楚芦席的来历，马上叫警卫同志送回去。他说：我们不能随便用老乡一点东西。弼时同志曾经住在北岳区一个乡村里，村外是稻田，田中小径纵横，有近路也有远路。弼时同志有一次出门，警卫同志建议他走近路，弼时同志问道：走近路会不会踏坏庄稼，老乡允许不允许？同志，要注意，我们在任何问题上，都不能损害群众利益。弼时同志在北京养病时，常到景山散步。他身体很坏，不能走远路，警卫同志建议从一个较近的小门进去。这个小门横着一条铁丝，挂着"游人止步"的牌子。弼时同志拒绝了这个善意的建议，并且耐心地说：这是园里的制度，我们绝对不能破坏制度。如果需要这样做，也得先和人家商量，得到人家允许。一九四九年，弼时同志的妹妹从湖南到北京来看他，临走时，请弼时同志写封信给湖南省委，替她丈夫介绍一个工作。弼时同志想了一想，觉得这样做不合组织原则，断然拒绝了他妹妹的要求。

弼时同志的生活十分朴素。他从来不考虑自己的问题，但是，对于同志们的事情，照顾得却是很周到的。他住的房子临着大街，车马喧闹，很不宜于休养。同志们替他选了一个比较适宜的房子，建议他搬进去。他说：那个房子驻着一个机关，而我是一个人，怎么能以一个人牵动一个机关呢？同志们又建议帮他买个合适一些的房子。他说：买房子要花钱，又要费手续，麻烦得很，还是住这个房子吧。一直到他逝世，房子始终没有调转来。公家发了东西，弼时同志总要问问照顾他的同志，是公家按制度发的，还是同志们特别要求的。如果是按制度发的，他就不说话了；如果是同志们特别要求的，他就要耐心地批评。他曾说：凡事不能超过制度，我们一丝一毫不能特殊。但是，在另一方面，对于一起工作的同志们，弼时同志照顾得是无微不至。他经常询问警卫同志吃得怎样，伙食要管理得好一些，给他们想些改善生活的办法。他经常询问同志们的学习情况，指导学习办法，送给他们书，并在上面题了勉励学习的字句。许多和他一起工作的同志说：弼时同志相貌威武，好像是个非常严峻的人，但是，相处几天以后，这种印象就完全变了。他和蔼可亲，愿意帮助你解决一切问题，就和一个相识多年的老朋友一样。

　　注：文中所记载材料，是伍全奎、郭仁两同志供给的。伍全奎同志是弼时同志的行政秘书，郭仁同志是弼时同志的卫士长。

（原载《中国青年》第 52 期，1950 年 11 月 25 日）

《任弼时同志二三事》写作之前

李　庄

　　《任弼时同志二三事》写于 32 年前，就文章论文章，平平，没有什么可说的。这里简单介绍写作时的一些情况，兼及个人的一些想法。

　　弼时同志 1950 年 10 月 27 日逝世，新中国成立一周年庆祝会后不久，中国人民志愿军过鸭绿江抗美援朝的第三天。

　　弼时同志终年 46 岁，逝世前是中共中央委员、中央政治局委员、中央书记处书记（其他四位书记是毛泽东、刘少奇、周恩来、朱德同志），是党的主要领导人之一。中共中央的讣告对他作了很高的评价，说，他从 1920 年加入社会主义青年团，到 46 岁，把 30 年的生命完全献给民族解放、人民解放、工人阶级解放的伟大事业。"由于他对于中国人民的事业的无限忠诚，由于他在工作中的原则性和自我牺牲精神，他受到了全党、全军的热爱。"治丧委员会编印的《弼时同志逝世纪念集》，记录了这位伟大无产阶级革命家光辉的一生。

　　正是由于对中国人民革命事业无限忠诚，由于工作中的原则性和自我牺牲精神，导致弼时同志过早地逝世。他积劳成疾，重病经年，到 1950 年 6 月，病况刚有起色，即写信给党中央、毛主席，要求工作。起初医生按照身体情况，每天只允许他工作 4 小时。不

20 世纪 50 年代：如火如荼绘新篇

抗日烽火奔太行

激情燃烧迎解放

相濡以沫偕晚耕

劳忧参半砺风骨

红笔蓝笔两从容

不变的初心

开来继往同

久，一起严重威胁着新中国命运的事变发生，党、医生对他工作时间的限制彻底被打破了。

1950 年夏季，美帝国主义发动了侵朝战争，战火很快烧到鸭绿江边，烧到新中国的门口。这似乎是 30 多年前一次历史事变的重演。俄国十月革命胜利后，1918 年，14 个国家发动武装干涉，妄图把年轻的苏维埃国家扼杀在摇篮里。列宁领导苏联人民在极端困难的条件下奋起反击，保住了世界上第一个社会主义国家。32 年后，国际垄断资本乘新中国刚刚诞生，立脚未稳，以美帝国主义为首，纠集 16 个国家，占领了我国的台湾省，同时浩浩荡荡，从朝鲜向我国东北杀来。

历史强迫我们作出困难的抉择。不出兵，就是示弱，退避，屈服，敌人得寸进尺，后果不堪设想。出兵，就是同十几个国家，主要是同"世界宪兵"美国武装较量。它在第二次世界大战中发了横财，富甲全球，独家垄断着原子武器，自诩从未打过败仗……而我们，新中国建立不过一年，台湾尚待解放，不少地方土匪尚未肃清，新解放区土地改革刚刚开始，资本主义工商业尚未改造，经济凋敝，民生困难，还有些人多多少少害着恐美病、崇美病，反对"轻率出兵，举国运孤注一掷"。

在关键时刻，我们党没有、也不可能辜负全国人民的期望。党中央盱衡全局，高瞻远瞩，断然决定抗美援朝。弼时同志殚精竭虑，运筹帷幄，终于在中央决策底定之际，一病不起。

有些情况当时还不便讲。关于他的光辉革命一生、他的道德文章的介绍和评价，也不是一篇短文所能承担。那么，应该写些什么呢？当时，我国人民，特别是青年学生学习热情很高。党刚刚领导人民推翻了帝国主义、封建主义、官僚资本主义"三座大山"，建立新中国，享有崇高的威望。人民要学习党，要了解这胜利是怎样得来的，于是如饥似渴地学习马列主义（特别是《共产党宣言》、《社会发展史》等书），学习毛泽东同志的著作（特别是被定为延安整风文件的那些著作）；这些书起了巨大的启蒙作用。现在的青年很幸福，除了大量的理论书籍，还有许多革命回忆录、烈士传记、革命历史故事等读物，可以从中受到生动具体的革命传统教育。当时不行，老一辈革命家还在壮年，解放前牺牲的烈士的传记，回忆文章，后人还没有来得及写作、出版。群众急需的这类读物非常缺乏。我想，如果就弼时同志逝世，通过群众经常接触因而容易理解的平凡"小事"，使人看到我们党的领导人如何生活、工作，如何为人行事，这对帮助群众了解党，学习党的优良传统，将会起一般理论读物难以达到的辅助作用。

群众是尊重事实的。抗日战争初期，我们党领导太行区人民开始建立抗日根据地。当时基层党组织尚未公开。群众知道共产党好，抗日坚决，为穷人服务……可是，谁是共产党呢？共产党人是什么样子呢？群众知道八路军是共产党领导的队伍，有人认为八路军就是共产党，八路军指战员都是共产党人。这支队伍和当时还打着抗日招牌的比邻而居的"友军"即"中央军"（国民党军）也确实不同，不打不骂人，公平买卖，帮助群众担水、扫地、收庄稼……事实教育广大群众：八路军是自己的队伍，共产党是自己的救星，跟着共产党、八路军走没有错。当然，1950年不同于1938年，现在基层党组织是公开的，新解放区群众的文化水平一般又比解放前山区群众高，但是，用事实说话的原则是同样适用的，30年代、

50 年代以及现在同样适用。从这个考虑出发，赶写了那篇短文章：《二三事》。

　　该文值得一提的也许只有文字比较朴实。1950 年，一些新闻通讯开始出现一种不值得提倡的苗头：过多的形容，令人心烦的描绘，超越情理的夸张……作者想使文章出色，其实事与愿违。我们在根据地提倡一个原则："朴素自生动。"如果事情本身是生动感人的，只要老老实实、朴朴素素地写出来，自然生动感人。如果事情本身平平淡淡，没有什么意思，只靠文字功夫，断难使其生色。厚施脂粉只能使丑婆娘更加难看，广大读者从心里讨厌这种渲染、造作的文章。

（1993 年）

锋芒初试

——1954年日内瓦会议采访回顾

李　庄

　　新中国作为世界大国首次参加的重大国际会议是1954年举行的日内瓦会议。这次会议讨论朝鲜问题和印度支那问题，中、苏、美、英、法五大国等20多国参加了。除苏联外，尽管参与有深有浅，都是前朝鲜战争、后印支战争的交战国。

　　朝鲜问题和印支问题是当时世界的两个热点。这个会议能够召开，是世界人民和中国人民的伟大胜利。会议正式开幕的前一天，1954年4月25日，我在日内瓦旧国联大厦遇到苏联《真理报》副总编辑茹可夫，他首先向我祝贺，说这个会议能开成，说明最顽固的帝国主义分子再也不能无视新中国的大国地位。同时也为他自己祝贺，说过去开大国会议，他们总是"一对三"（苏联一家对美、英、法三家），现在变成"二对三"（中国、苏联对美、英、法三家），"我们的力量大了一倍，这是一个质的变化"。

　　朝鲜问题当时被称作"悬在人们头上的一柄利剑，随时可能落下来"。1950年，由于美国的干涉和侵略，这里发生了仅次于两次世界大战的"中型战争"，双方出动兵力高峰时达200多万，美方损失近100万人。1953年虽然停战，但局势很不稳定。李承晚在美国支持下，不断叫嚣"武力统一朝鲜目标不变，随时准备饮马鸭绿江"。法国在印度支那发动的殖民战争已经打了8年，法国精疲力竭，美国乘虚而入，为法国大量输血（一说供应的军火、物资占法国消耗量的 78%，一说占 70%），实际是想取而代之，战争有扩大之势。美国妄图利用朝鲜、越南和我国台湾省从宽大正面包围中国，严重威胁亚洲和世界和平。

人们看得清楚：朝鲜是中国的战友，中国是越南的后方，解决这两个问题，没有中国是不可能的，因此举行了这个有中国参加的会议。

1954 年，"国际宪兵"美国还相当神气。西欧经过第二次世界大战的摧残，还未恢复元气。日本处于美国"核保护"之下。第三世界多数国家不愿或不敢惹这个庞然大物。美国垄断资本代言人、国务卿杜勒斯趾高气扬，长期宣称不知道世界上有"共产党中国"这个国家。但美国将军们知道这个国家，因为他们在朝鲜同朝鲜人民军和这个国家的志愿军打过一场历时 3 年的"中型战争"，最后以失败告终。现在讨论朝鲜问题，只好乖乖地同这个国家的代表坐在一起，心里憋了一股怒气。

但是不能低估美国"围堵"、"封闭"造成的影响。新中国成立已经 5 年，世界上同中国建交的国家只有社会主义国家，亚、非、拉一些国家和少数瑞士型欧洲国家。举行这样大规模的国际会议，为我们提供了一个解决朝鲜问题和印度支那问题，宣传和贯彻我国和平外交政策，扩大政治影响，打破国际封锁的机会。为此，我国派出强大的代表团，（国务院总理兼）外交部长周恩来为首席代表，代表有外交部副部长张闻天、王稼祥、李克农。苏联对这个会议也很重视，代表团首席代表为（部长会议第一副主席兼）外交部长莫洛托夫，朝鲜首席代表为外务相南日，越南首席代表为（总理兼代）

1954年参加日内瓦国际会议
新闻代表团，团长吴冷西
副团长吴文焘
李□
（右边中间穿棉衣记者为李□）

外交部长范文同。其他国家的首席代表有 14 人是外交部长，这在当时的国际会议是少有的。

在日内瓦，中国代表团一直是各国记者追踪的对象：《日内瓦日报》一篇评论有代表性，它说："西方国家应该利用谈判的一切机会，特别这次是第一次同中国进行政治谈判，而且中国是由周恩来这样重要人物为代表。"周恩来一切行动，他的演说、论辩，他的风度、衣着，西方记者都不放过。周恩来关于朝鲜问题和印支问题的首次主旨发言更引起轰动。中国代表团在他发言后举行记者招待会，各国 300 多名记者参加，要发言稿，抢先提问，盛况为整个日内瓦会议所仅见。第二天，欧洲几乎所有重要报纸都把周恩来的发言登在头版最重要位置，杜勒斯的发言被安排在后边。我们看起来没有什么意思的小事，有些记者也做文章。有一个法国记者描写我们到达日内瓦机场的情况："别的客人都走尽，人们眼前突然一亮：机舱里蹦出一个足球队——中国代表团。"这个记者可能出于猎奇，也许是想刺我们一下，看：这些中国人服装一模一样——没有个性；行动像遵守某种号令——缺乏自由。但客观上我觉得他为我们作了正面宣传：这些代表团团员年轻，有礼貌，生气勃勃，遵守纪律。代表团"总管"李克农同志看了这条新闻，特地把我找去，要我提醒记者团全体同志：持重，谨慎，不受这类宣传影响，落落大方，不亢不卑。

为采访报道这次会议，我国派出一个相当大的记者团。团长是新华社社长吴冷西，他又是代表团发言人之一（另两人是黄华、龚澎）。记者团成员来自几个单位，有新华社、人民日报、中央广播电台、光明日报、中国青年报、新闻电影制片厂等单位。我是副团长。

日内瓦会议于 4 月 26 日开幕，从 4 月 27 日起讨论朝鲜问题，但无任何结果。主要由于美国阻挠、破坏。杜勒斯会前就说"此会徒劳无益"。美国傀儡李承晚更加无耻，他说他派外交部长去日内瓦，"仅仅是要证明谈判是不会有结果的"。但是会议开成了，杜勒斯改变策略。"带着一条大棒躺在会议厅里"（一个英国记者这样写道）。一些仆从国家跟着指挥棒吵吵嚷嚷，尽管声调高低不同，大体都是按照美国的节拍行事。为"埋葬"这个问题的讨论，美国操纵参加侵略朝鲜的"联合国军"的其他国家代表搞了一个"十六国共同宣言",公然声称"继续讨论朝鲜问题不会有什么作用"。在这个关键时刻,中国首席代表周恩来发言,指出美国及其追随者不仅阻挠朝鲜和平统一,而且阻挠对维护朝鲜和平达成任何协议,但我们仍有义务对讨论这个问题达成某种协议。他提出一项协议草案:"日内瓦与会国达成协议,它们将继续努力,以期在建立统一、独立和民主的朝鲜国家的基础上达成和平解决朝鲜问题协议。关于恢复适当谈判的时间和地点问题,将由有关国家另行确定。"多数国家的代表都认为周恩来的建议合情合理,当天担任会议主席的英国外相艾登也表示,中国代表的建议应当受到认真的考虑,如果没有不同意见,他将宣布中国代表的建议为双方一致的意见。美国代表在这关键时刻又跳出来,以"未经请示"为借口,拒绝了这个起码的、为今后再谈这个问题留下活口的建议。这样,日内瓦会议关于朝鲜问题的谈判被迫于6月15日中止。

印度支那问题的讨论从5月8日开始。印度支那战争在法国同越南民主共和国以及老挝、柬埔寨两国的人民武装力量间进行,但恢复印支和平的障碍主要来自美国。美国不愿意看到在承认越南民主共和国的情况下停战,不愿意看到有新中国参加的任何国际会议取得成果。它希望战争继续打下去,以便创造机会,取法国而代之。但法国已被这场"肮脏战争"拖得精疲力尽,法国人民和统治阶层中的主和派希望早日实现和平。5月1日,越南民主共和国部队解放奠边府,给日内瓦会议送来一份厚礼。由于战场上双方力量发生变化,法国主和力量逐渐占了上风。主战派的拉尼埃内阁倒台。主张恢复印支和平的孟戴斯—弗朗斯组成新内阁,声称4个星期不能停火他便辞职。至此，日内瓦会议大会暂时休会，转为会外谈判、磋商。这种活动一般是限制性的，不公开报道。各国首席代表纷纷暂时离开日内瓦，我国首席代表周恩来离开日内瓦访问印度、缅甸，同尼赫鲁等创立著名的和平共处五项原则。我记者团一部分人先行回国，大部分人坚持日内瓦岗位。记者团团长吴冷西利用会议间隙，率领记者团部分人员应邀访问捷克斯洛伐克和德意志民主共和国，受到两国新闻界热烈欢迎。

在关于印支问题的会外谈判、磋商获得成果的基础上，日内瓦会议于 7 月 21 日举行最后一次会议，通过"最后宣言"，宣告印支停火和恢复和平。在这次会议上又出现了强权政治的丑恶表演。美国代表在中、苏、英、法四大国和越南民主共和国、柬埔寨王国、老挝王国都同意"最后宣言"的情况下，突然宣布不参加"最后宣言"，但说不使用武力破坏"最后宣言"，散会后又宣称"不受这个宣言约束"。这是一句真话，会后不久美国就撇开法国，接过了并且扩大了侵越战争。南越也宣布不参加"最后宣言"，也说不使用武力破坏这个宣言，但保留对这个宣言的意见。有的报纸评论说，这个奴才当得"太棒了"。

印支停火，全世界公正舆论热烈欢迎。周恩来在此中起的重要作用，受到各国人民和世界和平人士高度赞扬。

记者团随代表团大队 4 月下旬从北京出发，8 月中旬回国，近 4 个月时间，士气始终饱满高昂。当时出国采访机会不多，每个入选人员都兴高采烈，引以为荣，就像革命战争时期被选入攻坚冲锋的突击队那样。大家清楚重任在肩，都有一种慎重初战、不辱使命的责任感。过去外国人看不起黄面孔的中国人，当我们走在莫斯科、布拉格、柏林、日内瓦街头，有一种喜滋滋的自豪感。当个新中国的记者，光荣！

记者团随代表团行动，作为代表团的一个工作部门，是我们的幸运。代表团在国内的各种准备工作：编制朝鲜、印支问题大事记；组织各种报告会，介绍日内瓦会议参加国和东道国有关情况，包括政策走向、风土人情、习惯礼节等等；安排记者招待会发言、提问、解答的"彩排"……都有记者团一份。在国外的交通工具和后勤供应，也是代表团统筹举措。我们心里只盘算一件事：工作、工作。

记者团30多人，只有刘思慕、吴文焘、陈适五几位同志有在国外工作的经验，多数同志都是初出国门。这是我们的弱点。但在党的坚强领导下，又有不少长处：谨言慎行，勤奋工作，虚心学习，遵守纪律。大家朝夕相处，团结得像个和睦的家庭。

记者团任务很重。其中最重最急的是写大会新闻，由李慎之、蒋元椿、言彪三位同志负责。他们作为代表团工作人员，可以进入大会会场。根据会场的同声传译记录各国代表的发言，再用大会秘书处印发的速记稿校正，写全体会议新闻。新闻主要用事实说话，也有一些议论，类似我们现在说的述评性新闻。这些新闻是记者团的"重武器"，系统报道会议进程、会场斗争情况以及我代表团的立场、主张，由张闻天同志阅后发出。周恩来同志非常重视记者团工作，定期提示宣传报道方针，并针对会中斗争曲折多变的情况，及时作具体指示，重要稿件他都亲自阅改。写稿、定稿、译发，往往翌日清晨始能达北京，加上8小时时差，我国报纸往往要迟一天见报，通讯、文章还要迟些。

记者团多数同志根据各单位的需要写通讯、新闻，拍新闻纪录影片。有一个不成文的分工：新华社的同志多写署名新闻（李慎之、蒋元椿、言彪写的大会新闻只标新华社电，不署记者姓名），各报刊记者主要写通讯、评论。这些新闻、通讯实在无大差别，后者多一些背景材料和各方舆论的交锋，按照我们的行话，都是"打击对手，宣扬自己"。会议散记也写一些，但数量不多。记者团有些同志外文不行，像李庄、杜波，只认识一些英文字母。他们能写一些评论性通讯，主要依靠一个"拐棍"。当时代表团编印一份内部资料，刊登外国重要报刊关于日内瓦会议的评论文章，记者团也编印一些资料。欧洲许多国家的晨报，当天上午即可到达日内瓦。代表团及时翻译、印刷，供代表团、记者团参阅。这件事工作量不小。由于法文人才不多，有些文章要先由法文译成英文，再由英文译成中文。法共《人道报》在日内瓦采访的几位记者帮了大忙。有了这个"拐棍"，李庄、杜波等人才能在吴文焘等同志指点下，写些夹叙夹议的通讯。不懂外文而在国外当记者的苦头我是吃够了。所幸时间过了近40年，这已成为带有时代痕迹的往事。

日内瓦会议"新闻中心"设在日内瓦旧城，各代表团的吹风会、记者招待会都在这里举行。成天熙熙攘攘，人来人往。各国记者主要在此活动，领取各国代表的发言稿，同各国代表团发言人接触，相互交换"新闻"。西方代表团人员习惯在这里放"试探气球"。我们记者团所有懂外语的同志常到这里工作，主要收集各方面舆论动向。一般是多听少说，现在看来，持重有余，主动不足，我们的同志过分拘谨了些。

记者团还有一个计划外任务：接待来访者。欧洲许多国家的人，特别是法国人民，迫切要求印度支那停火，法国尽快从印支脱身。大批请愿团，工人的、农民的、企业家的、宗教人士的、自由职业者的、远征军家属的，潮水般涌到日内瓦，向五大国代表送呼吁书，申述主张和意见。美国代表团对此闭门不理。英、法代表团收下呼吁书立即打发人走。苏联代表团客客气气收下呼吁书。我国代表团把这事看作交朋友、宣传我国和平外交政策、扩大我国政治影响的机会，专设一个班子，热情接待来访者，耐心解答他们提出的问题。有些外国人分不清哪是中国代表团，哪是中国记者团，有时找到我们住的旅馆来。这些客人一般由我接待（当然依靠翻译同志的帮助）。法籍华人相当多，不少人是第一次世界大战后期作为华工（这是中国积贫积弱的一桩痛史）来欧洲"参战"，战后留在法国，娶妻生子。这批人当时年近花甲，文化水平一般较低，但祖国、家乡观念极深。听说祖国的"大总理"（他们都是这样称呼的，大概称北洋政府的"大总统"习惯了）来日内瓦开大会，自己脸上也有光彩，只要有可能，就开上车到日内瓦，向祖国"官长"表示敬意。

我曾接待过两位山东籍华人，他们的一番谈论使我终生难忘。这两人一个姓张，一个姓雷，都是 60 出头，乡音未改，脸上已有老态。旧中国的生活熬煎，异国他乡的歧视，在他们身上留下深重印痕。两位紧紧拉住我的手，未说话先流下泪来。多次重复一句话："做梦也没有想到还有今天。"后来听说我是河北人，第二次拉手，更动了感情——国外遇乡亲。原来清末民初，山东、直隶（河北）农民生活极端困苦，许多人"闯关东"开荒谋生，直、鲁两省人在那里算是"大同乡"。谈到日内瓦会议进展缓慢，美国代表多方捣乱，我无意中说了句"美国人不讲理，就要像在朝鲜那样教训他"。他们得知我参加过抗美援朝，了不得，第三次握手，握住不放，一再说，"总算给国家争了光，不容易。咱们呀，可算能够侵略侵略了。"我大吃一惊。我们是抗美援朝，保家卫国，同朝鲜人民一起反对侵略，怎么成了"侵略"？这两位生活在半殖民地中国，以后长期生活在资本主义法国，受西方宣传和生活现实影响，慢慢形成一种被扭曲的逻辑：弱国总是被侵略，强国总要侵略人。现在中国强了，自然要发动侵略。我用相当多的话说明事情的原委和正确的看法，两位爱国、淳朴的华人终于说，他们是第一次听到这番道理，回去好好对别人说说。我由此想到两事，回国后向有关部门反映：我们的对外宣传工作薄弱，同我国的国际地位太不相称，亟应加强；抗美援朝提高我国威军威，许多外国人和华侨对其意义和分量看得比我们更重、更准，我们在国内也应该加强这方面的宣传教育。如果没有抗美援朝，我看开不成1954年的日内瓦会议，有些人未必当时就能承认新中国的大国地位。

除了日内瓦的现场报道外（我们通常把这叫作"前方"），新华总社和国外各分社也作了大量报道，谈各国对日内瓦会议的反应，各方面对朝鲜问题、印支问题的舆论动向，以及背景材料等等。国内报刊也发表大量评论，揭露美国及其仆从破坏日内瓦会议的恶行，支持我国和苏联、朝鲜、越南民主共和国的正义立场。前方、后方密切配合，是这次宣传报道的一大特点。

我国代表团在日内瓦会议中的努力和会外谈判中的贡献，博得世界舆论的赞誉。我国记者团没有辜负祖国的重托。有心人如果把中国记者在日内瓦会议期间写的新闻、通讯、评论汇集起来，必然成为一份翔实、公正、完备的现场史料。

前面说过，记者团同志虽然十分勤奋，毕竟新手甚多，能够取得这种成绩，主要原因是代表团的坚强领导。首席代表周恩来对宣传报道方针提出原则指示：实事求是，以理服人；多用事实说话，少发议论；说话留有余地，以免情况发生变化时陷于被动。他还对重要稿件的写作及时给予具体指导。其他几位代表也随时在宣传方针以及生活行动方面给予指导和支持。就记者团本身说，吴冷西作为记者团团长和代表团发言人的"一身二任"起了极大作用。他清楚代表团的战略构想和策略运作，又有丰富的新闻工作经验，两者结合起来，随时给记者团同志以准确、及时的指导。人民日报记者人数仅次于新华社，这个小集体的牵头人吴文焘，政治、文字水平高，英文好，富有国际宣传经验，他的指导、帮助和参与，使得根本不懂外文的两个同志也能做些工作。日内瓦会议时间不短，记者团只发生过一个可以称作事故的小插曲：我国一个青年记者同美国一个记者交谈，被这位老手作了一篇歪曲文章，说我们的同志说了一些离谱的话。这在当时不是一件小事。记者团考虑，我们缺乏经验，说几句欠妥的话是难免的，对方借题发挥，但我们不能由此缄口。因此一面提醒大家说话注意，一面鼓励继续大胆工作，没有进行任何足以挫伤积极性的"处理"。

我们回到北京，已是 8 月上旬。周恩来同志在外交部宴请代表团、记者团全体同志，祝日内瓦会议成功，祝大家圆满完成任务。周恩来到记者席上向大家祝酒，对同志们勤奋有效的工作表示满意。

（1993 年）

20 世纪 50 年代：如火如荼绘新篇

谈谈我的吸烟与戒烟

李　庄

　　我吸烟的历史相当长，以前烟瘾相当大，是个名副其实的"老枪"。当然，这里说的是纸烟，不是鸦片那样的毒品。

　　我的吸烟是赵树理和华山"诱导"并"培育"的。抗日战争初期，我们都在太行山，那是八路军129师主要根据地，也是八路军总司令部和中共中央北方局驻地。赵树理比我大几岁，华山比我小一岁。

　　当时，我们都在《新华日报》华北版工作。老赵是山西人，一身农民衣着，腰里扎着一根草绳。此公特别怕冷，冬季早早起来，帮助炊事员烧火，借机取暖。他的烧火技术特好，深受炊事员欢迎。那时他编副刊，还未写《小二黑结婚》《李有才板话》等名作，但已有文名。华山原籍广西，是个华侨，抗战军兴即回国抗战。最初专业木刻，很有成就。苏德战争开始斯大林号召全民御侮的那幅著名木刻作品，即出华山之手。那时太行山还没有制铅版技术，遇大事只有作木刻，还得找名家。《鸡毛信》等名作和他在第四野战军写的一些著名通讯，是他后来不搞木刻专司写作以后的事，遂成为名记者和名作家。我们三人感情甚笃，是无话不谈的朋友。可惜他二位已先我而归道山。特别是树理，他完全是死在"文革"暴徒手中。

出于同志友谊和好玩，赵树理和华山"诱导"我吸烟。他们首先频频讲述吸烟的好处，无非提神、醒脑之类。接着就买来当时太行山根据地生产的最好的纸烟，名字叫"飞机"烟。太行山没有盘纸，只能用土纸。土纸漏气，涂上一层白粉，至今我也不知是什么东西，作用在防漏气。烟丝当然也是土制的。就这样，一包20支的"飞机"烟还价值我们半个月的津贴费。他们让我尝试，初吸一口，呛得连声咳嗽，涕泪交流。赵树理忙说："没什么，初时都是这样，很快就适应了，提神健脑，其乐无穷。"说也奇怪，尝试抽烟的第三四天，我就觉得有些意思，慢慢就上瘾了。"培育"成功，他们二位都高兴地说："又多了一个烟友。"

　　谁能常抽"飞机"烟呀？根据地的工作人员谁也没有这个条件。上了瘾以后，难以为继，因为没有钱，所以先改成抽旱烟。但也不能继续支持，最后改吸"野薄荷"。这是太行山产的一种野草，辛辣微甘，用烟袋也能生烟，所以权当烟抽。日本鬼子投降以后，条件才有所改善。

　　说到吸烟，我还受过一种"鼓励"，来自邓小平同志的"鼓励"，其实对我是一种令人极为感奋的爱护。

　　《人民日报》是1946年5月15日在河北省邯郸市创刊的。当时晋冀鲁豫军区的司令员是刘伯承，政治委员是邓小平，他又是中共晋冀鲁豫中央局书记。《人民日报》是中央局机关报，驻地离中央局驻地不远。那时报（党报）、社（新华社）一家，门上挂两块牌子，实际是一套人马。报社社长兼新华社晋冀鲁豫总分社社长是张磐石，人民日报副总编辑安岗兼新华社晋冀鲁豫总分社主任，我为人民日报编委，兼新华社晋冀鲁豫总分社副主任。那时日本投降不久，我们的宣传特别强调"统一口径"。总分社发往总社的电稿都是明码，新华总社规定必须由中央局书记签字始能发出，所以我们发的重要稿件都要送小平同志审。小平同志的习惯是，新华社有稿来，再忙也要先看，有要修改之处立马斟酌改定。报社摸住小平同志脾气，总是要我送稿去，立等取回。原因我想只有一个，应属我改稿出手较快。小平同志看我年轻，逐渐也熟悉了，有次一边看稿一边问这问那。我当时烟瘾很大，又觉得已无生疏感，看见桌上有"前门"烟，拿起就吸，几乎是一支接着一支。小平同志笑笑，不责怪，临走还送了我一条"前门"。以后每次去改稿，他都给我一盒烟。

谈到戒烟，不能说是一件大事，但是一件难事，起码不容易。在太行山时已经有人劝我戒烟，我心想，小平同志吸烟很厉害，我年轻轻的怕什么。就这样，把几多朋友的忠告放在一边了。以后多次立志想戒烟，不久即妥协，由此深知禁绝小坏事之不易。

我还听过老友张连德说的一个故事：有一对老夫妇，相敬如宾，关系很好。丈夫酷爱吸烟，老妇从不阻拦。但丈夫每吸烟用一个钱，她就节省下一个钱放在罐子里。过年时，她把钱拿出来，丈夫问："哪来这么多钱？"妻子说："你买一个钱烟，我就攒一个钱。你一年就抽了这么多钱。"丈夫大吃一惊，才知道自己一年抽烟花了不少的钱，这不像话，所以第二年就决心戒了烟。再过年时，丈夫说："把钱拿出来吧。"妻子问："什么钱？"丈夫说："去年你攒了那么多钱，今年我戒烟了，你攒的钱应该多一倍了。"妻子说："你都戒烟了，我还攒什么钱？"结果到第三年，丈夫又恢复吸烟了。

这当然是个笑话。意思是说，抽烟把家抽不穷，戒烟也把家攒

不富。张连德同志善说这样的笑话。他这人很有才，十几岁参加工作，一生不求名利，让做什么做什么。比我小两三岁，好朋友，可惜也先我而去。

进城以后，我的烟瘾越来越大。新中国成立之初常有大事，报纸开印很晚，我在报社总编室负责，白天、晚上连轴转，上夜班时吸烟常常不用火柴，新烟接旧烟，左手食指、中指熏得黄黑。解放初期实行低薪制，每月发了工资，先买三条"恒大"，每包二角二分，三条"前门"，每包二角八分，一条"双喜"，前两者自奉，后一条待客。到月底吸完了，再买一些更低档的烟应急。

我吸烟最凶是在日内瓦，彻底戒烟也是在日内瓦，即参加1954年日内瓦会议期间，至今已近半个世纪了。

日内瓦是个不大的城市，但很有名，不仅因为它风光秀丽，还因为它属"永久中立国"瑞士，从未经历战火。在二次大战后联合国建立前，它又是国联所在地，因此世界闻名。

1954年在日内瓦召开的关于朝鲜问题和印度支那问题的会议是一次很重要的会议，历时4个月，参加者20多国，有中国（兼）外长周恩来、苏联（兼）外长莫洛托夫、朝鲜（兼）外相南日、越南（兼）外长范文同、英国外相艾登、法国（兼）外长皮杜尔、美国国务卿杜勒斯，以及以联合国军名义派兵侵略朝鲜的10多个国家的多数外长。西方许多通讯社和报纸说，参加国这样多，会期这样长，与会者这样显赫，为国联大厦增色不少。

会议持续时间空前，是美国多方捣乱的结果。路透社在会议第二天就发了一条电讯，说"（美国国务卿）杜勒斯带了一根大棒躺在国联大厦大厅里"。第三天，他把美国代表团交给副国务卿就溜走了。但他的阴魂还在，有这样一个庞然大物捣乱，会期焉能不长。

美国立国200余年，得利于地理、人文等条件，经历战争不多。两次世界大战，都在敌人显露疲惫迹象之余，从容参战，取得胜利。朝鲜战争遇到中国，一而败，三而竭，被迫停战言和。美国战地统帅事后哀叹说，他是唯一没有在敌人投降书上签字的将军。美国好战分子杜勒斯，当然不愿意日内瓦会议获得世人盼望的结果。

当时朝鲜战争已经停火，美国的仆从国家早已离去。美国怕谈朝鲜和平统一问题，利用各种借口，阻截朝鲜和平统一问题，以致这个问题刚讨论两三天，南日外相作过主旨发言后，就被搁置了。

印度支那问题不同，战争正在打着。但是自从奠边府解放以后，明眼人都看到，这个仗是打不下去了。一位《费加罗报》记者对我笑眯眯地说："我们是同行，说实话，奠边府光靠越南是打不下来的。"

当时人们都看得清楚，印度支那战争是美国出钱出枪、法国出人卖命的战争。所以除了美国垄断资本家和极少数法国追随者如皮杜尔之外，法国广大工人、农民、知识分子、企业主、宗教界人士等，都一致要求立即停止印度支那战争。

日内瓦离法国很近，两国边界不要签证，可以坐上汽车一直过来。美国是害怕和平的，它的代表团对法国和平代表团深闭固拒，铁门紧锁，连和平请愿书都不接受。英国代表团与美国不同，虽然也不开门，但收下和平请愿书，有礼貌地请来人离去。法国皮杜尔政府是铁了心的，要跟着美国把印度支那战争打到底。法国人民看他不可理喻，不愿向他呼吁和平，所以法国代表团终日铁门紧闭。

中国代表团接待处完全是另一番景象。这是租赁的一处豪华宅第，两扇铁门大开，门前红灯高挂，摆着几盆鲜花，熊向晖负总责，工作人员笑脸迎宾，一派和平友善气氛。

周恩来总理兼外长在关于印度支那问题的主旨发言中已经宣示，中国历来反对美国远涉重洋，侵略越南，主张和平解决印度支那问题。这也是全世界特别是法国人民的希望。中国代表团接待处终日来访者川流不息，有时候可以说挤破门槛。当然最多的是法国人，其次是法籍华人。

在第一次世界大战中后期，以德奥为首的同盟国败局已定；以英法为首的协约国也精疲力竭。当时中国名义上的中央政府由北洋军阀控制，以西方列强马首是瞻。眼看同盟国即将失败，又受英、法、美等国胁迫，也向同盟国"宣战"。因积贫积弱，无力出兵，只能派遣10万华工，从事协约国军队的后勤事务。好在当时远程武器不多，伤亡不大。战后协约国经济凋敝，无力遣送这些劳务人员，以致绝大部分人流落异乡。法国青年男子在战争中损失惨重，中国劳工都是青年，不少人在法国娶妻生子，成为法籍华人，但乡土观念仍极重，这时听说祖国的大总理（他们都是这样称呼）兼外长周恩来到国联大厦开这样重要的会议，又是会议的压轴人物（我们从来没有这样说过），无论如何都要来表示一番尊敬之意。

有一天人不很多，我有机会同一位叫杨双喜的山东"老乡亲"攀谈。我是河北人，山东、河北统称"老乡亲"。他当年56岁，看样子只有50上下，他说起自己的名字，"喜什么，当时谁有碗饭吃，会跑到外国卖命当华工？说是二十元安家费，上边克扣五元，十五元卖了命。"

杨双喜很幸运，战时没有死在运送弹药的战场上，战后流落在法国，同一位姑娘结了婚，生了两个孩子，都已成家立业。前年写信回家，知道父亲已死，母亲健在，家乡已经土地改革，他家分了房地，生活过得不错了，"过两年，等孙子高中毕业了，一定带他们到新中国去看看。"他对我说。我对他说："是得回去看看。保险全村欢迎你们。不过你要注意，你恐怕不再认识你那个穷泗水了。"

欧洲人和中国人不同，看到接待处桌上摆着我国当时生产的最好的"中华"烟和"双喜"烟，都会感到新鲜，总要吸吸试试，有人临走还带上一盒，留作纪念。代表团秘书长王炳南发现了，就说，咱们代表团的同志不要吸"中华"、"双喜"了，招待外宾，作为礼品。代表团则公费买些"三五"烟供大家用。对"黄三五"烟，很多人闻名久矣，但过去谁也没有吸过，现在可以任意取用，不限额度，天下竟有这等好事。

日内瓦会议是中国第一次参加号称"小联合国会议"的重要会议，备受世人注目，当然也是新中国新闻界最大的热门。人民日报派出总编辑吴冷西任记者团团长，分管国际宣传的副总编辑吴文焘任副团长，我当时为报社总编室主任，也任记者团副团长兼党支部书记。新华社派出李慎之、言彪（此二人列名代表团人员，可以参加大会，便于写大会新闻）、沈建图、杜宏、李平等人，同我们住在一起。北京其他主要新闻单位也都派出记者采访，著名老新闻工作者刘思慕也参加了记者团，我已记不起他代表哪个新闻单位了。

这里还要说说沈建图同志，他是印尼华侨，抗战初期回国参加抗战，也在太行山。他长得黑壮，英文极好，可以不写稿子而直接用英文打字机发稿。但汉语讲得极差，磕磕巴巴，词不达意。1942年"五月反扫荡"，我们在辽县十字岭分散突围。在辽县、涉县之间，他被涉县民兵截获，从长相特别是语言上，被民兵认定为日本侦探，要砸他的"杏核"。"砸杏核"是一种酷刑，把人全身绑得结结实实，身下放一块比较平整的石板，然后用石块猛砸人的头部致死。当时正在"反扫荡"紧张之时，敌我穿插混处，打枪怕惊动敌人，所以想砸他的"杏核"。正在命悬毫发之间，我们转移路经此处，才解释清楚，救下了他的命。没想到沈建图、杜宏、李平这些好同志，竟在不久后前往万隆开会途中，死于国民党特务制造的克什米尔公主号飞机爆炸的空难。

我们的记者团在日内瓦包住一家名为"瑞金那"的中型旅馆，

20世纪50年代：如火如荼绘新篇

从入住那天，就总有一位衣冠楚楚的中年男子在进门处的酒吧间静坐，面前永远放着一杯酒。但愿他是在保护我们。时间长了，人头也熟了，我们进出门，总是与他点点头，笑一笑。我们后来还送过他两次茅台酒，他表示万分感谢。几个月下来，也算交了一个不知名的瑞士朋友。

这时代表团得到一个情报，说国民党特务将有动作，要搞"策反"活动，重点之一是记者团。李克农同志立即把我找到"别墅"，详细研究对策。这座"别墅"是瑞士一位大资本家的避暑地，比较僻静。我代表团为了周恩来总理与其他国家政要晤谈方便，临时租用，我们都称之为"别墅"，以同代表团成员租住的大型饭店"波黑娃士"和记者团租住的"瑞金那"相区别。

李克农同志是代表团副团长，总揽一切事务。他说："这个情报要严重注意，不可丝毫疏忽大意。但我左思右想，敌人这次可能还是枉费心机。代表团人员都经过仔细审查，记者团也经过反复考虑，估计不会出什么大的事情。虽然如此，也绝不可大意，有什么情况，就直接给我打电话。"他还提醒我，对经常在记者团饭店门口的那位先生，不能太热乎，保持一般的友好关系即可。

"别墅"很忙，除了总理经常会见不同国家的政要，还要宴请国际名人，如卓别林等。代表团的重要会议也在此开。除周总理外，副团长张闻天（时任我驻苏大使）、李克农，首席顾问雷任民、乔冠华，发言人黄华、吴冷西（兼）、龚澎等人必须到会，我也不时被通知参加。

"别墅"的会议有时很长，参加的人抽烟者多，都钟情"三五"，常常搞得房间烟雾弥漫。周总理是不吸烟的，又一次就专门拿我这个年纪较轻的人"开刀"，点名说："李庄，你年纪不大，怎么抽烟这么厉害？"我本有些口吃，又当着这么多人，结结巴巴地回答："抽了多年了，工作时间长，报纸开印时间晚……"总理打断我的话说："我比你们还晚，一般都要等你们报纸开印以后才休息。抽烟有害无益，你把它戒掉怎么样？"我吭哧半天才说："也试过两次，不好戒。"总理说："所谓不好戒，还是没有决心。"我说："看起来越是小事越难。"总理说："日本人号称东亚霸主，被我们打败了；蒋介石八百万军队，被我们消灭了。你连个烟都戒不了，没出息。"听得这话，我立时语塞，心里暗暗思忖：我就这么没有出息？遂从那一刻真正立志戒烟。我是"老枪"，最初确不容易，一天不抽烟，打不完的哈欠，浑身没抓没挠，说不出的难受。可坚持了一个星期后，就逐渐适应了，才体会到，都说戒烟难，实际也不过如此。

那次戒烟以后，再未碰过烟，至今我们一家男女、老幼，无一人吸烟。

说到总理，还有一事梗在心中。日内瓦会议前，有个相当长时间的朝鲜停战谈判，打打停停，停停打打，拖了很久，成为人民日报版面上的经常性重要新闻。那时邓拓为总编辑，每天上夜班，看大样，其他三位副总编辑都不上夜班。我是编委兼总编室主任，也上夜班，负责日常业务。当时毛泽东主席还很器重邓拓，也经常找他，邓拓就告诉我："中南海叫我，我要赶不回来，你就签字付印。"美国侵略军非常可恶，总想在会场上得到战场上得不到的东西。所以宣传报道方面事情特多。敌人的企图，我们的对策，宣传的分寸，时机的掌握，等等，都靠总理办公室随时指点。这是一件大事，多数是总理办公室新闻秘书杨刚打保密电话告知，少数是周总理亲自打来电话。对这些电话，我当时用心记录，敬谨奉命。用过之后，还仔细核对。可核对之后，却立马火化。当时我还自认是保密的绝妙办法，现在看却铸成大错。当时我本可用隐喻办法，逐条记录下来，日后整理成文，就成难得的新闻史料了。一念之差成千古恨，此之谓也。

（原载《新闻与写作》2007 年第 8、9 期）

妈妈圆了大学梦

李东东

2017 年 10 月 3 日，中国人民大学迎来建校 80 周年。人民大学是中国共产党创办的新中国第一所新型正规大学，前身为陕北公学、华北联合大学、华北大学，形成了"人民共和国建设者"的摇篮、人文社会科学高等教育的重镇和马克思主义教学与研究的高地三大办学特色，被誉为"我国人文社会科学高等教育领域的一面旗帜"。立学为民，治学报国，资政育人历八秩春秋，培养了 26 万名毕业生。

1955 年，人大新闻系创办。在"培养万千建国干部"的时代背景下，因亟待提高文化水平以适应新中国新闻工作需要，我母亲得以迈进这所中国共产党创办的新型正规大学之门，圆了从战争年代开始的大学梦。妈妈出身中医世家，从小家教很严，但由于日本侵略者打到了她的家乡，十几岁时便失去了学习环境。参加革命后，她非常努力地工作，也非常遗憾没能在年轻的时候接受良好的系统教育，因此任何时候都不放弃学习机会。1955 年至 1959 年，身为三个孩子的母亲，在组织上的支持下，她得以脱产上学，更加努力地读书。她是班级里的老大姐，被选为党支部书记。

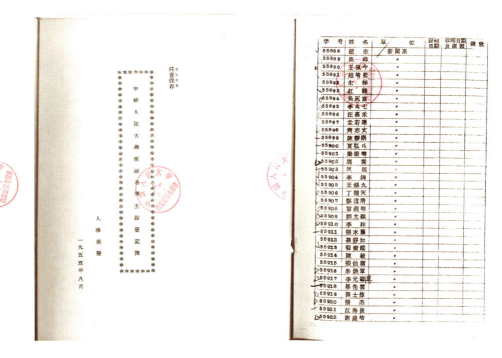

中国人民大学学生证登记簿（1955 年 8 月）。

1959 年，赵培蓝人民大学毕业文凭。

中國人民大學新聞系一班女同子
于1955年底留影

　　1955 年底，中国人民大学新闻系一班女同学留影海运仓校区（左上图）。赵培蓝是班上年龄最大的老大姐，一班支部书记。据妈妈回忆，当时新闻系四个班学生的构成，一班是中央级党报和北京市报纸；二班是新华社系统；三班四班是地方党报，其中三班为黄河以北，四班为黄河以南。

1956 年，妈妈在人民大学铁狮子胡同校区新闻系楼前。

20 世纪 50 年代：如火如荼绘新篇

239

抗日烽火奔太行
微情档案迎解放
留影父母
相濡以沫借晚耕
喜忧参半历风雨
红笔蓝笔两从容
不变的初心
开来继往同

2010 年 11 月 6 日，中国人民大学新闻系庆祝 55 周年大会，新闻出版总署副署长李东东应邀出席并讲话，其间转致母亲赵培蓝致母校的信和题词。

为庆祝中国人民大学建校 80 周年，李东东应邀撰写《人民大学赋》，卢中南为之进行了书法艺术创作。2017 年 9 月 7 日，《人民大学赋》捐赠仪式在人大明德楼举行。中国人民大学党委书记靳诺代表学校接受捐赠，并向两位作者颁发捐赠证书。人民大学新闻网的报道中提到，李东东和卢中南都与人民大学有着不可割舍的缘分。李东东的母亲是人大新闻学院 1955 级校友；卢中南在"国学典籍书法展"走进人大校园时也曾亲临指导。

2017 年 10 月 3 日，中国人民大学建校 80 周年庆祝大会在人民大学世纪馆隆重举行。李东东应邀出席大会。

左上图为与校长刘伟、党委常务副书记张建明同志合影。

左下图为与新闻学院院长赵启正等同志在庆祝大会会场合影留念。

四位老战友合影

　　1956 年，人民日报创办阶段的四位老战友在北京合影：张磐石、安岗（前坐者，从左至右），袁勃、李庄（后立者，从左至右）。

早期外事活动

1954 年，吴冷西、李庄等访问民主德国，摄于柏林机场。

1954 年，访问捷克斯洛伐克《红色权利报》。

1956 年 11 月，北京机场，欢迎苏共中央机关报《真理报》代表团。

岁月痕——留影父母李庄赵培蓝

在苏联办杂志

——《难得清醒》第 53 章

李　庄

　　1957 年是中苏关系转变时期。表面上双方的友谊热得发烫，骨子里分歧日益积累。就在这个节骨眼上，我受领了一个从来没有想到的任务。

　　11 月上旬的一天，总编辑邓拓对我说："苏联要办一个中文杂志——《苏中友好》，要求我们党派一个顾问，带一个专家组去帮助工作。我们同意了。此事由中央联络部经办，中苏友好协会出面。专家组组织好了，少个'头'，组织决定由你担任。"朝鲜战争爆发，党决定我赴战地采访，也是这样突然。那是去战地，同美国打仗，按照通常的看法，总有一点危险，我没有提任何意见。这次不同，和平时期任务，当时妻子进修学习，两个孩子上小学，一个小的还在幼儿园，不能说没有一点困难，我只好说："我不懂俄文，也缺少这方面的工作经验，如果是征求意见，我建议另选适宜的同志去。"邓说："几经考虑，中央已经定了，不要再提意见。好在两年轮换，你还是报社的人，'户口'、职务一概保留。"我这就不好再说什么了。

　　苏方催得很急，因为杂志要在 1958 年元旦创刊。经过不长时间的准备，我们这个小分队——一个顾问兼专家组组长、三个编辑、七个翻译、三个打字员，12 月上旬到了莫斯科。

我深知这个担子不轻。其余十三个人，除了原在《人民日报》工作的一位编辑外，都是初识；十四个人，除我以外，都没有出过国门。大家年纪都很轻，现在到"老大哥"家里，到一直被目为社会主义"天堂"的莫斯科工作，又高兴，又憷头。这也难怪。几位翻译人员都曾帮助来我国工作的苏联专家工作。有些专家水平确实很高，作风很好。有的人本事不大，却盛气凌人，硬是把我们看成什么都不懂的"小弟弟"，现在到他们那里当专家，难免有些怯阵。我劝大家打消这种心理，说：同朋友相处，要相见以诚。首先诚心诚意学习朋友的长处，但也不要自卑。我们总有一点优势，懂些中文，否则为什么请我们去？当然，首要的还是团结友好，谨慎谦虚，把我们的本职工作搞好。

　　苏联急于办这个杂志，我看有大小两个原因，大原因是中苏关系还在"棱线"上。过去在山地打仗，常用"棱线"一词，指山脊顶巅。"抢棱线"是上山；到了棱线再往前，就下山了。1957 年 11 月，十二个社会主义国家的执政党和其他国家的共产党领导人云集莫斯科，庆祝十月革命四十周年，同时举行两个重要会议：一个是莫斯科社会主义国家共产党和工人党代表会议，一个是莫斯科六十四国共产党和工人党代表会议，发表了求同存异、大家都能接受的《莫斯科宣言》和《和平宣言》。在《莫斯科宣言》上签字的是社会主义阵营十二国。有阵营就得有个"头"，有的国家反对有"头"，特别是反对许多人认为一贯盛气凌人的苏联当"头"。毛泽东主席从全世界工人阶级和革命人民的长远利益考虑，一再向持反对态度的代表团说明社会主义阵营应该有个头，这个头当然是苏联；各国共产党和工人党也应该有个头，这个头也是苏联共产党。由于毛泽东在国际共产主义运动中的崇高威望，由于他是代表六亿中国人和近两千万中国共产党党员说话，对苏联和苏共当然是有力的支持。在我们国内，这时也掀起一个支持苏联、中苏友好的热潮。从 11 月 1 日到 7 日，《人民日报》连续发表《庆祝苏联社会主义建设的伟大胜利》《庆祝伟大的十月革命四十周年》等专版，6 日发表社论《十月革命万岁，社会

主义万岁》；其他各报的宣传同样热烈、集中。首都各界庆祝十月革命四十周年大会有一万八千人参加，除毛泽东在莫斯科外，刘少奇、周恩来、朱德、陈云等领导人全体出席，隆重热烈达到高潮。

礼尚往来。当时莫斯科冠盖云集，主人对中国代表团也破格接待。各项重要活动，客人次序都按照国名的第一个英文字母排列，阿尔巴尼亚为"A"，霍查一般居首。但中国例外，国名第一个字母虽为"C"，毛泽东在任何活动中总在最前边。莫斯科的庆祝活动高潮是苏联最高苏维埃举行的庆祝大会，各国代表团都是团长一人上主席台，中国代表团除团长毛泽东外，又增加宋庆龄、邓小平两名团员。其他代表团外出活动，多由苏联部长一级官员陪同，毛泽东的重要活动经常由赫鲁晓夫、伏罗希洛夫陪同。我们国家、我们党在世界上的分量，不仅跟旧中国有天渊之别，跟抗美援朝战争

抗日烽火奔太行
激情燃烧迎解放
留影父母
相濡以沫偕晚耕
忧忧参半砺风雨
红笔蓝笔两从客
不变的初心
开来继往同

之前也大不相同。"苏中友好"是两个国家八亿多人的人心所向，所以苏联要办"苏中友好"杂志，显示"苏中牢不可破的友谊"。毛泽东应赫鲁晓夫之请，欣然为这个杂志题写了刊名。

另有一个小原因：我国中苏友好协会办了一个《友好报》，周刊，俄文，介绍中国政治、经济、文化发展情况，兼及名胜文物、风土民情，主要向苏联发行，也供在中国工作的苏联专家阅读，据说很有影响。我国在解放后培养了不少俄文人才，俄文译中文较为熟练，中文译俄文比较困难，请了一位苏联顾问带领一个专家组帮助工作。苏联要扩大影响，而且强调"对等"，也要办个中文刊物，向中国发行。他们俄文译中文人才更缺，于是请了我们这个小分队。

我们十四个人在友好、热烈气氛中到达莫斯科。据《人民日报》驻莫斯科记者站首席记者李何说，对我们这十几个工作人员的接待、安排，按照"老大哥"的习惯，可以说是破格的。我当然知道这是由于中国代表团的"余荫"、中国的巨大影响，丝毫不能改变我们的说得相当好听的雇员身份。据李何介绍：苏联出版许多外文杂志，一般要请外国人帮助，主人跟外国人员完全是雇佣关系，付了工薪，一切归你自理。相形之下，我们享受不少优待。《苏中友好》杂志总编辑罗果夫长期在中国担任塔斯社中国总分社社长，对中国革命人士有很多帮助，中文水平可达日常应用程度。他在苏联新闻界有相当影响，在我担任顾问的两年多时间内，他对中国非常友好，对我积极配合。

从李何同志的介绍中，我更加感到我的"定位"比较恰当。当时中苏关系正在"棱线"上，一致之处不少，分歧正在加速积累。我们是《苏中友好》的工作人员，一切为了这个大目标，方法是求同存异。对杂志的编辑方针、稿件内容等，我一般不提意见；罗果夫本人对"友好"掌握得紧，我很放心。杂志的前一半工作，组稿写稿，苏方完全负责。后一半工作，翻译、编辑，我们保证作好。苏方设立两个核对人员，都是苏籍华人，一人原籍山东，一人原籍辽宁，都是五十多岁，在苏联居住几十年，中俄文都过得去，只是对中国当前一些术语和表达不够熟悉。他们两人的任务是对照俄文原稿核对中文定稿。我们的关系不错，从未发生争论，遇有不同看法都是商量解决。

每月两次编辑会议，由杂志的部主任以上人员组成，罗果夫必请我参加。我牢牢守着自定的界线，对杂志内容一般不提意见，对文字表达方式、中国读者关心的问题定期（一般一个月）提出综合建议，罗果夫一般都会采纳。《苏中友好》不是专业刊物，但编辑部各部的负责人总想介绍一些专门技术，以为这会受到中国读者欢迎，结果常常适得其反。苏联的科学院院士身份很高，工作很忙，一般不轻易给杂志写文章。罗果夫向这些学者组稿，总是拉了我去。一句"中国顾问同志敦请"，对方往往不再拒绝。这种文章组稿很难，其实并不大受读者欢迎，因为看不懂。以后我提个建议：约稿时带上一位能写的记者，当场说好，由他访问院士，自己先弄懂某个问题的基本道理，再用一般读者能懂得而不是科学家间交谈的专用语写出来，读者比较容易接受。类似建议我提了不少。

《苏中友好》于1958年1月1日创刊后，一直按照赫鲁晓夫在创刊号上定的基调办事。赫鲁晓夫在《致〈苏中友好〉杂志读者》一文中，祝"中华人民共和国和苏联两国的兄弟友谊长青"，"祝1958年两国伟大人民更坚强地团结，这将使一切社会主义建设者和和平拥护者高兴，使我们的敌人恐惧。"苏联《真理报》转载了这篇文章，《人民日报》也加花边转载了这篇文章。为体现和平、友好、建设这个主题，罗果夫真是费尽心机。上面提到的他邀请苏联一些院士为杂志写文章，并不是没有困难。每拿到一篇这样的文章，他总要向我表示："又为中苏友谊作了一点贡献。"

50年代末期，赫鲁晓夫不计后果，在哈萨克大规模开荒，初时确实颇有收获。我在莫斯科两年多，据说是食品供应最好的时期。他同时大造居民住宅，也很得人心。苏联城市住房之缺，不亲眼看见难以想象。当时我非常惊异，也许是因为从书上看到的介绍相距过大。《苏中友好》杂志翻译部主任科兹洛夫，曾在俄国著名的夏伯阳部队当过连长，以后长期在我国哈尔滨工作，华语说得跟中国人没有区别，只是文字书写水平甚差。这个职位不高的"老革命"当时已六十一岁，同一个工程师合住一套两居室公寓房。他住的一大间不到二十平方米，他、老伴、已经退役的儿子、上大学的女儿四人合住。房里没有一张床，夜间把家具移到墙根，用幕布隔成三部分，四人都睡地铺。相形之下，我们十四个青年在列宁山有八套公寓房，实在是优待加优待了。

苏联50年代经济力量毕竟不小，真要盖房，速度很快。我们住的公寓房原在城市最边沿，一年多之后，外边竟"长"出一片楼房、两条马路，难怪赫鲁晓夫的声誉这个时期在莫斯科市民中相当高。我写了一篇通讯介绍莫斯科大规模建房的情况，登在《苏中友好》杂志上。除此之外，我还写过介绍集体农庄的文章。当时承《真理报》总编辑萨丘科夫的好意，委派该报编委、农业部主任波利亚科夫陪我到库尔斯科州的卡利诺夫卡集体农庄作客。这个农庄是赫鲁晓夫的"点"，号称集体农庄的标兵，在1953年苏共号召发展农业后发生了大变化：1958年收入五百三十九万卢布，为1953年的十四倍。这个比例当然令人怀疑，但主人就是如此介绍的。生产迅速发展，庄员收入增加，集体福利直线上升。问"这么大的变化是怎么取得的？"答复很有说服力："在1953年以前，种什么，种多少，甚至何时播种，何时收割，上级都定得死死的。"而苏联幅员广大，气候、土质等条件十分复杂。农庄主席说："仅仅这一条就要命了。"以后下放自主权，农庄得以因地因时自主经营，农业、畜牧业因而每年递增一倍多。我作文介绍，题为《苦战四五年，生产大跃进》，登在《苏中友好》上。写这种文章，当时都认为是好事。友好，友好，增进友谊。当然也想对我们起点"示范作用"。我是顾问，并无写作任务，自己认为加加班，练练笔，才像个新闻工作者。谁知"文化大革命"中成了一个罪状："美化苏联修正主义"，"地地道道的投降主义"，大字报一夜间贴了半楼。当时我虽已被批，还不很臭，对一造反派头头说，"我有错误，愿意接受批判。外交事务是此一时彼一时。中央派我去当顾问，你们看看杂志封面的刊名是谁写的？千万不要超越射击。"这些话的确有作用，大字报一夜之间撤光了。

怎样把这个小分队带好？我在北京——莫斯科的长途火车上就反复考虑。这个小分队成员，出国前多数人工资很低，在新岗位上相应提高，生活没有问题。多数人尚未结婚，二人虽有子女，也不在身边，因此都无家室子女之劳。带好这个队伍，看来一是工作：圆满完成任务；二是学习：让大家都能感到有进步。能把全部注意力集中到工作、学习上，就没有心思也没有精力想邪门歪道的事情了。到了莫斯科，一些情况加重了我的想法。可能由于气候关系，莫斯科机关、团体一年四季都是上午九时上班，中间休息、午餐一小时，下午六时下班，晚间自由活动时间很长，周六提前两小时下班，自由活动时间更长。七个翻译工作比较紧张，也有时间读书，编辑、打字员读书时间更多。我们的公寓位于列宁山，离市区较远，从安全考虑夜间不宜外出。这更是提倡学习的有利条件。我们随身带了几箱工具书、参考书，大家可以随时取阅。莫斯科高尔基大街有中文书店，北京出版的新书很快就能运到。用卢布买比在北京用人民币买便宜许多。买书成为我在莫斯科的一大业余乐事，两年多下来，竟积累两大木箱、近四百公斤。其他同志也买了不少。有个小小的插曲：如何把这些书运回北京成为我的头痛事。当地规定"把外文书运往外国，要逐册检查"，中国出口这些书时经过严格检查，苏联进口这些书时又经过严格检查，我托运当然不怕检查，但是托运人必须在场，如果逐册检查时间会很长。《苏中友好》编辑部负责核对稿件的苏籍华人老张出主意：拿两瓶"二锅头"送给检查员，保险能省些事。我照样办了，果然有效，检查员客客气气看了两眼，立即钉箱放行。我愿意把这看成一种友好的表示。当时中苏友好气氛确实极浓，在红场瞻仰列宁遗体，总要排很长队伍，"中国同志"一般可以优先。当时我国外交局面尚未充分打开，我国一些代表团到欧美国家公干，经常在莫斯科换机、转车。由于人数不多，苏联人民便于照顾，但从中也可以看出苏联人民对中国人民确实友好。

　　专家组成立了中共党支部，原在《友好报》工作的纪兆璞任支部书记。党支部由我驻苏使馆党委领导。按照苏联习惯，杂志各部门从不在上班时间开会。专家组半月一次生活会，都在夜间开，话多即长，话少即短。我精确计算，除了走路（有汽车代步）、做饭

（因有煤气、电炉、冰箱等设备，半成品又多，个人做饭不用多少时间）、吃饭、睡眠以外，每天学习三至四小时不成问题。由于学习空气相当浓厚，说我们自办了一个不成型的业余学校，此言不虚。

新闻记者脑子闲不住，生活在莫斯科普通公寓中，我很快动了利用这个机会研究苏联普通市民生活的念头。可惜不懂俄文，受到很大限制。

生活在苏联本是学俄文的好机会。同俄国人来往，小分队一半人是俄文翻译，多好的条件！到莫斯科不久，几个不会俄文的编辑、打字员就组织了业余学习班，不断将我的军："你是领导，得带个头。"我十分赞成他们学俄文，自己却铁了心不学。说得出的理由是年纪大了学不好，其实是想利用这个机会读些别的书。两年下来，几个同志都说我有远见。他们下了极大功夫学俄文，远未达到可以应用的程度。我则理论、文史以至文艺，每天读三四小时。没有"运动"的心理压力，也可以说没有能否完成任务的思想负担，静下心来，闭门苦读。这个机会太难得了。

观察、了解莫斯科普遍市民生活这个题目，我是经常想着，习惯同北京作比较。莫斯科人平均教育程度比较高，文化生活相当丰富，行动守纪律，讲礼貌，在北京之上。衣着比北京一般人好，物质生活的其他方面也比北京高，但远不如过去在书上、报上看到的那么高。抗日战争期间，《人民日报》登过一家通讯社播发的新闻，报道苏联工人的生活状况："普通工人的伙食，早饭是一方牛油（约七十五克至一百克重）、两个鸡蛋和炸香肠、两杯牛乳（或咖啡）……到中午，先是一大盆菜汤，……然后一大盆炒肉丝或干炸子鸡……到了晚饭，一盆炒肉丝外加炸洋山芋……苏联水果很多，工人天天能吃到苹果和梨子……"这条消息在当时很起了鼓舞士气的作用：这就是我们奋斗的远景。到莫斯科一看，那介绍太离谱了；过了一段时间看，简直感到滑稽了。星期天，我在公寓里读书，经常被敲门声打断。开门一看，一个工人问地板要不要打蜡，玻璃要不要擦？这种事每星期天都能遇到。当时莫斯科工人最低工资每月三百二十卢布，综合购买力约合人民币八九十元。如果是双职工，生活过得去，但不能常买"俄德克"，白酒在许多苏联人看来仅次于面包。面包确很便宜，肉类却相当贵，白酒更贵，但供应不缺。蔬菜、水果因气候关系少而且贵。日用品可说应有尽有，有不少质量不如中国产品。

李何在苏联生活多年，他在谈到这种情况的原因时说，苏联长期受帝国主义包围，政治警惕性极高，节衣缩食，以超过国力的努力发展国防力量，以免被资本主义吃掉，这是主要原因。自我封闭，孤芳自赏，又加重了在许多领域落后的程度。

新中国进行第一个五年计划建设，苏联专家作出巨大贡献。当时著名的一百五十六项工程，从设备制造到工厂施工，中苏两国人民的汗流在一起，我国报刊对此作了大量介绍。但是，直到在莫斯科参加《苏中友好》杂志的工作，我才知道苏维埃共和国创立时期，中苏两国人民的血曾经流在一个战壕里。《苏中友好》杂志，特别是总编辑罗果夫，为发掘这些鲜为人知的资料作了艰苦的工作。说句冒昧的话，当时不少苏联人喜欢夸耀自己的"天下第一"，对于这种资料往往是不大重视的。据《苏中友好》杂志所载《俄国革命时期的中国志愿兵》一文介绍，在十月革命的日子里，在反对武装干涉者和白卫将军的战斗中，红军的队伍里有成千上万中国人同俄国人并肩作战。中国人同俄国工人、农民一起攻下冬宫，参加伏尔加河要塞——察里津保卫战。此文插有三幅珍贵照片，有一幅是一队中国志愿军手持一面军旗，军旗上绣着"俄国共产党（布尔什维克）万岁"十二个汉字。1917 年入党的苏共党员楚品科写的《鲜血凝成的友谊》一文，回顾他指挥的"9 月 18 日"装甲车配合红军第 3 国际团作战的情况。该团全由外国革命者组成，其中的中国连由连长王福（译音）指挥，作战极为英勇。这类文章使中国读者感到亲切、自豪，提高国际主义觉悟，也增加不少历史知识，很受欢迎。

《苏中友好》杂志很重视群众工作，部分原因可能是接受了我的建议。我认为多进行杂志—读者的双向交流，不断了解读者对杂志的意见和建议，对这种"跨国杂志"更加重要。1958 年 5 月第三十六期登载罗果夫写的《致朋友——读者》一文，谈到 1958 年前七个月编辑部收到一千零七十七封读者来信，其中七十九封是住在中国境外的华侨、华人写的。编辑部直接给七百一十一名来信人写了回信，通过杂志登载的文章回答了一百一十四名读者提出的问题。在杂志编辑部各部负责人联席会议上，我高度评价他的这种负责细致的群众工作，"是对读者有益的服务，也是对杂志有力的宣传"。同时开玩笑说，"这是一件大好事，当心也可能引来'麻烦'。中国人多，政治热情又高，都写信来，你吃不消，《人民日报》就有点招架不住了。"罗果夫哈哈大笑，说："我不怕，正好向他们要编制。只要提中国同志来信多，什么都好办。"

我不知道这是有意说给我听，还是确实作如是想。其实1958 年中苏关系已经过了政治"棱线"，开始大步下山了。这一年的 7 月底，赫鲁晓夫访问中国，同毛泽东等领导人讨论国际形势和中苏关系等问题，提出苏中两国建立联合舰队和苏联在中国设立长波电台等要求。这种损害我国主权的行径理所当然地遭到毛泽东等同志的严正拒绝和批评，赫鲁晓夫愤愤而去。两国在其他问题上的一些分歧也日渐明显，但分歧仅有少数人有所察觉，争论更是在中苏极少数中央领导人之间进行，公开的宣传还是人们熟知的"牢不可破的友谊"。1959年十月革命四十二周年，我国领导人毛泽东以中共中央主席、刘少奇以中华人民共和国主席、朱德以全国人大常委会委员长、周恩来以国务院总理名义致电苏联相应领导人，向他们和苏联人民"致以最热烈的兄弟般的祝贺"。赫鲁晓夫等领导人也表示衷心感谢。前面谈到"文革"中批判我在苏联的"投降主义"的大字报在一夜之间迅速消失，很可能与此有关，因为我写的那些文章都在这个贺电之前，我对造反派头头说"不要超越射击"，就是指不要打到领导人的这种外交动作，他们的调子比我高得多。

当时我国驻苏大使刘晓（兼使馆党委书记）是一个水平很高的职业革命家，解放前长期在上海等地从事艰苦的秘密工作。他是我尊敬的领导，又是能够交心的朋友。他对我经常进行重要的指导，我对他的工作也间或有些帮助。从1959年开始，他过一段时间就同我谈一次中苏分歧的情况，一再叮嘱"到你一人为止"，指示我"工作一概如常，心里有数就是了"；嘱我"多观察，不提任何要求和建议"。

我估计《苏中友好》编辑部个别领导人也知道中苏分歧的某些情况。在此之前，我们相处可以说相当融洽，只谈友好，不谈分歧。在此之后，友好谈得比过去还多。友好的争论也逐渐出现了，有一次我记得十分清楚。

我在苏联经常听到一种奇谈怪论，至少是曲解我国外交政策的，说中国人"把战争看作生活的一部分"，中国的领导人说过什么都怕，就是不怕打仗。再打一仗，即使死三亿人，中国剩下一半人还能在废墟上建设社会主义。我认为，苏联人民在第二次世界大战中确实作出巨大牺牲，于是一种"无论如何不能再打仗"的情绪相当流行，传播上述所谓我国领导人的讲话，不管有意或无意，都会对我国的形象造成损害。

1959年我国国庆后不几天，我同专家组一位翻译从罗果夫办公室出来，遇到《苏中友好》杂志摄影部主任。此人水平不高，妄自尊大，我对他全无好感。本来点点头就过去了，他忽然说："你对六十四个共产党发表的《和平宣言》有何看法？"我意识到他可能有意问难，就说："这是一个好文件，表达了千千万万人的心意。"

他说："确实是个好文件，应该不惜任何代价保卫和平。可惜不是所有的人都这么看。"

这当然是话中有话，我蕴蓄已久的意见终于找到一个表达的机会，于是非正式的但确有准备地谈论起来，走廊里慢慢聚集了几个人，真正说话的还是我们两个。

"《和平宣言》确实是个好文件，中国共产党是签了字的。在此以前，中国发起和平签名运动，一亿多成年人签了名。中国持和平外交政策坚定不移。不过，我们的和平愿望是一回事，帝国主义的算盘又是一回事。它要打来了怎么办呢？所以还得作准备。"

"无论如何要防止战争。我参加过卫国战争，从莫斯科城下打到柏林。我知道战争是怎么回事。现在要特别注意，小战争可以发展到大战争，大战争可以发展到核战争，核战争会毁灭全人类。"

原来是这么个逻辑。我问："战争有这么可怕么？帝国主义如

抗日烽火奔太行
激情燃烧迎解放
相濡以沫偕晚耕
喜说参半砺风霜
红笔蓝笔两从容
不变的初心
斗来继往同

果打进来，我们能够不作出反应么？"

"战争，战争，无论怎么说都不是好事。你参加过战争么？"

"参加过一些。抗日战争，解放战争，抗美援朝战争，加在一起不到二十年。"我是故意说给他听的，想刹刹他妄自尊大的傲慢。

"你参加的是常规战争，你没有参加过核战争。"

"是这样。我没有参加过核战争，好像你也没有参加过核战争。我没有同德国法西斯打过常规战争，好像你也没有同日本法西斯、同美帝国主义打过仗。在朝鲜，美国人除了原子弹，什么武器都拿出来了，也不过就是那么回事。最后，他说他胜了，我们说我们胜了，其实是打了个平手。订停战协定，没人投降。"

"不管怎么说，原子弹是很厉害的。"

"原子弹确实很厉害。有巨大杀伤力、破坏力。不过，对革命军人来说，一个原子弹也就等于一个手榴弹。"

"什么，你说一个原子弹等于一个手榴弹？"

"确是这样。只要这个战士忠心革命，英勇无畏，一个手榴弹飞过来，从前胸打进，后背穿出，我牺牲了。一个原子弹落下来，从脑袋打进，脚跟透出，我也牺牲了，有什么两样！"

这是实话，也可以说是歪理。大概由于不太好反驳，一场不红脸的辩论就在哈哈一笑中结束了。

此后几个月，杂志照常出，友谊继续讲。主人选稿似乎更加求同避异。我们的工作也更加谨严准确。对于改进杂志的建议，即使是业务性的，我也不再提了。

据我观察，罗果夫对中国人民确实友好，同我合作非常融洽，但他当然无力回天。他不断组织专家组到列宁格勒、基辅、图拉等城市参观，到工厂、农庄联欢。据李何同志说，苏联对待它所聘请的专家，这是绝无仅有的。

我在1960年3月期满回国。罗果夫宴请、欢送、悄悄对我说，"他们尽管争论，咱们永远友好。"人民日报社的杜波接替我担任专家组组长，已无顾问名义。时间不长，中苏两党争论日渐激烈，由内部转向公开。4月22日列宁诞辰九十周年，我们发表几篇纪念文章，重点批判"现代修正主义"。6月下旬，十几个社会主义国家的共产党在罗马尼亚首都布加勒斯特开会，赫鲁晓夫带头对中国和中国共产党进行全面攻击，遭到以彭真同志为首的中共代表团的反击。7月中旬，苏联政府撕毁两国间的几百个协定，片面撤走全部在华苏联专家，中苏关系开始走向谷底。不久，苏联停办《苏中友好》杂志，我专家组被迫回国。

苏中友好杂志社中方编辑部部分同志和家属莫斯科留念。

20世纪50年代：如火如荼绘新篇

1958年夏，摄于莫斯科列宁山。左图为赵培蓝、樊亢（右）、唐群芳（左）三个阿姨带着李东东在莫斯科大学主楼前。中图为父母带着李东东在斯大林塑像广场。右图为斯大林塑像前，李庄给女儿拍摄的留影。父亲专门把一棵小松树摄入镜头，后来告诉女儿，为表明让她像小树一样茁壮成长。

1958年元旦，李庄抵达莫斯科不久，寄给女儿的明信片。

1958年夏，爸爸抱着小女儿，在苏联国民经济成就展览馆前。2009年，半世纪后，女儿出访俄罗斯时，找到了当年的展览馆。

爸爸当年摄于列宁格勒，斯莫尔尼宫。

20世纪50年代：如火如荼绘新篇

261

抗日烽火奔太行
激情燃烧迎解放
留影父母
相濡以沫伴晚耕
喜忧参半砺风霜
红笔蓝笔两从容
变的初心
开来继往同

人民日报报风好

——回忆五十年代的报社生活

赵培蓝

　　1949年3月，人民日报大部分工作人员从河北平山县进入北平（部分人员于一月份先行到达），全部人员集中后，不管是从农村来的，还是城市来的，大家齐心协力，为办好党中央机关报而兢兢业业，辛勤工作，可以说是一个团结战斗的好集体。

学习空气浓

　　由农村进入城市，面对城市的新情况，新任务，新问题，报社的工作人员无论从政治思想素质，还是业务水平，都难以胜任办好党中央机关报这一艰巨的任务。报社领导针对这个具体情况，特别注意干部的培养和提高问题。当时，除了正常的政治学习外，一再号召大家努力学习马列主义，学习毛主席著作，学习历史知识，学习业务知识。

　　刚进城时，我和江夏、穆扬、柳邦、刘野、周平等同志在通联组工作，组长是朱波。那时，我们都只有二十几岁，精力旺盛，除了吃饭、睡觉，一天到晚在办公室工作、学习。像我这样从农村来的，只有小学文化水平的人，需要补的课就更多。在战争年代，生活动荡不定，也没有多少书可读，加上年纪轻，觉悟低，不知道抓紧时间学习。现在，环境安定了，有书可读了，大家都如饥似渴地

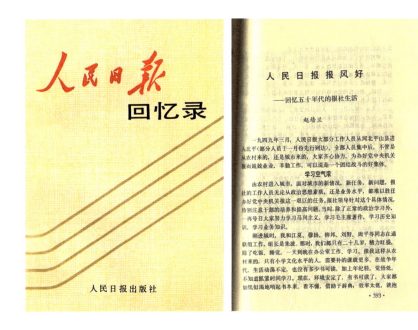

啃起书本来。看不懂，借助于辞典；效率太低，就抱着先找门牌号数的目的，囫囵吞枣地往下吞。

编辑部为了尽快提高大家的业务能力，不时地请一些专家做报告辅导，或直接帮助修改文章。有一次，叶圣陶先生对报纸上有的文章语法不通、用词不当提出批评说：有类乎喝饭的说法。后来，他修改了本报记者写的一篇通讯，从第一句话一直改到最后一句话。报社特地把他修改的这篇文章印成小册子，发给编辑部的工作人员，作为范文要大家仔细学习。

1951年6月1日，人民日报发表了《正确地使用祖国的语言，为语言的纯洁和健康而斗争》的社论。6月6日，开始发表吕叔湘、朱德熙的《语法修辞讲话》（连载）。这当然是为了提高整个国家、整个社会人们的文化素质。作为报社工作人员更应该认真学习。那时候实行包干制，我们这些人都没有什么钱，好不容易积蓄一点，也只能到东安市场旧书摊买几本急需的书。大量的学习材料，就是把报纸上发表的好文章剪贴下来，我就剪贴了厚厚的好几本。

报社领导还有计划地派一些同志，到高级党校、大学学习。1955 年报社送陈满正、凌焕和我报考中国人民大学新闻系学习四年。1938 年初，我小学没有毕业，日本鬼子就炸毁了我的母校，我从此失去学习机会。现在一步跨入高等学府，欣喜之情难以言表。我们克服了孩子小、家务无法料理的困难，坚持住在学校，系统地学习了马列主义基本原理和新闻理论。其中有些课程，诸如《文艺学引论》《古代汉语》《外国文学史》……都是生平第一次接触到的。虽然在四年的学习期间，遇上反右派和"大跃进"运动，严重地干扰了业务学习，但这一段学习生活，仍使我们受益匪浅。

组织纪律严明

进北平之前，报社领导就组织全社职工学习毛主席在七届二中全会上的报告，警惕大家，特别是共产党员切忌犯丧失立场的错误。同时，教育大家加强组织性纪律性，严守党的机密。像我这样的年轻人，家在太行山上，抗日战争期间，父母双亡，兄嫂也不在人世，无牵无挂，自认为不会犯丧失立场的错误，但要随时警惕犯别的错误。

1949 年"七·一"以后，有一天中午，我同江夏、穆扬、柳邦等同志到食堂吃饭（当时在煤渣胡同三号院内办公的人们，就在院内食堂吃饭），吃饭的人特别少，朱波也不在。我们几人纳闷：

大伙都干什么去了？等我们吃过饭后，人们都陆续回来了。我们几个就问朱波，朱波如实相告：听报告去了。我们反问一句：为什么不让我们听？我们也在报社工作，党中央有什么指示精神，我们也应该知道。这个意见反映到采通科领导那里。第二天，采通科的林韦同志（三位负责人之一）到通联组开会。会上，他态度和蔼，语言婉转，没有直接批评我们不该提意见，但总的精神是：该让我们听的自然会通知，不通知就是暂时不能让大家知道。从此以后，我们更明确地记住一条：不该知道的不要问，知道的不能讲的不要讲。这是党的铁的纪律。作为党中央机关报的工作人员，要特别注意这一点。

一个人犯错误常常是不自觉的。1950年，通联组撤销，我们几个分别分到编辑部各组，我分到党的生活组，组长金沙。金沙对同志们的工作、学习要求极为严格。按说在这样一个严肃紧张的环境里，我是不该犯错误的。可我就在这里捅了个娄子。那是1950年冬天，美帝国主义轰炸我国东北某些地区，战争打到了我国家门口。中国人民志愿军即将开赴朝鲜，同朝鲜人民军共同打击敌人。八年抗日战争，三年解放战争，我们刚刚从枪林弹雨中打出来，现在，李庄二次赴朝鲜采访，又要赴汤蹈火。我看着一个两岁多、一个一岁多的孩子，心神不定。正在这时，突然听到一个好消息：彭德怀副总司令担任志愿军司令员兼政治委员。我觉得有了依靠和把握，心想，这回美国鬼子就该滚回老家了。在办公室，同志们谈起志愿军赴朝的事，我脱口而出，把这个好消息捅了出去。当时就有人问我从哪儿听来的？我后怕了，一再说明这是绝密。谁知有位同志还是去问赵锋（范长江秘书）。他可能出于兴奋，也可能想证实一下这个消息是否准确？赵锋听说后就去问长江，长江又问李庄。李庄回家狠狠批评了我。这一回，我可懵了，好像捅塌了一块天。尽管我连夜赶写了书面检讨，请求组织给予处分，可后果究竟如何？既摸不清，也不敢想，几天几宿，寝食不安。好在不久，报社就公布了这一消息，我才放心了。

《人民日报》是党中央机关报，好多事情得风气之先。我们对这些情况知道得早，了解得多。从此以后，不论在报社内部听到的，或采访时得知的内部情况，再也不敢轻易"通风报信"了。

艰苦朴素作风

50 年代，报社绝大多数同志都还保持了战争年代艰苦朴素的好作风。1954 年，报社一位负责同志出差到江西。下了火车，天色已晚，他坐公共汽车赶到江西日报社，向传达室的同志自我介绍说："我是人民日报的，能不能先在你们招待所住一宿，明天再找别的同志。"传达室的同志看见他一身灰布衣衫，提着一个灰色的人造革手提包，就一口回绝了。他看看商量不通，想打个电话，那位同志开始也不同意，过一会儿答应了。他给老战友通了电话。不一会，莫循同志（省委常委、宣传部长，曾任江西日报总编辑）坐车赶到江西日报。两人见面非常亲热，莫循同志说："你老兄怎么搞的，也不打个招呼，我去接你。你先住下，休息休息，明天咱们好好聊。"传达室的同志一直不解地看着，似乎在琢磨：这到底是个什么干部？

1958 年 9 月，为了给胡乔木同志开个信息窗口，报社和新华社各派一位领导干部，共同负责合办内部刊物《新闻工作动向》，专门刊登各省、市报纸、电台的领导对当前宣传的考虑和打算。编辑组设在人民日报社，苗风担任组长，全组共有五六个人。我从中国人民大学新闻系毕业回到报社，就分配到《动向》组。1960 年 5 月，中南地区几个省、市报纸的总编辑在广州开会，还特邀山西日报总编辑吴象同志同一位副总编辑参加，研究报纸宣传工作。《新闻工作动向》的负责人也参加了。因为他姓肖，当地人可能"肖""小"不分，又没有带"总"字，也因为他一身灰布衣衫，会议的具体工作人员就把他安排在四五个人合住的大房间里。当主人发现后，才重新做了安排。那位做具体工作安排的同志直向他道歉。

报纸的一些负责同志出去很注意这一问题，像我们这些一般编辑、记者出去采访，就更得严格要求自己，到工厂采访也好，到农村采访也好，一般都住招待所。1960 年 9 月，赵忠信和我到河北、山东、江苏、上海、浙江、湖南、湖北、河南去，请这些省、市报纸、电台负责同志谈他们对当前宣传的设想和打算。我们就住在省报招待所，有时住在记者站（当时人民日报记者站和新华社分社合在一起）的集体宿舍。河南日报总编辑向我们谈了情况后，同我们一块到食堂去喝煮白薯秧拌白薯面糊糊，每人一大碗。记者到地方采访住宾馆的风气，是"文化大革命"才兴起的。

团结合作精神

50 年代，报社内部绝大多数同志团结合作的精神也比较好。1953 年，编辑人员增加了，成立了首都新闻组，组长林丰时，副组长傅真、严蒙。这个组人员不多，分工很细，要求对首都工业、农业、财贸、文教、卫生等方面发生的新事、新问题，能及时反映在报纸上。同志们经常是当天采访，当天写稿，第二天见报。那时，人们的思想比较单纯，一心扑在工作上，从来不分你我高低，也很少有什么杂念。领导对同志们也一视同仁，特别是傅真、严蒙同志，经常帮助我们研究情况，分析问题，制订计划，我们晚上很晚回来，他们都在办公室等着，耐心帮助修改稿子。

1954 年，中华人民共和国第一部宪法草案公布了。全国各行各业各界人士，都在认真讨论，发表意见。为了把这些意见及时反映在报纸上，编辑部各部门动作都很迅速。6 月 15 日，甸义和我到石景山钢铁厂，参加厂里部分劳动模范、先进生产者、工程师、技术人员召开的座谈会。大家都以主人翁的态度，畅谈自己的感受。会议一直开到晚上七点多。会后，我们和参加会议的一些同志在食堂吃了一点儿东西，就返回招待所赶忙整理笔记，分头写稿子，第二天送给组里领导，第三天就以《工人们的心里话》为题发表了。7 月 29 日，陈维仁、柏生（在记者部工作，临时参加这一报道），葛娴和我，到北京市电车公司检修车间第一工段，参加他们组织的宪法草案座谈会。下午三时半开会，一直开到八时多，大伙还争着发言，考虑到有的工人还要上夜班，会议主持人才宣布结束。等我们赶回报社已经九时多了，几个人在馄饨摊上买两个小烧饼边吃边写稿子。最后署名何作，发表在八月十九日《人民日报》第三版上。

1954 年 10 月 2 日，苏联经济及文化建设成就展览会在北京苏联展览馆（即现在的北京展览馆）隆重开幕。开幕之前，首都新闻组以于明同志为首，沈文英、傅冬、柏生、葛娴和我参加报道工作。这次采访比较困难：第一交通不便。我们多数人不会骑自行车，只得坐有轨电车到西直门，再换乘公共汽车，搞不好就得走到展览馆。第二不懂俄文，尽管有点翻译材料，远远不够用。我们每天早出晚归，趁布置展览的同志和翻译同志的空隙，见缝插针采访。可大家互相帮助，通力合作，不到一个月的时间，除了消息以外，共写了16篇通讯（包括组织的两篇），系统地介绍了苏联工业、农业、交通运输业、日用工业、文化教育、美术作品等方面的成就，在报纸上连续发表了。

一滴水看太阳，通过我亲身经历的和亲耳听到的事情，尽管有些是琐碎事件，却能看出当时报社内部的一派好风气。经过几次政治运动，特别是十年浩劫，有的好传统给破坏了。但是，大革文化之命的十年，也唤醒同志们从思想禁锢中解放出来，不再那么迷信、盲从了。现在，不少老同志离开了工作岗位，中青年同志成为报社的中流砥柱。在当今改革开放的时代，相信报社领导和同志们，一定能把过去好的传统继续保持下来，并发扬光大，把《人民日报》办得更好。

（原载《人民日报回忆录》，1988年6月）

全家福

1952 年夏，小女儿一周岁时，我们一家的第一张全家福。五个人的家庭，爸爸、妈妈、大女儿、儿子、小女儿，摄于人民日报煤渣胡同 3 号宿舍。

1953 年夏，李庄、赵培蓝和两岁的小女儿东东。

　　我爸爸的奶妈，我叫她干奶奶，带我到我三岁进幼儿园。

　　这是 20 世纪 50 年代我们家少见的一张彩色照片，妈妈、姐姐、哥哥在北海公园九龙壁前，不知为何没有我。

北京四相 1971

　　这张照片摄于爸爸在苏联期间，是妈妈为使他放心而带着孩子的合影。妈妈没有给我梳好头，使我呈现蓬头散发状。

红黬

20 世纪 60 年代：

喜忧参半砺风霜

　　1960 年春，父亲从苏联回国后，不论当编委当部门主任，当副总编辑还是当总编辑，都在值夜班，黄卷青灯，从此一干就是二十余年。1959 年秋，母亲从中国人民大学新闻系毕业后回到报社，先在党的生活组上班，后又调到工业组、工商部。

　　我们家的生活状况，我的感觉中，这十年恰好分为亦喜亦难两个阶段：前一段的五年，度过了三年自然灾害的困难时期，大家都挺喜兴的，我从小学升了初中，哥哥姐姐从初中升了高中；那个阶段社会风气很好，学雷锋做好事、热爱集体助人为乐，一派蓬勃向上。后一段的五年，从 1966 年春开始，"文革"来了，天下大乱，我们家与千千万万个家庭、特别是革命干部家庭一样，天翻地覆大变动。

　　1966 年春，"文革"还没正式开始，父亲时任人民日报社副总编辑兼总编室主任，照旧值着他那常年的辛劳的夜班。在奉命删节转载为"文革"造势的《解放军报》社论《千万不要忘记阶级斗争》时，做了一些文字上的改动，引起了上面的震怒，报社被责令做出深刻检查和处理。父亲被立即停止了副总编辑的工作，开始做起了永远通不过的检查，成为"文革"头一批牺牲者之一。

　　幸而人民日报社的运动形式不像某些单位那样残酷，我们一家没有悲惨到家破人亡的地步，但却实实在在地"四分五裂"了——我姐姐去了内蒙古插队，我哥哥去了云南插队，我去了陕北插队。当我们的父母都在北京时，这个家是"四分"，若父母中一个人去了干校，这个家便"五裂"了。

对这段政治性极强的历史，处身意识形态风口浪尖、身在中央党报的父母的经历与感受，我想，父亲《人民日报风雨四十年》一书中的两个章节——"人民日报上的'文化大革命'"和"在逆境中奋斗"，很能说明问题。

工作剪影

在中南海怀仁堂大门前的留影。

上图摄于十三陵。
右下图摄于十三陵水库。

接待朝鲜同志

　　大约 20 世纪 60 年代初的两次外事
活动，在王府井人民日报办公大楼前合
影。上图中可见吴冷西、王揖、陈浚、
李庄、肖风、潘非、张潮、萧航等。

　　右图中可见吴冷西、胡绩伟、李庄、
郭渭、田钟洛等。

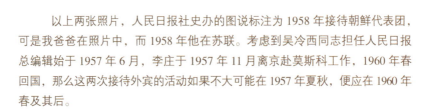

　　以上两张照片，人民日报社史办的图说标注为 1958 年接待朝鲜代表团，
可是我爸爸在照片中，而 1958 年他在苏联。考虑到吴冷西同志担任人民日报
总编辑始于 1957 年 6 月，李庄于 1957 年 11 月离京赴莫斯科工作，1960 年春
回国，那么这两次接待外宾的活动如果不大可能在 1957 年夏秋，便应在 1960 年
春及其后。

爸爸的代表证书

1964 年 11 月，全国人大常委会颁发给李庄的中华人民共和国第三届全国人民代表大会代表当选证书。

六十年代记忆

　　这时的妈妈，雍容富态，应该是在三年困难时期之后、"文革"爆发之前。一次，全家游颐和园，爸爸负责拍照，妈妈不会使照相机，于是所有镜头里都没有爸爸。

红笔蓝笔两从容

留影父母

日烽火奔太行

相濡以沫借晚耕

不变的初心

澎情燃烧迎解放

浮忧参半砺风霜

开来继往同圆梦

妈妈摄于 20 世纪 60 年代初。

妈妈出差山西，与老朋友在一起。

我的最小的叔叔李芷，在老李家大排行老八，是他们那辈长得最精神的男孩子。八叔小我爸爸 16 岁，与大哥的关系就是长兄如父，十分亲近。爸爸全心全意履行父兄责任，资助弟弟上学直到大学毕业。八叔是爸爸那代人兄弟姐妹中唯一一个在新中国成立后读大学，念理工科，后来成为航空航天教学方面的专家教授。

妈妈的"四清"留影

1964 年冬，在北京通县西集公社尹家河大队，人民日报同志与师范大学师生一同搞"四清"。

一排左起：陈瑞卿，学生，何星环，韩国华，学生，郝洁，王伯珍，赵培蓝，杨友云；二排：不详，李希凡，不详，田流，不详，余章瑞，周平，刘桂莲，陈泉璧，不详，范荣康，赵殿臣，不详，柯贤伟，不详。

大约在 1964 年或 1965 年，人民日报社部分同志在北京西郊十八所学习时的合影。图中可见安岗、潘非、沈文英、赵培蓝、李克林、苏兰、钟立群等。

岁月痕
——留影父母李庄赵培蓝

282

"文革"初起时

"文革"初，妈妈在家学习《毛泽东选集》。

1967年初，爸爸与两个女儿在一起。当时他在报社印刷厂搬运组劳动，头发剪得短短的。当年夏天，大女儿（右）赴内蒙古插队。

人民日报上的"文化大革命"

李　庄

　　在"文化大革命"准备阶段，特别是那篇《评新编历史剧〈海瑞罢官〉》，出笼（1965 年 11 月 10 日）以后，人民日报日渐"掉队"而进入"另册"，所以陈伯达率工作组于 1966 年 5 月 31 日夜间开进报社，搞了一个自鸣得意的"小小的政变"，夺了总编辑吴冷西同志的权。由钦派大员从上而下不明不白地夺权，人民日报在全国大概是第一个。

　　从此，人民日报被拖进"文化大革命"的轨道。重要信息经过这里发布，新鲜道理经过这里解释。从 1967 年开始，少数社论还以两报一刊——《人民日报》、《解放军报》、《红旗》杂志署名，以示特别重要。"文革"延续 10 年之久，有斗争，有起伏，反映在人民日报上也就是非、善恶杂陈，留下一份相当准确的记录。

　　"文化大革命"是毛主席亲自发动和领导的。十年时间，谁也数不清这句话在文件、文章、演说、口号中出现过多少次，确实深入人心，毛泽东也为此自豪。他曾说一生中作了两件大事，一是领导创建新中国，一是发动"文化大革命"。到了晚年，谈到"文化大革命"，他说："总的看法：基本正确，有所不足。"又说，"'文化大革命'犯了两个错误：一、打倒一切，二、全面内战。"这就把普通人弄糊涂了。打倒至于"一切"，内战至于"全面"，怎么能同"基本正确"连在一起呢？中共中央十一届六中全会一致通过的《关于建国以来党的若干历史问题的决议》正确地回答了这个问题："'文化大革命'是一场由领导者错误发动，被反革命集团利用，给党、国家和各族人民带来严重灾难的内乱。"

"文化大革命"标榜舆论高度一致，实际却是"小道消息满天飞"。后者有的是林彪、江青两个反革命集团散放的烟幕，有的是没有公布的重要事情的非正式传递，有的是无告的人们希望发生或者害怕出现的某种臆测。以上种种，有的事后被证实，有的纯属子虚乌有。所以细心人根据几年来积累的反话正看、歪理正解的经验，主要还是看人民日报，猜人民日报，从中寻觅某些重要信息，经常有重要收获。人民日报有个记者，无端被关进监狱四年多，享受"高级政治犯"待遇，虽同狱外彻底断绝信息，但有一份《人民日报》、一本《红旗》杂志可看。闲来无事看报纸，从头版第一行看到第六版末一行，在字里行间揣摸"政治动向"。她在一篇回忆文章中写道："1971年国庆，林彪反常地没有露面，还有他的一伙同党。不久，报上批判'最大的野心家'，又说'死无葬身之地'，我明白林彪完蛋了。"看，说假话的报纸也能给细心人作出这样的贡献。

陈伯达到人民日报夺权的事并未公布，但细心人能够看出人民日报变了。在此之前一段时间，人民日报曾经连篇累牍刊登批判邓拓、吴晗等同志的文章，转载其他报纸的重要社论和文章，但无自己的"声音"，摇旗呐喊而已。6月1日出现自己的社论《横扫一切牛鬼蛇神》，通栏标题，大字排印，"横扫"，"一切"，一千多字短文章，吓坏人的大口气。此后几天，天天有这类尖锐火爆杀气腾

抗日烽火奔太行
激情燃烧迎解放
相濡以沫偕晚耕
喜忧参半砺风雨
红笔蓝笔两从容
不变的初心
开来继往同
留影父母

腾的社论，一派命令口吻。报头右边通称"报眼"的那块地方也有变化，从6月2日开始，人们熟悉的"今日要目"改为"毛主席语录"，多是有关"文化大革命"的论说和指示。顺便说一句，人民日报的"报眼"几经变化，"今日要目"以前是"伟大的祖国"，每天一幅照片，内容广泛，并有一段相当精粹的说明，引起读者的喜欢。"文化大革命"以后，"报眼"这个醒目的地方，又改为登载重要新闻。

"文化大革命"道理新奇，它的精髓"无产阶级专政下继续革命"，我长期搞不懂，以后渐有所悟，原来是两个字：夺权——无产阶级再次夺资产阶级的权。"三大改造"早已完成，资产阶级在哪里呢？毛泽东说，"就在共产党内，党内走资本主义道路的当权派"。谁是"走资派"呢？林彪、江青两个反革命集团，包括迫害狂康生等人指定谁是谁就是。一条罪状常常不够，再加上叛徒、特务、"里通外国"等帽子。"文革"前期，人民日报主要报道夺权："文革"后期，主要报道保权，所谓反"复辟"，反"回潮"等等，都是保住夺到手的权。1967年1月22日《人民日报》社论《无产阶级革命派大联合夺走资本主义道路当权派的权》，淋漓尽致地描绘了作者的心态："千重要，万重要，掌握大权最重要。""无产阶级革命派，真正的革命左派，看的是夺权，想的是夺权，干的还是夺权。"从这年上海"一月风暴"开始，照林彪的说法，在全国"刮十级、十一级、十二级台风"，到第二年9月，人民日报刊登大量新闻、文章、通告、文件，主要围绕夺权，仅自写和转载的社论、评论员文章就有50多篇。1968年9月7日《人民日报》《解放军报》社论《无产阶级文化大革命全面胜利万岁》宣布：全国除台湾省外，所有省、市、自治区都夺权成功，社论说，从上海"一月风暴"起，"经过二十个月伟大的斗争，全国军民实现了毛主席发出的'无产阶级革命派联合起来，向党内一小撮走资本主义道路当权派夺权'的伟大号召，在全国范围内赢得了'无产阶级文化大革命'的决定性胜利。"在这个巨大浪潮中，参加革命早的老干部在劫难逃，略带"长"字的干部也难幸免。我有个亲戚，月工资半百稍多，也被夺权批斗，只因为有个"长"字——小学校长。

夺权是顺利的，几乎没有遇到抵抗，但给紧接着举行的中共第八届扩大的十二中全会（1968 年 10 月）造成了困难。八大选出的中央委员、候补中央委员被定为"叛徒"、"特务"、"里通外国"、"反党分子"的达总数的 71%，再加上"走资派"，剩下能出席的远远不足法定的人数，幸好有指定参加的"中央文革"小组成员，军委办事组成员，各省、市、自治区革命委员会和各大军区主要负责人，部分中央直属机关人员，开成一个扩大的中央全会。人民日报突出刊登的全会公报，只好不写出席的中央委员、中央候补委员人数。毛泽东主席在全会上就"文化大革命"问题作重要讲话：这次"无产阶级文化大革命"，"对于巩固无产阶级专政，防止资本主义复辟，是完全必要的，是非常及时的。"这次会议作出把刘少奇同志"永远开除出党"的错误决定，"文革"后相当久才彻底平反。

可能由于人民日报被夺权后表现不错，毛泽东关于"文革"的许多新语录，或由人民日报为首的"两报一刊"社论公布，或由人民日报独家公布。这是难得的殊荣。1968 年 12 月 22 日，《人民日报》报道甘肃会宁县部分城镇居民到农村安家落户，参加农业生产，标

抗日烽火奔太行
激情燃烧迎解放
留影父母
相濡以沫借晚耕
忘忧参半砺风雨
红笔蓝笔两从容
不变的初心
开来继往同

题是《我们也有两只手不在城里吃闲饭》。这条新闻"文革"后经查证不实，连同其他影响十分恶劣的虚构新闻，相继更正、澄清。但在当时，确实引起全国轰动，因为文前的"编者按"公布了一条重要"语录"："知识青年到农村去，接受贫下中农的再教育，很有必要。要说服城里干部和其他人，把自己初中、高中、大学毕业的子女，送到乡下去，来一个动员。"语录说的是"初中、高中，大学毕业的子女"，但各地区、各学校发挥积极性，一般都"超额完成任务"。我的三个子女，当时高中、初中都未毕业，都下乡接受再教育去了。对青年个人，这种锻炼大有好处，但给国家、给许多家庭造成很大负担。几年工夫，上山下乡的知识青年达一千六百多万人，数目很大，遗留问题不少，有的现在还感觉得到。

人民日报以前所未有的规格突出报道1969年4月举行的中共第九次全国代表大会和紧接着召开的九届一中全会。九大通过的政治报告和党章使"文化大革命"的错误理论和错误实践合法化，把林彪定为"毛泽东同志的亲密战友和接班人"，大大加强了林彪、江青反党集团在党中央的地位。九大开过，我有幸参加一个接受教育的报告会。革命群众坐在体育馆四周看台椅子上，我们这号人在比赛场的水泥地上席地而坐。也有好处，能看清报告人的嘴脸。陈伯达作开场白。主讲人康生大谈把林彪正式定为"接班人"的伟大意义，说是我们党"对国际共产主义运动的伟大贡献"。我们家乡有句俗话："会说的不如会听的。""文化大革命"已经搞了三年，任你以新"选"中央政治局常委之尊，也不能抹掉许多人心中深深刻上的迫害狂、阴谋家的丑恶形象。让他主讲，选人不当。

林彪获得党中央唯一副主席高位后，急不可待地夺取党和国家最高权力，策动反革命武装政变，阴谋败露，仓皇叛国出逃，坠机自毙。林彪反革命集团的覆灭，客观上宣告了"文化大革命"的理论和实践的破产，擦亮亿万人民的眼睛。在四个多月前，1971年5月1日，《人民日报》一版还登了一幅大照片，林彪以病弱之身，站在毛泽东主席身旁，胁肩谄笑，显得越发渺小。他右手中指夹在《毛泽东语录》中间，表示正学到这个地方，多么勤奋忠诚！此人在两次国内革命战争、一次民族解放战争中立过战功，"文革"前位居党中央五位副主席之末，"文革"准备阶段突然冒出头来，"最最忠于毛主席革命路线"，"最最忠于毛主席"，一跃成为党中央唯一的副主席、"接班人"、"副统帅"。就是这样的人，策动反革命武装政变，阴谋暗害毛主席。而"文革"中被诬为叛徒、特务、"死不悔改的走资派"、"三反分子"的人，哪个有这种罪恶的想法？这到底是怎么回事呀！

　　亿万人心中这种朴素实际的想法，使人民日报的宣传报道发生很大困难——怎么转弯子？一个数字可以反映当时的窘状。1971年10月到1974年底的39个月中，除了几篇署名"两报一刊"的元旦、国庆社论外，人民日报独家谈国内事务的社论只有22篇，每月平均半篇多一点。当然，大大减少那些喋喋不休地重复"'文化大革命'非常必要、非常及时"的社论是好事不是坏事。这里只是说，"九·一三"事出突然，一下封住了某些宣传家的嘴。许多话说过了头，有些话自打嘴巴，任你无耻善辩，也无法自圆其说了。

　　"九·一三"事件以后，周恩来总理在毛泽东主席支持下主持中央日常工作，使各方面的工作获得转机。人民日报实权虽然仍为江青反革命集团控制，但不能完全在报上封锁周恩来对国事进行整顿的意图和作为。1972 年 4 月 24 日，《人民日报》发表经周恩来审阅同意的社论《惩前毖后治病救人》，发出同"文化大革命"不协调的声音。社论强调要区分两类不同性质的矛盾，强调"经过长期革命斗争锻炼的老干部"，"是党的宝贵财富"；提出"正确执行党的干部政策，必须批判刘少奇一类政治骗子的政治路线和组织路线，排除'左'的干扰"。此文直接鞭挞林彪、"四人帮"。当时对林彪尚未公开点名，"刘少奇一类骗子"就指林彪。少奇同志九泉有知，想必一喜一怒。喜，林彪毕竟得到了应有的"报应"。怒，林彪自毙以后，刘少奇的令名继续被他玷污。1974 年 2 月 2 日，《人民日报》社论《把批林批孔的斗争进行到底》，提出林彪是"资产阶级野心家、阴谋家、两面派、叛徒、卖国贼"，此后批判林彪才不用那个代称。

1972 年 10 月 1 日"两报一刊"社论《争取新的胜利》，是周恩来主持起草的，进一步提出"继续落实毛主席的干部政策、知识分子政策、经济政策等无产阶级政策"，"加快社会主义建设的步伐"，"提倡又红又专，在无产阶级政治统帅下，为革命学业务、文化和技术"。后者阐述的道理，人民日报 1966 年 4 月根据邓小平同志讲话精神写的三篇论述"突出政治"的社论曾经讲过，不久就受到错误的批判，现在能够再次提出，应该说显示了拨乱反正的勇气。

人民日报社内敢于同江青一伙"对着干"的同志，利用周恩来进行整顿的好形势，陆续推出一批同"文革"精神唱反调的典型报道。1972 年 10 月 4 日在头版刊登《辽宁发电厂坚持"小指标"竞赛的经验》，并在"编者按"中说："现在，有一些企业的领导人，把开展社会主义劳动竞赛同'锦标主义'，同'奖金挂帅'混为一谈，不敢组织，这是受刘少奇一类骗子的极左思潮影响的表现"，强调在批修（即批林）整风运动中，"排除在竞赛问题上'左'和右的干扰，通过社会主义劳动竞赛……力争全面完成今年的国家计划"。此稿经政治局委员李先念同志审阅同意发表，立即引起江青一伙的狂怒，追问"稿子是怎么来的"，并布置追查。由于周恩来这时代管人民日报，追查不了了之。这种性质的报道，也就陆续发了一批。

紧接着，1972年10月14日《人民日报》登了《无政府主义是假马克思主义骗子的反革命工具》等三篇批判极左的文章。摆开阵势批"左"，这还了得！江青一伙倚仗毛泽东的明确表态，掀起一场政治风波，使周恩来处于非常困难的境地，也使人民日报坚持毛泽东思想的同志再次遭受沉重打击。说清楚这件事的原委，需要较多笔墨，只好留给下一篇文字。

林彪反革命集团覆亡后，江青反革命集团要独吞"文革"的"胜利果实"，对周恩来纠正"文革"错误的努力疯狂反扑。1973年"两报一刊"《新年献词》，提出"把批林整风这个头等大事抓紧抓好"。江青反革命集团却擎起毛泽东所谓应该批极右的旗子，在"批林整风"和其后的"批林批孔"中，名为批判林彪、孔丘，实则影射攻击周恩来。人民日报对此特别卖劲，一年中刊登批判文章570多篇，以致群众反映、人民日报完全变成"四人帮"的"帮报"。

1975年初，周恩来总理病重，邓小平同志在中共十届二中全会上当选为中共中央副主席、中央政治局常委，在毛泽东支持下主持中央日常工作，立即对各条战线大刀阔斧地进行整顿。1975 年 9 月 15 日，他在全国农业学大寨会议上说："毛主席讲过，军队要整顿，地方要整顿。工业要整顿，农业要整顿，商业也要整顿，我们的文化教育也要整顿，科学技术队伍也要整顿。文艺，毛主席叫调整，实际上也就是整顿。"报社一位被"监督工作"的老编辑参加了这次会议，事后悄悄告诉我："真痛快！简直是向那些人公开宣战。"由于整顿顺应党心民心，时间不长，全国形势明显好转，各行各业很快出现新气象。群众对此看得清楚，但人民日报很少反映。附带说一句，江青反革命集团早几年已经形成，"四人帮"一词却迟至 1974 年 7 月毛泽东批评他们时才在内部提出。又批评，又支持，但始终未让他们取得党和国家的最高权力。应该说，这是老人家在晚年对党对人民作的一大贡献。

对各方面工作同时进行整顿，就是系统地纠正"文化大革命"的错误，"四人帮"坚决反对，毛泽东不能容忍，于是错误地发动了所谓"批邓、反击右倾翻案风"运动。这时人民日报"积极"起来，批判文章铺天盖地。也许由于文章太多，那些人也忙中出错，1976 年 7 月 11 日竟然出现了这样的大标题：《某某某反极左就是反革命》。这不等于说，极左就是革命，革命就是极左么？

1976 年 1 月 8 日，周恩来总理病逝，我国革命力量与反革命力量的斗争更加尖锐。在"四人帮"看来，他们夺取最高权力的障碍，一位已经作古，一位正在挨批，从此可以为所欲为了。亿万人民惶惶然，担心"国亡无日"。11 月 14 日，我接到从黑龙江来的一个长途电话，一位四十多岁的男子汉、大庆油田的中层干部，哽咽着说："就这么完了吗？怎么办呀！"我当时还"靠边站"，又是在宿舍的传达室接电话，当然不敢说什么，只能"啊，啊"地应付。他接着急切地问："明天追悼会，是邓小平同志致悼词吗？"我当时哪能知道这种"机密"，只是说："我的心和你一样呀！我想应该这么安排吧！"对方长叹一声，挂上电话。"四人帮"有恃无恐，逆民心而动，在14日周恩来追悼大会前一天，竟未在人民日报前三个版提及悼念、追怀周恩来一字。一版上部通栏标题竟是《大辩论带来大变化》，报道一个大学的教育革命，开头一段说："近来，全国人民都在关心着清华大学教育革命的大辩论。"全国人民揪心的事，他们千方百计转移、冲淡，真是与全国人民为敌。

但是民心不可侮。"文化大革命"已经搞了九年多，各种人物纷纷登场表演，是非、善恶、忠奸、正邪——即使平时不很关心政治的人，此时也看得清清楚楚。百万人民自发汇集到天安门广场，悼念周恩来，支持邓小平，声讨"四人帮"，反对"文化大革命"，就是人民意志的集中表现，为几个月后的决战奠定坚实的群众基础。

在天安门事件中，人民日报起了极为恶劣的作用。"四人帮"派在人民日报的心腹带了几个人，炮制通讯《天安门广场的反革命事件》，制造革命群众的所谓"罪证"。事后查明，其中有的内容纯属捏造，有的则是移花接木，但在当时却成为给事件定性的主要根据。社论《天安门广场事件说明了什么》就是按照这篇通讯的调子演绎出来的。由于作恶心虚，通讯不写作者姓名，而署"本报工农兵通讯员本报记者"，目的是要报纸为这种恶行负责。我在东单人行道上看到有人把登载这些文字的报纸撕成碎片，踩在脚下，一面为自己长期服务的报纸遭到玷污而痛心疾首，一面衷心敬佩这些是非分明、无所畏惧的好汉。在那讲究追查阶级斗争新动向的年代，竟无人拦阻、追究这种大胆犯忌的行为，也显示人心的向背。

由于"四人帮"报告假情况，中央根据"伟大领袖毛主席提议"，作出关于人事安排的错误决定，并对无辜群众进行镇压。大概是要庆贺这次斗争的胜利，一个多月以后，"四人帮"抛出"两报一刊"社论《文化大革命永放光芒》纪念"五·一六通知"发表10周年。社论重复"文化大革命"是"完全必要的、十分及时的"等等老调，然后欢快地说："工农业生产和整个国民经济蒸蒸日上，伟大的祖国繁华似锦，一片兴旺景象"。"回顾'文化大革命'的战斗历程，放眼莺歌燕舞的大好形势，我们充满革命豪情……把无产阶级专政下的继续革命进行到底。"可惜形势已经不同，能接受他们这种说教的人是很少很少了。

毛泽东主席于1976年9月9日病逝，全国人民极为悲痛。"四人帮"遭到沉重的打击，他们再没有新的"语录"可用，再不能假报情况骗取支持了。他们在全国人民中极端孤立，只能靠造谣过日子，在《人民日报》社论《毛主席永远活在我们心中》抛出最后一张王牌："按既定方针办。"这原是毛泽东病重时对个别问题表示的一个意见，"四人帮"把它说成毛主席的"临终嘱咐"。什么是"既定方针"？"四人帮"解释，就是把"文化大革命"进行到底，并且"七八年再来一次"。从1976年9月16日发社论这天起，在《人民日报》"报眼"的语录栏中，在各种体裁文字里，甚至在新闻标题上，塞满"按既定方针办"。9月20日一天的报纸上竟有几十处之多。他们只有这么一根骗自己的稻草了。

陈毅同志在"文革"期间处境困难时说:"善有善报,恶有恶报。不是不报,时候未到。"1976 年 10 月 6 日,时候到了。党中央政治局执行党和人民意志,一举粉碎"四人帮"反革命集团,结束了历时十年的"文化大革命"。人民日报重新回到党和人民怀抱中,满怀革命激情,同兄弟报刊一起,集中宣传这个具有划时代意义的伟大胜利。

在逆境中奋斗

李　庄

　　"文化大革命"开始，人民日报最早被夺权，说明运动主持者对舆论工具极为重视。夺权不会遇到什么抵抗，他们大概很有把握。但在十年运用过程中，并非时时得心应手，大概是始料所不及。事实说明，从总体看，人民日报这个队伍是不错的。

　　十年间，人民日报相当充分地宣传了"文化大革命"的各种错误，给党给人民造成严重损害。但中间有斗争，有起伏，也做了好事。除了周恩来、邓小平同志相继主持中央日常工作这个决定性条件外，人民日报许多职工也在力所能及的范围内发挥了某种积极作用。

　　"文革"开始时，人民日报有职工一千零几十人，编辑业务人员约占三分之一。各级领导骨干抗战期间多在延安和抗日根据地从事新闻工作，从少年、青年时代即接受党的教育，经历过整风审干、"土改、三查"以及游击战争锻炼。新中国成立前后调到报社的一批原在城市工作、读书的地下党员和青年学生，多数经受过地下革命工作的锻炼，其中不少人"文革"开始时已成为业务骨干。这两批人都参加过五十年代和六十年代前期的各种运动，从不同角度接受过审查和考验。1964 年、1965 年两年调进一批研究生、大学生，当时严格择优选拔，政治素质和业务素质都好。作为伟大的中共中央机关报的一个成员，许多同志感到自己的水平不很够格。但是，就主流而论，大家确是热爱共产党，尊崇毛主席，坚持新闻党性原则，遵守党的纪律；在认识和接受"大跃进"正反两方面的经验教训之后，政治水平、思想水平又有提高。

对于这样的队伍，"文化大革命"当然不会轻易放过。夺权不久，造反派负责人就四处寻觅安置"老家伙"的场所，初步选定宋辽交兵古战场金沙滩，主要考虑那个地方苦寒，便于"走资派"的思想改造。幸喜毛泽东主席没有批准这种做法，他不同意人民日报"另起炉灶"，但说要"夺权"。大家明白"夺权"就是换领导，不"另起炉灶"就是保存原建制，包括绝大部分业务工作干部，这对人民日报9年后复鼓关系极大，报社绝大部分职工衷心感谢毛主席的保护。

领导不同意"另起炉灶"，办报又需要人，大部分编辑、记者被留下继续工作，当然各人情况有所不同。有个老编辑悄悄告诉我，他是被监督劳动，从编辑组调到检查组。这个组的任务是核对"语录"、引语，检查事实、语法等错误。当时核对共产主义运动经典作家的"语录"最为重要，他当然没有资格参加，只能核对古文史方面的引文。当时这种文章奇少，他常常无事可干，又得按时上班，于是仔细翻阅《辞海》。这是一位有心人，几年工夫一本《辞海》看了一遍，增长许多知识，他说这是"塞翁失马"。

头两年，非常时期，乱乱哄哄，一切都在飞快变动，大字报铺天盖地，批斗会竞相举行，口号、"万岁"、奔跑，冬天的空气都热烘烘的。原编委会早被"砸烂"了，代之而起的临时编委会（由报社群众组织和"首都造反派驻人民日报监督小组"代表联合组成）、临时工作委员会、党委会、核心组走马灯般上上下下，对报社实施管理。所幸报纸一天没有中断，好人、坏人都不想让它中断，反正"革命第一"，"业务第二"，只要"大方向正确"，报纸是不难办的。

1968年10月，首都工人毛泽东思想宣传队、解放军毛泽东思想宣传队进入报社领导"运动"，那种近似无政府的混乱终于缓和下来。

经"中央文革"特别批准，报社在此之前举行几次"彻底揭开人民日报阶级斗争盖子大会"，把几位为中国革命立下赫赫功勋的老革命家"揪"到报社批斗。在当时说来，这是"上边"对报社群众组织的极大支持。报社外的红卫兵组织参加了这些斗争的发起，这样可以壮大他们的声势。被批斗者见有外国人参加（会议主持者邀请一些左派外国友人参观批斗，可能是人民日报的独创），任你"积极分子"反复追逼，绝不透露党和国家任何机密。在敌人重围之中"横刀立马"，被自己人压得躬身弯腰，连我们这些陪斗者也体会怒发何以冲冠的道理。

我长期认为人民日报的"文革"运动比许多单位"文明"。从"武斗"水平看，可以这么说。批斗会上照例低头、弯腰，但"喷气式"扭得不狠，未出现打人、下跪等体罚；批斗会外私设公堂等恶行不曾有过。但"文斗"水平不低，思想控制严密，言谈动辄得咎，大概是"知识分子成堆"的"社情"决定的。

作为反面教员，"九·一三"事件"功"不可没——使亿万人思想升华。报社各级干部同全党绝大多数干部一样，长期对毛泽东同志高度信仰，遇事惯于"反求诸己"，确信老人家发动这场大运动是由于广大干部有这样那样的毛病，是为了"治病救人"，所以几年来一直向自己的"灵魂"开刀。即使斗得过火一些，也认为是运动中难以避免的现象。对林彪当"接班人"有意见，也由于经过了党代表大会的手续，还是习惯性地接受了。现在猛然发现，林彪原来是这么个人、这么回事！"文革"初期出于对共产党、毛主席的信赖而卷入运动的广大群众，除了极少数极端分子，也感到受了某种愚弄。"文革"期间我在"五七"干校结识了一些青年朋友，有工人，有行政部门工作人员，有编辑记者，许多人对"文革"由狂热而思考而冷静，由盲目支持而被迫接受而消极抵制，对我们这些被批判的干部由对立而理解而同情，变化真快真大。"群众的眼睛是雪亮的"——"文革"前我这样说，也这样写，但理解不深。经过这场大锻炼，我觉得理解深刻多了。亿万群众觉悟大提高，对"文革"后期的巨大影响，我看怎么估计也不为过。

1972 年下半年，人民日报不信邪的同志同江青反革命集团进行了一场激烈交锋，虽然弱不敌强，斗争失败，但是显示了区区报社的革命力量都是压不垮的。"九·一三"以后，周恩来同志受毛泽东同志委托领导人民日报，江青一伙虽然没有放弃实际领导权，在报社为所欲为的行径毕竟有些收敛。周恩来首先整顿人民日报的领导班子，在 1972 年 7 月 14 日明确表示："干部问题还是老中青，老的都靠边站不行。"责成人民日报尽快"组织一个班子看大样，实行集体领导，统管全局"。几经周折组成一个 7 人班子，牵头的仍是江青反革命集团的心腹，但因增加了几个坚持党的正确路线的同志，使得某些同"文革"唱反调的文章有了见报的可能。

从 1971 年底到 1972 年秋，我国政治生活中出现了在"文化大革命"框架内少有的新气象：批极左。这期间相继举行了全国计划会议、公安会议和科学会议，到会同志异口同声地批判极左思潮和无政府主义，认为这是国家的大敌，人民的大敌，"极左不除，国无宁日。"1972年8—9月间，周恩来对包括人民日报的几个单位的人员讲话，批评这些单位没有把极左思潮批透，指出"左的不批透，右的还会来"，"极左思潮不批透，就没有勇气贯彻毛主席的革命路线"。人民日报有关同志根据周恩来讲话的精神，考虑上述重要会议的情况，连续推出多篇正确传播党的方针、政策的评论，推出若干体现"八大"路线的新闻报道，使几年在报上不闻这种声音的读者欣喜、惊异。

但是，任何具有拨乱反正性质的舆论，江青反革命集团都不能容忍。他们时刻窥伺反扑的机会，这年10月终于抓了一个"把柄"。报社负责理论宣传的同志为加重反"左"的分量，根据中央几位领导同志在黑龙江视察时发表的意见，约请黑龙江省委理论组同志撰写《无政府主义是假马克思主义骗子的反革命工具》一文，连同另两篇批判极左的文章，组成一版，在10月14日二版刊出。正像事先预料的那样，果然捅了"马蜂窝"，江青一伙立即假借上海工人的名义挑剔、反扑。

周恩来同志代表的正确意见要批极左，江青一伙反对批极左。在这激烈斗争时刻，报社"看大样班子"的王若水同志给毛泽东主席写了一信，反映周恩来主张批极左，他认为是正确的；张春桥一伙反对批极左，他认为是错误的，孰是孰非，请毛主席给予指示。毛泽东当然维护"文化大革命"，认为当时的任务仍然是反"极右"，把此事交给主张批极左的周恩来处理。

1972年12月14日，周恩来召集会议解决这个问题。人民日报军宣队负责人、王若水和"看大样班子"的另两个成员，以及江青、张春桥、姚文元等人参加。后者气焰万丈，对周恩来展开围攻，那封信不过只是一个引子。在会上，周恩来批评了王若水，实际是保护了王若水和编发那几篇文章的同志，对此，好人、坏人心里都是清楚的。张春桥最后说，人民日报这么干，是有"一股力量，一股邪气"作怪。周恩来则说："人民日报基本上是执行毛主席路线的，跟着毛主席走的，红旗是树着的。"江青定调子说："这个版（指批极左的版）是要在全国转移斗争大方向。""要从这篇文章（批极左的文章）入手，从这个版入手，从理论部入手""把邪气压下去。"此后，江青一伙完全排除了周恩来对人民日报的领导，把这张报纸彻底搞成制造篡党夺权舆论的工具。

从1972年底开始，江青反革命集团在人民日报掀起一场"批邪"运动，批判所谓"修正主义"、"右倾回潮"，一直延续到1974年底。被批判者受到的压力有时超过"文化大革命"初期。"文革"初期所有旧当权派无一幸免，"火力"虽然很猛，"压力"比较分散。"批邪"运动不同，过去的一些被批判者变成了批判者。这种人数目不多，但能量很大，有的在后台出谋划策，有的在前台操纵指挥，有的台上台下进行"理论"指导，起了特别恶劣的作用。

人民日报确实有一股"力量"，一股反对江青反革命集团的力量；有一股"邪气"，一股跟着江青反革命集团跑到底的邪气。如果"文革"初期常常能从头发黑白看出谁是批判者或被批判者，这时情况就不同了。许多青年人看不惯这场闹剧，变成沉默抗议的"逍遥派"，甚至被推到挨批的行列。极少数年纪不小的原当权派变成运动的"积极分子"，跳进跳出，窜来窜去，使形势更加复杂。

"力量"、"邪气"似乎是无形的，有形的组织更便于坐罪，于是又制造一个"长短录俱乐部"。一张大字报揭露，这个俱乐部设在报社一个宿舍中，干了许多坏事，"说资本主义之长，道社会主义之短"，怀恋反革命修正主义路线，例如骂江青，放（洪湖赤卫队）唱片等等。除了总部，有的宿舍还被认为设有分部。有些人在马路上边走边谈，让人看到，就被指为"马路分部"。小会"挤"，中会"斗"，大会"批"，被定为"力量"、"邪气"、"俱乐部"成员的不必说了，同他们稍有接触的也人人自危，全报社再次陷于恐怖中。

　　一些新涌现出来的"积极分子"的表演，令人叫绝。在一次批斗会上，一位比我年纪稍大的同志坐在我面前，慢言慢语，不躁不火，张口闭口"同志"，不时叙旧忆昔，反复劝我"不忙检讨，先把事情交代清楚"；接着掏出一张纸片，历述应该交代的问题，不外何时何处同何人策划"丑事"，如何恶毒攻击"江青同志"之类。因为我俩人互相知道对方底细，我一直瞪眼看着对方，对方反而不敢对视。演这种闹剧，双方都是不容易的。

　　这次斗争尽管时间很长，声势很大，但是没有也不可能给任何人作出组织结论。因为强加的罪名或属虚构，或不在理。对江青反革命集团的议论是有的，说"文化大革命"之短，道毛主席革命路线之长也是有的。但这种现象遍及当时社会许多角落，人民日报社不过由于思想控制极严，这些人被"抓"出来罢了，但定罪已经不大容易。

　　经过这次斗争，"四人帮"收获还是有的，对报社控制得更紧了。"看大样班子"彻底解体；在报社"五七"干校锻炼的一些人继续"留级"，有些原来搞业务工作的同志被送到工厂、公社劳动改造，更多的人被调动工作。这样分散处理以后，许多人终于发现，这比安个组织罪名成批处理显得"文明"，实际可怕可恶得多。

"四人帮"认为人民日报的反抗力量已大体肃清，1974年底，姚文元宣布："人民日报建班子时机已经成熟"，于是建立了党的核心小组和宣传小组。从成员看，两个小组"结合"了一些原报社领导干部，但实权操在"四人帮"的心腹为首的少数人手中。

1975年初，邓小平同志在毛泽东主席支持下主持中央的日常工作，大刀阔斧地整顿"文革"搞乱的各项工作，我国社会生活和经济建设迅速好转。但全国人民极为关心的整顿的方针和整顿的效果，人民日报上几乎没有什么反映。因为肯定整顿就是否定"文革"，"四人帮"对此极为敏感，对任何体裁的文字都严加控制。为时不到一年，开始了错误的"批邓、反击右倾翻案风"，人民日报空前卖气力，这方面的通讯、新闻、评论……长期占据极少量国际新闻和外事新闻以外的全部版面。要闻版、政治版不必说了，历来很少受其他宣传任务影响的经济版，这时也改成"批邓专版"，从1976年2月下旬开始的7个多月内，先后抛出52个版、242篇批判文章，内容基本相同，标题都差不多，颠倒黑白，谎言惑众而已。主持此事的竟是两个从事报纸工作时间不算短的干部，更使那些坚持正确立场因而挨批、"靠边"的老同志痛心疾首。

报社有不少不带"长"字的中老年编辑记者，有的级别相当高，在报社也被称为群众。"四人帮"对他们又不放心又要利用，这些同志一般采取不合作方式进行抵制。一位当时已有30多年党龄的老记者的心境有代表性。他在一篇文章中说："'四人帮'在人民日报的爪牙，想把《人民日报》记者部变成情报部，在'批邓'中派记者到各地搞情报，摸省委的动向。他们让我带一个组到兰州去。我从种种迹象判断，认定这是一个阴谋，坚决抵制不参加。"另一位中年同志被通知担任"中央文革特派员"，到外地搞谁都知道是干什么事情的"视察"工作。这在当时在某些人看来是一种"殊荣"，但这位同志"不识相"，很有礼貌地谢绝了，他从此被打入"另册"。

1976 年以天安门事件为中心的群众革命运动，悼念周恩来，拥护邓小平，声讨"四人帮"，反对"文化大革命"，显示了亿万人民的伟大力量。人民日报作为"四人帮"的舆论工具，坚决站在人民的对立面，造谣、诬构，被群众谥为"一小撮法西斯野心家阴谋家的传声筒"。报社革命职工对当时的领导万分痛恨，但不可能进行直接的反抗，因为他们背后站着"四人帮"，"四人帮"打着毛泽东的旗号。有些同志转而采取曲折的方法表达群众的抗议。报社情况组同志 1 月 14 日编发内部刊物《情况汇编》一期特刊，为减少阻力，作了《一些人对（1 月）14 日人民日报报道及版面的攻击》这样的标题，反映当天接到许多电话，对 14 日报纸提出强烈抗议，认为"完全违背人民心意，无耻之尤"。"四人帮"文痞姚文元对这样一份内部情况也不放过，把群众对报纸的正确批评和合理要求通通删掉，留下声讨报纸的字句，并改标题为《一个值得注意的动向》，把一份反映群众意见的情况，改成诬蔑群众企图"闹事"的材料。

人民日报新闻研究所办的内部刊物《报纸动态》组织一期悼念周恩来特刊，又刺痛了"四人帮"的神经。其中一篇文章记述新中国成立后周恩来关怀、支持、培育人民日报的史实；从提示宣传方针，核选评论题目到审阅稿件、安排版面，凡是报社请示的，必有及时的指示；报社没有想到的，也常常告诫和提醒。据 1950 年 3 月到 1974 年 5 月的不完全统计，周恩来审阅、批发社论和评论达 700 多篇、重要版样 28 个。这是一份对干部进行政治思想教育和革命传统教育的好材料，也是报社革命同志对"四人帮"迫害、诬蔑周恩来的抗议书。"四人帮"认定搞这种材料是"想翻案"，当事人是"反革命"，强令检查，追究责任。但此时"四人帮"已日薄西山，色厉内荏，只能发发这种廉价威风，再不能掀起新的风浪了。

20 世纪 70 年代：

贞下起元诵春天

　　1976年，"文革"进入第十个年头，父亲仍在经受着他参加革命以来鲜有的痛苦感受。他晚年时曾在回忆录中提到，抗日战争相持阶段在太行山根据地的工作、生活，是"一生中经历的最艰险、困难的岁月"，那么"文革"这十年，应该就是思想上精神上最艰难的日子了。

　　父亲的一生，为人正直、厚道、持重。对组织，忠心耿耿，矢志不渝；对同志对战友，诚心实意，友善相待。战争年代，他一直在根据地，没有经历白区工作的压抑或被捕入狱的磨难；和平时期，新中国成立之初的几次政治运动，他也没有被错误批判。加入革命队伍以来，他心情最压抑的时期，无疑是在十年浩劫。

　　20世纪70年代的前半段，我在经历了延安种地、内蒙古放羊之后，于1970年底穿上军装，在中国人民解放军铁道兵学院当兵。1971年林彪出逃和1976年周恩来总理逝世，是我的五年多军人生涯中印象最深的重大政治事件。1976年1月8日，周恩来总理与世长辞。部队领导希望掌握尽可能多的信息，派我出差北京了解一些"政治动向"，我得以在北京度过了终生难忘的一周。那些日子里，大家痛悼人民的好总理，并且都在为党和国家的前途命运忧心忡忡。

1月15日，十里长街送总理。告别父母回部队的前夜，父亲、母亲和我，关起屋门，盘膝床上，披着被子，彻夜长谈。从我的跌宕起伏的青年时代——正是党和国家多事之秋的十年，说到他们的波澜壮阔的青年时代——正是中华民族生死存亡的十年，说到他们留下青春年华的革命根据地太行山……漫漫长夜里，我们内心深处的感觉是，最寒冷、黑暗的一页即将翻过去，春天不远了。

舐犊情深

——李庄在"文革"艰难岁月给女儿的几封信

20 世纪 70 年代初，我在中国人民解放军铁道兵学院当兵时，父母或同时在北京，或其中一人去干校；当时我姐姐在山西插队后、参加了工作，哥哥在二炮云南某基地当兵。在这样全家四分五裂的情况下，早已被停止人民日报副总编辑职务的父亲，停发工资、只按月发一点生活费，故我称之为"'文革'艰难岁月"；而身处逆境的父亲，仍时时关心着正在成长中的子女。

由于"破四旧"，各单位图书馆的大量图书被视为宣传"封资修"而全部封闭，连字典、词典、辞书这类工具书也很难找到。我在政治部宣传处资料员的岗位上做资料工作的过程中，先后多次写信给父亲讨教背景知识资料，父亲耐心地就哲学、历史、党史军史等内容多方查找资料，给我写回一封又一封的信件。

　　　　　　　＊　　　　　　　＊　　　　　　　＊

东东：

　　你信里抄录的主席评论辩证法三规律的话，经我查对，是主席1964 年 8 月 18 日在北戴河讲的。咱们家里的本子，把这个讲话题为《关于哲学问题的讲话》，近两万字，极重要的。主席对马列主义有许多重要发展，在政治经济学、哲学、社会科学等方面，都有重要发展。关于辩证法的这个评论，则是在哲学方面的重要发展之一。古人说，"学然后知不足。"我则说，"越学习越认识主席的伟大。"

　　恩格斯在《自然辩证法》一书的"辩证法"一节中说，"辩证法……归结为下面三个规律：量转化为质和质转化为量的规律；对立的互相渗透的规律；否定的否定的规律。"记得抗战前不久我才开始接触科学社会主义时，先读的是艾思奇同志的《大众哲学》，就讲这三个规律。历史相因，直到艾主编的《辩证唯物主义历史唯物主义》一书中(1961年人民出版社版)，还讲这三个规律。主席在上面这段话中，把这个问题彻底解决了。不必说，斯大林在《联共（布）党史简明教程》第四章中对辩证法四个要点的论述，也应用主席的观点加以提高。（"教程"想你处会有的，不抄这四个要点了）

　　　　　　　＊　　　　　　　＊　　　　　　　＊

东东：

　　你问的两个问题，一个现在可以简复，一个还要好好查一查。

　　中原军区，前身是新四军的五师，抗战期间在大别山区坚持游击战争。领导人是李先念同志。王震同志在抗日战争后期，曾率部从陕甘宁边区向江南进军。因沿途敌人力量过于强大，未到江南，转与五师会合。日寇投降后，五师迅速发展，直到京汉路西的桐柏山一带。在《毛泽东选集》的《第十八集团军总司令给蒋介石的两个电报》一文的"注释"（二）中，谈到当时有十九个解放区，最后一个"河南"解放区，即指此。"注释"（四）中，要鄂豫两省的日军，"至新四军第五师大别山地区，接受李先念将军的命令"，亦指此。五师处在国民党部队重重包围中，敌我力量过于悬殊，在《关于重庆谈判》一文的"注释"（一）中，我们提出可把八个地区的抗日部队撤至陇海路北，其中包括河南解放区。在《国民党进攻的真相》一文中，"注释"（三）提到豫鄂解放区的人民军队"因国民党继续追逼，又转移至平汉路东之宣化店地区"。据我所知，当时本来要去苏北，同那里的新四军主力会合的，但因停战令下，乃在以宣化店为中心的一两个县停扎下来。当时董老作为我党同国民党谈判的代表，曾到宣化店慰问。豫鄂解放区，也即前河南解放区，以后称为中原解放区的。在《以自卫战争粉碎蒋介石的进攻》一文中，"题解"中说，"中原解放区，在那里作战的是由李先念、郑位三等同志领导的人民解放军"。李先念同志是司令员，负总责。郑位三是政委。领导人中还有王震同志和陈少敏等。在《三个月总结》一文中，正文"八"和"注释"（三），谈到中原解放军胜利突围，王震同志率一部回了陕甘宁，一部到鄂西、陕南建立游击根据地，还有一部转移到太行山，我们就欢迎过。现在报社还有少数同志，是当时分散、化装到达太行山的（这都是后方机关的"文装"同志）。我想，说到这里，关于这个问题简要的轮廓算是清楚了吧！

"鲁"这个怪字，不仅《康熙字典》、《中华大字典》等中没有，《说文》、《辞纂》等中也没有，连日本编的《大汉和辞典》中也没有。你别小看这部辞典，共有像新的两大本《辞海》那么大的十四大本，你说多吓人！但我总可以找到此字的，再想想办法。

陈毅同志诗四首

（一）

二十年来是与非，一身系得几安危。

浩歌归去天连海，鸦噪夕阳任鼓吹。

（二）

断头今日意若何？创业艰难百战多。

此去泉台集旧部，旌旗十万斩阎罗。

（三）

南国风云二十年，此头须向国门悬。

后死诸君多努力，捷报飞来当纸钱。

（四）

廿年革命既为家，血雨腥风夜有涯。

取义成仁寻常事，人间种遍自由花。

这四首诗，听说都是新中国成立前写的，确否待证。气魄很大，我个人尤喜二、三两首。

如果确是新中国成立前所写，当是革命困难年代。慷慨悲歌，气势磅礴，读了，增长无穷的精神力量。

古典诗词，字少意精，非了解背景，往往不易解得准确。在这里先说说个人的看法，有机会当设法请教高明，再告诉你。

第一首，可能是在陈总遵照主席英明指示，1940 年从皖南北撤途中。项英不执行主席指示，犯了路线错误，招致新四军军部覆没的损失，此即历史上的皖南（茂林）事变，四卷宝书中的第二卷就有的。"浩歌归去天连海"——我要走了，前程远大。"鸦噪夕阳任鼓吹"——敌人，你瞎瞎嚷嚷吧！

　　第二首，可能在游击战争艰难岁月，形势较严重，但陈总充满乐观主义精神，坚持战斗。泉台——坟墓，这里指阴司。到了阴司，还要召集旧部，继续战斗，把阎王爷宰（斩）了。

　　第三首，"此头须向国门悬"——我看用的是伍子胥悬头之典。后两句，超越陆放翁"王师北定中原日，家祭无忘告乃翁"句，堪称千古绝唱。

　　第四首，也是形势困难时候。但"血雨腥风夜有涯"，"涯"——边，尽头。就是说，黑夜漫漫待天旦。

　　先简单说说，你看如何？

＊　　　　　＊　　　　　＊

　　下面这封信虽然说的是一些家常事，但对我们这个家庭至关重要——1972年，中央恢复了部分干部的保健工作，我父亲在内，这是政治上的"解放"的前奏。他在信中写道：

　　"四月二十二日，我去全面检查身体（顺便说一句，陈正人、曾山同志逝世后，中央为一些干部恢复了保健制度，报社是吴、胡、王、安、陈和我），医生没有查出病，并说两月以后复查。我在六月二十二日准时前往，情况还是同样的好；勿念。"

　　"告诉你一个迟到的消息：上上星期六，即六月十日，我在报社作思想检查，整整说了一小时。还是1970年8月，检查时那个稿子，自信是实事求是的。各部处讨论，一般是几分钟结束，没意见，因1970年大家就通过了。十四日，正式通知我，恢复组织生活。速度之快（从检查到通知），多少有些出乎我的意料之外。……"

　　"对一个共产党员来说，恢复组织生活，当然是一件大事。要珍视之，更要正确对待之。没有恢复的时候，自己清楚，同志们也清楚，并没有什么灰溜溜的感觉；恢复之后，由于早在意中，也没有什么值得轻松（或松懈、矜持）之处。共产党员是干共产主义的，兢兢业业，谦虚谨慎，坚毅顽强，百折不回，在任何情况下，原是都该如此的。"

"由于我的事情暂时没有解决，对你们几人，理所当然地要有一些影响。当时，可以和应该一分为二地看问题，说，这也有好处，给你们一个更严格要求自己、更刻苦锻炼的机会！但主要的，还是

抗日烽火奔飞行
激情燃烧迎解放
留影父母
相濡以沫傻晚耕
滋忧参半砺风雨
红笔蓝笔两从容
不变的初心
开来继往同

一些不利的影响。现在这个因素消除了，总是一件好事。你应该正确对待这件事情，就是说，进一步加深对毛主席革命路线的阶级感情，更自觉地利用在毛泽东思想大学校中受教育的机会，刻苦地练思想、练本领、练身体，向革命事业接班人这个崇高目标前进。"

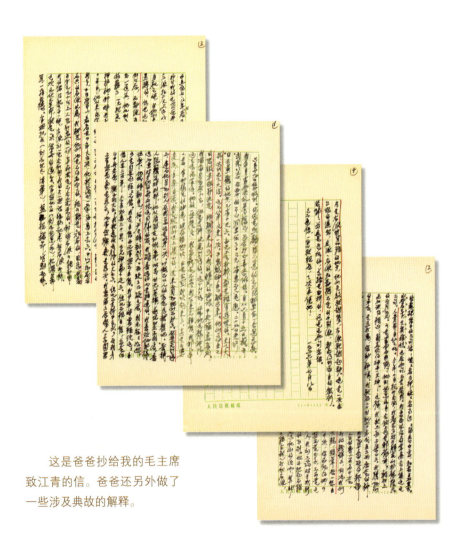

这是爸爸抄给我的毛主席
致江青的信。爸爸还另外做了
一些涉及典故的解释。

"解放"了

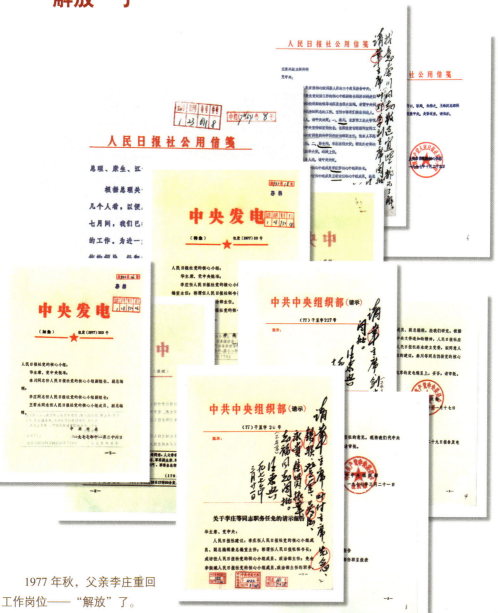

1977年秋，父亲李庄重回
工作岗位——"解放"了。

大寨相遇

1975 年 10 月，全国农业学大寨会议在山西昔阳召开。妈妈在报社已恢复采编工作，到会议上和大寨大队采访，我随铁道兵学院政治部宣传处领导出差昔阳，与妈妈在昔阳县革命委员会第二招待所相遇。

在大庆的日子

　　我们（指余焕椿同志与我父亲）相处最长的一段日子，大约一周，地点在大庆。前几天翻书，书中夹着一张黑白照片，正是我们在大庆铁人事迹陈列馆前的留影……那是 1975 年冬，我们都在记者部，老李是"走资派"，我是"保皇派"，都是被派到"阶级斗争第一线"经受考验的。那时，许多迹象表明，"四人帮"垮台已经不远。我们既无心工作，更不愿意接受什么考验，只盼早日返京。……我和老李起得早，每天早晨洗漱便是我们交流信息时间。人生地不熟，有何信息可言？所谓信息，不过就是听新闻广播，分析时局动向。一连几日，一无所获，都感到非常失望。

　　（引自余焕椿：《李庄的境界》）

321

20世纪70年代：贞下起元诵春天

　　1975 年冬，爸爸部分地恢复了工作，赴大庆采访。在"铁人王进喜同志英雄事迹陈列馆"前，人民日报记者与大庆工人师傅合影留念。在"王进喜同志带领 1205 队打的第一口油井"前留影。

岁月痕

——留影父母李庄赵培蓝

送别毛主席

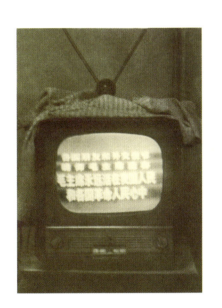

这台电视机是当年苏联的著名品牌"红宝石"，从 1958 年到 1978 年，在我们家将近 20 年，可是没有留下过什么照片。在 1976 年 9 月悼念毛主席时，留下了这张影像："毛主席永远活在我国人民和各国革命人民心中"。

1976 年 9 月 18 日毛泽东主席追悼大会后，第二天，我和爸爸一起去了天安门广场，互相拍照留念。

抗日烽火奔太行
激情燃烧迎解放
留影父母
相濡以沫借晚耕
笑忆峥嵘御风霜
红笔蓝笔两从容
不变的初心
开来继往同

广西采访

70 年代末，妈妈和报社工商部的同志一起去广西采访。

20 世纪 70 年代的夜班

　　20 世纪 70 年代后期的报社夜班。左一张国荣，左二副总编辑李庄，左四检查组武迎山，左六总编室主任陆超祺，左七夜班编辑韩国华，左八检查组刘淑彦。左三、左五是当时借调的同志。

接待罗马尼亚党报同志

　　1978年，时任广东省委书记习仲勋在广州会见罗马尼亚《火花报》总编辑康斯坦丁·米特亚，人民日报副总编辑秦川、李庄陪同会见。

岁月痕——留影父母李庄赵培蓝

　　李庄陪同罗马尼亚《火花报》总编辑康斯坦丁·米特亚在京参观考察。

红笔蓝笔两从容

相濡以沫偕晚耕
浮沉参半砺风霜

不变的初心

旧日烽火奔太行

留影父母

激情燃烧迎解放

开来继往同圆

重访朝鲜

1979年，距当年战地采访近30年后，李庄再次踏上朝鲜的土地。图为人民日报代表团与朝鲜同志在万景台金日成塑像前合影留念。

1979年，李庄率人民日报代表团访问朝鲜，在平壤外国语学院与朝鲜教师、学生合影留念。大标语上的内容是"让我们做伟大的金日成元首的忠诚革命战士"。

摄于朝鲜停战协定签订处板门店。

日烽火奔太行
激情燃烧迎解放
留影父母
相濡以沫偕晚耕
落忧参半砺风霜
红笔蓝笔两从容
不变的初心
开来继往同圆梦

第一次去延安

　　1979 年，爸爸在延安。

　　爸爸在抗日战争和解放战争时期，一直在太行根据地工作，后从河北坪山出发，进京"赶考"。新中国成立后，一直忙于工作，没有机会去他向往的延安公出采访。70 年代末，他恢复工作不久，即与人民日报几位老同志一道去了延安，并分别在枣园和杨家岭"毛泽东同志办公住址"，即中央大礼堂留影。

"文革"中的团聚

1972 年，我在出差回京时，与爸爸在东单公园。

1973 年秋，在
云南当兵的哥哥与
我相约同时回家探
亲，父母兄妹在十
年浩劫艰难岁月相
聚北京。照片摄于
中山公园。

1977年，老李家的合影。

妈妈摄于1974年的证件照，表情严肃。

大约在1974年，兄嫂与姐姐一同从山西回家看爸爸妈妈。

左图标注着"1976，北京照相"，从衣着上看大约摄于当年夏天，我从部队回到北京不久，姐姐某次从山西出差回家。那时，"文革"已搞了十年，人人都感到已将近尾声或已近末路，脸上的表情已不似"文革"中那么凝重。后来，唐山大地震；再后来，"四人帮"倒台。

不能忘却的教育

李　庄

　　我参加过抗日战争、解放战争期间和新中国建立后 17 年的历次"运动"。由于各个时期报社的领导人、党组织和同志们按照实事求是原则办事，都是平安过来。有两次曾洗"热水澡"，但当时未伤肌肤，事后有益身心，我是很幸运的，幸运地积累了一些经验。

　　"文化大革命"不同以往。声势大得吓人：一反后期处理的惯例，先打倒几位受全党尊敬的领导同志，一反依靠党委的传统，从下而上地发动群众；突然打倒主持中央日常工作的刘少奇同志——当时听到王府井大街上宣传车呼喊这个口号，我同报社另一位副总编辑悄悄议论："看起来主要问题不在我们这一层。都打倒，最后都打不倒。不过在劫难逃，听候审查好了。"从此耐心等待审查，绝不插手、乱动。我在十年内乱中坚持的这个自律方针，事后看是对的。

　　"运动"初期，我很相信"无产阶级专政下继续革命"的理论，主要因为这是毛泽东主席提出的"文化大革命"的指导思想。从参加革命到新中国建立后八九年，我一直把毛主席看成神化的领袖。道德、文章、理论、实践，都为广大干部、群众应该学习而不能及。"大跃进"使我这种看法发生一些变化，神化领袖变成伟大领袖。

在此之前，我爱用"算无遗策"四字表示对毛主席的景仰。解放战争后期，蒋（介石）傅（作义）军乘虚偷袭平山，许多人在"空城"中相当紧张，毛主席安坐不动，几篇新闻、评论把敌军吓跑了，从此我就常说这句话。经过给人民造成巨大灾难的"大跃进"，我发现"算无遗策"只是文学的夸张，实际无人能够做到，但伟大领袖的形象还是在我心中牢牢树着。

其实我并不懂得"无阶级专政下继续革命"的特定含义，误认为就是在新形势下努力推行毛主席说的"阶级斗争、生产斗争、科学实验三大革命运动"，同时清除日渐显露的各种社会积弊。这当然十分天真、幼稚。两三年后在干校同一些同龄人谈心，发现"文革"初期持这种看法的干部不是少数。理论功底浅，政治水平低，实在容易上当受骗。

我按照这个思路写检查，一遍又一遍，检查我对上述三大革命运动理解不深，宣传不力，检查思想偏"右"，斗争性差，常"和稀泥"；检查重业务轻政治，喜欢同稿子打交道而不愿意同人打交道，等等。当时有个怪论："按照政治立场划分阶级"。我知道它违反马克思主义基本理论，但因这种说法来自"上边"，我设想可能又是对马列主义的发展，而且能够帮助我解决为什么对"随处存在"的"阶级斗争"视而不见的困难，于是把它接受下来用于自己的检查。事后看，检查过头的地方不少，但未蓄意拔高，是诚心诚意冥思苦想来的。可能由于主事者欣赏甚至鼓励，我们单位曾经出现一种极为有害的倾向，谁检查时"上纲"高，谁就触"灵魂"，就得到"谅解"。当时最"上纲"的错误是"反对伟大领袖毛主席"，说到这一步就"彻底"了。我没有检查反党、反社会主义、反毛主席的"罪行"，就是说，不承认是"三反分子"，当然被认为是不深刻的。但我问心无愧，检查有过头处，无隐瞒处，本来没有"三反"思想和行为，硬要检查说有，至少是对党、对革命不忠实。当然，我没有也不敢交代"大跃进"前后内心深处发生的一些变化，这也经过慎重考虑甚至思想斗争，我自我安慰地想：把神化领袖返正为伟大领袖，不仅谈不到"反对"，而且是一种实事求是的进步。

我历来处事比较谨慎，在"运动"中却发生过一次不计后果的冲动。在干校一次小组会上，一位比我年纪略大的同志作检查，说他犯了不少严重错误，包括自觉地反对毛主席。我一下子头皮胀了。反对毛主席而至于自觉，这还了得？我俩相识很早，共事多年，我了解他的为人，在"文革"后期事实证明了他的投机，但我确信他还无反对毛主席的思想基础。"自觉"地反对毛主席，是最严重的错误，能够"自觉"地交代出来，又是值得称道的"彻底"。但我认为他在哗众取宠，败坏党的形象，于是冲口而出："你要是自觉地反对毛主席，必须如实交代，深刻检讨。如果不是自觉地，甚至并未反对毛主席，这样信口乱说也是犯罪。这个说反对毛主席，那个说反对毛主席，将来我们的后辈看看他们先人的档案，这么多人反对毛主席，我们的革命是怎么胜利的？毛主席为什么这么招人反对？"由于十分激动，加上口吃，磕磕巴巴说完，竟难过得掉下泪来，几位"同学"也擦眼睛。说完我才发现犯了大忌。幸喜在场的"同学"多年共事，相互了解，许多人对这些看法也有共鸣；组长是一位淳朴的工农干部，对党忠诚，待人宽厚，都未追究。好险！

由此我认识到，检讨已经没有什么实际作用，个人的结果如何，一看政策，二看"火候"，耐心接受审查、考验就是了。

3年前，我写过一篇文章，说"'十年内乱'中，吃苦最多的是参加革命较早的老干部。从某种意义说，受益最大的也是老干部"。后者主要指这次大考验给一代人带来思想大解放和觉悟大提高。至于我个人，更是思想有收获，身体也有收获，说得上身心两益。举一件小事：我长期上夜班——常常是那种从下午拖到翌日清晨的被我们戏称为"穷凶恶极"的夜班，对健康、读书都有影响。"文革"帮我免除了，是一大幸事。顺便说一句：从80年代后期开始，我国新闻界那种"马拉松"式的夜班大大减少，报纸出版时间普遍提前，读者欢迎，编者受益，算得一个进步。

我在没有吃皮肉之苦，没有戴任何"帽子"的情况下劳动近七年——在搬运组运新闻纸，在图书馆搞清洁卫生，在"五七"干校种地。总的说，在每个岗位上都有收获。搬运组劳动最重，要运的新闻纸每卷半吨左右，松香（制油墨）每箱50公斤。派我到这里，看来不是因为错误特重，而是因为身体较好。另外几位劳动改造的同志，没有多高的行政职务，比我年龄小，更是体壮如牛。我知道"劲儿越使越大，身体越练越好"，拿定主意请工人同志看看，我们这些人能编稿也能劳动。一年多下来，我的劳动能力大体赶上了搬运组体力最差工人的水平。干活竭尽全力，生活打成一片，"老苏"、"老马"、"老李"……我俨然成为搬运组一分子，可以听到知心话了。搬运组一位老师傅，膀阔腰圆，膂力过人，一人顶俩人干活，解放前当清洁工，解放后到报馆工作，曾为结婚到人事部门申请一点补助。接待他的一位干部说："你要申请补助？搬运工人还结婚？"困难没能解决，又被恶语戳伤，这位彪形大汉含泪而退。"老

20世纪70年代：贞下起元诵春天

李，你说说，我们搬运工人就不是人？"我一时语塞，想不出用什么话安慰他。干群关系，人民掌握了政权，你怎么退步了呀！当时我想，官僚主义积弊如此，冲一冲是大有好处的。

在图书馆受的教育更加丰富。先是打扫清洁卫生，阅览室、厕所等处，凡是归我打扫的，不说一尘不染，敢说窗明几净。当时去图书馆看书借书的人很少，都忙于革命，顾不上读书。清净的环境给我提供了业余时间读书的好机会。几个月后，美差又来了，要我兼发"红卫兵小报"。这时"派仗"正酣，成百上千的群众组织办了成百上千种报纸，统称"红卫兵小报"，宣传本组织忠于毛主席革命路线，指责对立面反对毛主席革命路线。报名洋洋大观，争奇斗艳。用得最多的自然是"东方红"、"井冈山"、"卫东"、"反修"等，也有叫"闯到底"、"撑破天"的；有个名叫"雄关漫道"的战斗团办了一份小报《雄关漫道》，截取实际是误解毛主席半句词作，使人啼笑皆非。这么多小报涌到报社，目的有二，一是希望人民日报转载，二是希望报社转送中央领导和"中央文革"。给我的任务是分拣包捆，工作量不小，责任也不轻，必须准确无误地按序准时分发。当时事事追查"蓄意破坏"，漏发或未及时停发都有可能被看成政治事故。

由于正受审查，我不能看任何文件，不能听任何传达，苦于消息闭塞。新任务救了我。许多群众组织都有"文革"的人支持，消息十分灵通，往往今天漏夜开会作的决定，明天早晨小报就登出来，那效率真值得学习。当然都拣对自己有利的刊登，如能把各方面的小报合到一起，仔细分析，去伪存真，还能看出相当全面的动向。开始只让我分拣、包捆，不得看文字内容。我说这可不行，如果把有反动内容的误送上去，谁负责任？请另外派人！听听这话在理，允许我看看标题，不看文字。我说这不行，如果"题文不符"怎么办？听听又在理，改为可以浏览内容，不能费工夫细看。这就够了。在这以前，我是依靠孩子们在街上买的小报充饥，无论如何没有这时候看及全。

小报最引人的内容是领导人接见群众组织讲话记录和一些重要会议记录。内容准确与否，无人能够证实。但"文革"中冒起的"旗手"、"顾问"等，在炙手可热的时候讲众所关心的问题，人们还是但信其有，从中寻找最新"气候"和"精神"。我以戴罪之身，寻觅更加仔细，结果相当丰硕。"无产阶级专政下继续革命"逐渐被看穿了，那样以势压人，那样厚颜无耻，那样食言自肥，那样罗织人罪……实在闻所未闻，我确信这伙人不是共产党。

图书馆"开架"书籍不多，除马、恩、列、斯、毛等导师的经典著作外，只有少数如《鲁迅全集》等"站得住"的书籍；看书的人也少。我搞卫生、分小报之后，有不少业余时间。当时毛泽东新指示甚多，革命群众要及时开会学习、表态、拥护。我没有资格参加这样的会，只能在静处读书、思过。除革命经典著作之外，还能到"参考阅览室"看其他人不能看的书。读呀读，时间一年多，却读了"文革"前几年读不了的书。我很怀念这段时间，衷心感谢图书馆给我如此照顾的同志。

1968年9月8日，人民日报在北京房山县办起一所干校，在全国算是早的，这也是得风气之先。毛泽东主席赞成这种教育、改造干部的方式，在10月10日就此事作了批示："人民日报三分之一的人下去劳动，三分之一的人下去作调查研究，三分之一的人工作，这个办法是比较好的，要坚持下去。"在此之前，10月5日《人民日报》头版刊登《柳河"五七"干校为机关革命化提供了新的经验》一文，并发表"编者按"传达毛主席的新指示："广大干部下放劳动，这对干部是一种重新学习的极好机会，除老弱病残者外都应这样做。在职干部也应分批下放劳动。"五七"干校从此迅速在全国普及开来。

报社的"五七"干校曾经两迁。先在北京房山，一迁到河南叶县，二迁回北京昌平。三处盖房子，其花费令人心疼。我有幸在三处学习，曾被誉为"研究生"，收获比普通学员多。房山是第一期，气氛还比较紧张，少数干部住"牛棚"；有些干部分在班里，行动相对自由，"监督劳动"性质；被认为没有什么大问题的干部待遇同于革命群众。住"牛棚"的同志劳动重一些，但无体罚，比许多机关的干校强多了。

但总的说来，房山干校劳动不算轻。我们班的一个同志悄悄告诉我，他不怕劳动，就怕"早请示晚汇报"。"早请示"比较好办，站在毛主席像前，读几条语录，表示当好毛主席"五七战士"的决心就行了。"晚汇报"比较复杂，内容包括白天遇到了什么事情，产生了什么性质的"一闪念"，要用相应的语录加以剖析，引出今后的态度和做法。我比较好办，有现成的思想检查，常用的语录也比较熟悉，找件事情对口分析一下，再表示个态度就行了。那位不怕劳动的同志可能对语录不很熟，过去同文字打交道也比较少（汇报不仅说说，还要写成文字），时值隆冬，满头大汗，好半天憋不出来，我常悄悄助他一语之力。谁都看得出这种事情难以持久，搞了一段时间也就停止了。

报社干校于 1969 年初迁到叶县。此地开发近三千年，历史似乎长期停滞，我们驻村刘店生产大队的贫困程度，超过抗日战争时期我到过的太行山许多贫困角落。干校的伙食比北京一般机关食堂为低，我们开饭时仍然引起村童围观，令人心里不是滋味。盖房子，开稻田，劳动仍然不轻。但气氛较前宽松，人际关系更加缓和。"牛棚"已经取消，"当权派"都归到班里。批斗会不再举行。大家都过星期天。业余时间不比机关少，读书、下棋听便。星期天可到城里购物、打"牙祭"。一位同志畅饮以后，还带回一瓶备用，不料被人把瓶子打破，满室酒香，竟未受到责备。凡此种种，都为其他机关干校同志所艳羡。

干校的集体生活促进人们的了解，加深人们的感情。告别类似集体生活已 20 年，仿佛又回到难忘的战争年代。人民日报算得一个老班子，有集体生活经历的人员不少，过去的一些传统一直保留下来。记得 50 年代中期，报社调来一位地委宣传部长当编辑，开饭了，这位同志坐在食堂里，不见有人端饭来，很奇怪，问别的同志是怎么回事？被问的同志也很奇怪，说，那个排队的是副总编辑，那个是秘书长，都是自己买饭，这里没有端饭的习惯。"文革"开始，陈伯达到人民日报夺了权，派来一位代理总编辑。这位同志原在一家报社当领导，那里习惯称职务，到人民日报感到实在别扭。人家叫"×× 同志"、"老 ×"，他不习惯；想让别人叫"×代总编辑"，多数人又感到拗口。好在这位同志不久离去，困难也自行消失。这都是小事，见仁见智，无大关系。当然，要问我的看法，我还是欣赏用了半个世纪的称呼："×× 同志"，"老张"、"老李"。

报社原"当权派"都在干校学习。经过前两年的深入批判，经过干校集体生活的密切交往和广泛接触，经过专案组许多同志认真负责、艰苦细致的工作，每个人的情况进一步搞清楚了，没有发现叛徒、特务等恶人。不少"当权派"自己也检讨理论水平、知识水平同现职不相称，对重大政治问题不够敏锐，开拓精神不强，缺乏一套适应新情况的政治思想工作经验等等缺点和弱点，严重地影响中央党报的工作质量。但是，这些人受党教育多年，忠心耿耿，遵守纪律，并不讳疾忌医，愿意改正错误缺点。这批人在"运动"初期大批判时，有为了维护党的机密而吃苦头的，也有为应付追逼而对错误"大包大揽"的，多数却是作暂时通不过的实事求是的检查，隐瞒、躲避重大错误的还未发现。报社广大干部群众同这些"当权派"共事多年，在这个长时间、大深度的"运动"中对他们的新旧情况有了进一步了解，此时虽然还没有履行"解放"的程序，但已不再像前两年那样"对着看"了。吴冷西同志到干校最晚，他被陈伯达夺权后，先被批斗，又无缘无故被关押四年（当时叫"军事监护"），再送叶县干校"劳动改造"。同志们早已认清吴的为人，这时已没有人把他看成"对象"，而认为他是"同学"。1971 年 7 月 16 日，中央广播电台播发了基辛格访华公告，这在当时是一条重要新闻。一位工人同学要"考"冷西，说你已脱离工作多年，能不能猜中这个公告登在人民日报的什么地方？冷西肯定地说：登在头版右下角。第二天报纸来了，一点不错。此事传遍全干校，影响非常好。我就听到总编室一同志说："到底有水平。谁工作中都有错误，已经检讨了，老拖住人家干什么？"也有同志曾问我这条新闻怎么处理？我说："会放在头版，位置不会太高，也不会太低。按照读者关心的程度，应该放得高一些；为表示我们并不过分重视此

岁月痕
——留影父母李庄赵培蓝

事，大概会放得低些。"后面两句近似不着边际的话，是比照赫鲁晓夫下台新闻说的。1964年10月赫鲁晓夫下台，是引人注意的新闻。当时我负责夜班编辑工作，同冷西同志商量这条新闻如何处理，在座的还有中宣部负责国际宣传的姚溱同志。经反复商量，按照那个"两又"的精神，决定放在头版右半部（横排版式，以左为上）"肚子"里，三栏题，一句话：《赫鲁晓夫下台》。想在这条新闻上边放一幅积肥照片，表示"毒草"终于变成肥料。由于实在找不到画面好看的积肥照片，最后放了一幅农民运售棉花照片。第二天几位同行还给我打电话，称赞这个版面处理得好。等到看了7月17日的报纸，问我的那位同志开玩笑说："还是冷西同志看得准，副总编辑到底不如总编辑。"我也开玩笑："我的意见也不能说错，副总编辑同总编辑就是差一截子嘛。"在这种时候，革命群众同"当权派"的界线已不那么明显了。

"九一三"——说时间，正好把"十年内乱"一分为二；说意义，客观上宣告了"文化大革命"理论和实践的失败。但是，一个反革命集团覆灭了，一个后来被毛泽东同志斥为"四人帮"的反革命集团似乎更显赫了。人们高兴了一阵子，很快陷入沉思，琢磨这究竟是怎么回事。

我个人也想得很多。已是"天命"之年，经受几年正反两方面的教育，又有了相当充裕的时间，是该好好想一想了。"运动"初期，革命小将批评我"路线斗争觉悟很低"，应该说是很中肯的。

我参加革命后非常幸运，抗日战争、解放战争、社会主义革命，都是毛主席革命路线领导。"跟着毛主席就是胜利"，按照党的决定努力工作就是了。路线，路线，那是中央的事情。"大跃进"

出问题，"反右倾"没道理，我的思想转了几个圈，最后认定那是判断失误，工作偏差，还没有同"路线"挂起钩来。说"文化大革命"是毛主席革命路线同某某某修正主义路线的斗争，我长期"认识不上去"。怎么，这就是路线斗争么？路线斗争就要把国家搞成这个样子？

虽然干校的气氛已经相当宽松，这类问题还是不便于跟"同学"议论，憋在心里又很难受，于是形之于外，到旷野徘徊，纵声歌唱。最理想的是《义勇军进行曲》。"中华民族到了最危险的时候"，多少人有此心境。"冒着敌人的炮火，前进，前进，前进进"，多少人有此决心。但这已是国歌，随便唱怕出事。不得已求其次，请《大刀进行曲》寄托情思。此歌在"文革"中曾由当权者增补，所以是保险的。增补不多，只把最末一句"大刀向鬼子们的头上砍去"后面一个"杀"字改成三个"杀"字，大概是要增强战斗性，但我却感到不如原词有力，所以仍唱旧的，幸喜未遇麻烦。写此文的前些天同几位同志核对干校一些往事，他们还称赞我的好嗓子。其实有声无腔，呼号而已。此外就是利用业余时间读书、读书，希望以后还能有点用。

但是好景不长，突然奉命回报社检查，"解放"。凡事都讲"火候"。"运动"初期检查多次，有些地方对错误已"上纲"过头，还是通不过。这时把"上纲"过头的部分去掉，居然通过了。

"解放"是好事，跟着来了麻烦，总要做点工作。我的本行是编编写写，当时报社最难的事情也是编编写写。名为批林实则批周（恩来）的重要文章，上边交下来，你怎么办？1966年下半年，我被"揪出来"以前，搞过几个月身不由己的工作，以"监督劳动"

留影父母
相濡以沫借晚耕
喜说参半砺风雷
日烽火奔太行
激情燃烧迎解放
红笔蓝笔两从容
变的初心
开来继往同圆梦

身份，违心编发稿件，痛苦极了。幸喜一纸到搬运组劳动的"勒令"，使我的精神得到解脱。这时又遇到类似的情况。我给自己规定两条：一、只编不写；二、在工作中绝不搞"发明创造"，希望借此减少一些不安和内疚。好在时间不长，批"一股力量、一股邪气"，批"长短录俱乐部"，我在接受一阵批判之后，又到报社的昌平干校边劳动边检查，那个"解放"也不算数了。

"四人帮"越闹越不像话。我长期没有文件可看，没有传达可听，根本不知道毛主席对他们屡有批评，看到的是他们日益接近党和国家的最高权力。从长远看是乐观的，相信共产主义事业必然胜利，总有一天会把这一段被颠倒的历史纠正过来。从近期看又相当悲观，看不出怎样才能结束这种可悲的局面。于是产生了"时日曷丧，吾与汝皆亡"的极端情绪。虽然小心包裹，仍难免流露一些出来。追查"俱乐部"成员"罪行"的时候，主要揭发我说江青，骂江青。给我造成很大压力，我也埋怨过几位揭发的同志不够"仗义"。事后想想，在那雷霆万钧重压之下，人家"交代"一下也是不得已的，何况确实骂过，并非构陷，至少我这当事人不应该责备人家。过了一段时间，对这几位同志友好如初，也是由于党的一贯教导——实事求是。

红
蓝

20 世纪 80 年代…

红笔蓝笔两从容

　　父亲的新闻工作经历，从阶段性来看，是先握蓝笔，后握红笔，然后又拿起了蓝笔。从抗战初期参加革命、加入党的新闻工作队伍开始，历经抗日战争、解放战争和新中国建立初期、抗美援朝时期，他握蓝笔、做记者、写消息写通讯，采写发表了大量新闻作品。完成组织上交付的《苏中友好》杂志高级顾问、专家组组长任务，从莫斯科回国后，基本上就拿起了红笔，值起了夜班，不论做副总编辑、总编辑，都以"为人作嫁"的编辑和评论为主，多年如一日，乐此不疲。

　　20 世纪 80 年代这十年，父亲的新闻业务工作和行政领导岗位都走到了最成熟阶段，当然，从时间上年龄上说，也是他的一线工作的最后阶段。先是在"四人帮"倒台后的 1977 年，他自1966 年春被"打倒"11 年后得"解放"，中央批准他复出工作——3 月，任人民日报社党的核心小组成员、副总编辑兼总编室主任；11 月，任党的核心小组副组长；进入 80 年代，1983 年担任总编辑，挑起了他一生中最重的担子……

　　1986 年退居二线后，父亲重拾蓝笔，先后撰写了 80 多万字回忆文章，《我在人民日报四十年》《人民日报风雨四十年》《晚耕集》《难得清醒》等，就是放下红笔、拿起蓝笔的成果。难能可贵的是，他从不在意自己的行政级别或领导职务的高低，在他身上最令人动容的是一辈子坚守"忠诚党的新闻事业"，不论当记者、编辑、部主任、编委、副总编辑、总编辑，他都从不脱离新闻一线岗位，甚至是始终坚守在出报一线——人民日报夜班。几十年来，他都做得有声有色、可圈可点。而关于他的"红笔蓝笔"，除了包含自己写文章用蓝笔，编改他人的稿子用红笔这一层意思外，还有一层，就是退出现职领导岗位后，放得平心态、拿得起蓝笔，继续写文章，做有益事业、有益后人的事。

　　我母亲的经历，在此之所以用如此简短的文字来表述，是因为她不幸在 80 年代初期突发脑出血，不得不离开了她无比热爱的新闻工作岗位，提前离职休养。当时，新闻职称评审工作在中央和地方新闻机构刚刚开始，为了支持父亲的工作、体现报社领导同志的爱人最好不参评，我母亲连新闻职称也没申报和评审。不过，在这些遗憾之余，我父母有了第三代，他们的外孙、孙子先后出生，在改革开放、各方面条件都发生很大变化的环境下，慢慢长大了。

在金台路新社址的一次编委扩大会

1980 年 5 月，人民日报社搬迁金台路新址后，5 号楼四层俱乐部。当时主持中央宣传工作的胡乔木同志与人民日报编委扩大会的同志们座谈。

黄卷青灯总编辑

金台路 5 号楼 325 办公室，青灯黄卷、乐此不疲的夜班。

　　李庄是人民日报总编辑、副总编辑中上夜班时间最长的。除了"文革"期间被停止工作中断十年，他前后上了二十余年夜班，与总编室和印刷厂的同志们感情很深。

　　1982 年 9 月，党的第十二次全国代表大会召开期间，李庄同志向夜班编辑布置关于刊登十二大图片的版面安排。

当选中央纪委委员

李　庄同志：

在党的第十二次全国代表大会上，您被选为中央纪律检查委员会委员，特此通知。

中国共产党第十二次

全国代表大会秘书处

一九八二年九月十一日

1982年9月11日，李庄在党的第十二次代表大会上当选中央纪律检查委员会委员。

20世纪80年代：红笔蓝笔两从容

妈妈的离休荣誉证

1982 年 12 月，妈妈领到的国务院制发的老干部离休荣誉证。

与新闻界文艺界同志合影

一次开会前，父亲与侯宝林先生在休息室相遇。颇具幽默感的著名表演艺术家侯宝林大师，不论在什么场合，总能令周围的人捧腹大笑。

1983年夏，在中国社会科学院研究生院新闻系、中国社会科学院新闻研究所大门前，李庄与人民日报部分老同志合影：右起：何燕凌、宋琤、陈勇进、李庄、张连德、安岗、于风、于明、肖风、郭渭。

20世纪80年代：红笔蓝笔两从容

353

相隔三十年的记忆

这张黑白照片，应该摄于20世纪80年代初，人民日报社社址从王府井迁往金台路不久。5号楼是当时报社领导和编辑部门所在的主楼。

2015年，在参加全国政协专题调研时，在5号楼前，我与当年同父亲一起在总编室共事过的人民日报社副总编辑谢国明同志合影留念。

岁月痕——留影父母李庄赵培蓝

红笔蓝笔两从容

日烽火奔太行
激情燃烧迎解放
相濡以沫俦晚棑
喜忱参率砺风稻
不变的初心
开来继往同圆梦

留影父母

　　2015 年，全国政协教科文卫体委员会组织委员赴人民日报社调研传统媒体和新兴媒体融合发展，委员们与李东东委员一起来到李庄同志当年工作的 5 号楼 325 办公室——现在是人民日报社行管局的一个办公室。

　　上图为委员们在当年作为总编辑办公室就十分简朴的 325 合影。左起：张德修，谢国明（人民日报社副总编辑），黄书元，郝振省，张玉台，黄国柱，张海涛，李东东，白岩松，海霞。

355

老革命与年轻人

1985 年夏，老山英雄来报社作报告。

1984 年或 1985 年夏，欢送人民日报社参加中央讲师团的部分干部。图中三位老同志：总编辑李庄、副总编辑丁济沧、人事局长季音。

356

总编辑农村调研

1986年，人民日报社总编辑李庄在农村调研。

东瀛之行

1980 年 4 月，李庄率人民日报代表团访问日本。
日本首相大平正芳会见代表团。

左图为率人民
日报代表团访日
时，穿和服参加日
本同仁宴请。

右图为在日本
参观考察时，在碑
亭留影。

祝愿中日新闻工作者友谊长在。

再访朝鲜

1984年，李庄率人民
日报代表团访问朝鲜途中。

岁月痕——留影父母李庄赵培蓝

摄于平壤万景台。

朝鲜《劳动新闻》总编辑郑浚基陪同人
民日报代表团参观访问。图中右侧第一人为
郑浚基。

与朝鲜人民军军官交谈。

1980 年 6 月 28 日，胡绩伟、李庄等同志在颐和园接待朝鲜《劳动新闻》代表团。

在四川都江堰市二王庙，陪同朝鲜《劳动新闻》代表团一行参观考察。

"人道报节"访法国

1985 年赴法国参加"人道报节"时，与法共总书记马歇
在一起。

在"人道报节"会场。

363

参观凡尔赛宫。

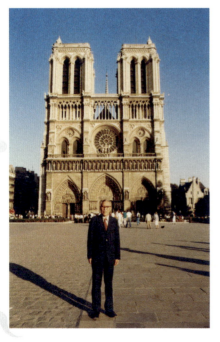

在巴黎公社社员墙留影。

364

在巴黎圣母院留影。

科威特之行

1986 年 2 月，李庄访问科威特时摄。

1986 年 2 月，李庄访问科威特时摄。

退居二线之初

　　1987 年，李庄从行政领导岗位退下来后第一次出差。归途中，从重庆上船顺长江而下，途中遇新闻界同行，与工人日报、宁夏日报、黑龙江日报的同志，一起在葛洲坝合影。

1987 年，与张磐石同志等在山西。

1987 年，与李仁臣同志在北戴河休假时合影。

战友同志再相聚

——人民日报成立 40 周年纪念

1988 年 6 月 15 日，在纪念人民日报成立 40 周年的欢声笑语中，老战友老朋友高兴地重聚。从左至右：李庄，华君武，谭文瑞，张磐石，郭渭。

曾在人民日报短暂工作过、对报社充满感情的迟浩田将军返回报社参加庆祝活动，时任副总编辑保育钧陪同签到。

张磐石、胡绩伟、迟浩田、李庄、孙轶青等老同志，高兴地向报社新老朋友致意。

岁月痕
——留影父母李庄赵培蓝

邓小平同志当年为人民日报题："人民日报四十周年"。

李庄高兴地为报社
食堂年轻的炊事员题字
留念。

迟浩田、李庄、华
君武、丁一岚、郭渭等
一同为报社发展和战友
重聚举杯。

岁月痕
——
留影父母李庄赵培蓝

赵培兰同志：

　　四十年来，您为人民日报辛勤工作，作出了贡献。在纪念人民日报创刊四十周年的时候，我们谨代表全社同志向您表示敬意。

人民日报编委会

一九八八年六月十五日

　　1988年6月15日，人民日报编委会向报社老同志颁发的证书——

"赵培兰同志：

　　四十年来，您为人民日报辛勤工作，作出了贡献。在纪念人民日报创刊四十周年的时候，我们谨代表全社同志向您表示敬意。"

　　1988年6月15日，人民日报社举行了创刊四十周年庆祝活动。历任人民日报老领导和许多老同志回到报社，与时任领导班子和全社干部职工一同参加了此次庆祝活动。

抗日烽火奔太行
激情燃烧迎解放
留影父母
相濡以沫傻晚耕
辛忧参半砺风霜
红笔蓝笔两从容
不变的初心
往来继往同

喜相逢

1988年春节，宣传思想战线春节团拜会上，老领导老战友在人民大会堂相遇。

1988年两会，大会堂前父子相遇，此时李庄任第七届全国人大代表，儿子在中宣部新闻局工作。

南阳考察

1989 年春，人民日报李庄、新华社冯健、经济日报范敬宜
等同志在河南南阳调研考察。

在汉画馆留影。

在诸葛草庐留影。

岁月痕——留影父母李庄赵培蓝

画里画外

著名漫画家方成画的斩鬼图：
钟馗割下一根小辫子。爸爸十分喜
欢，挂在家里墙上很长时间。

1988 年夏，范敬宜书
画为李庄祝七十寿。

20世纪80年代：红笔蓝笔两从容

375

三代同堂

1980 年春节，我儿子明明与他的爷爷奶奶、姥爷姥姥在一起。

抗日烽火弃太行
激情燃烧迎解放
留影父母
相濡以沫偕晚耕
喜忧参半沥风霜
红笔蓝笔两从容
不变的初心
开来继往同

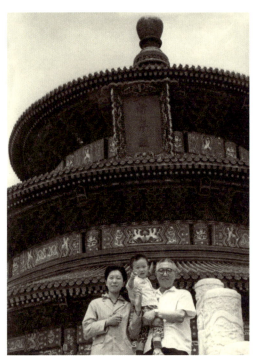

1981年夏，爸爸复出工作已近四年，在十分繁忙的情况下，星期天带外孙到天坛和自然博物馆参观。

1983 年 9 月 30 日晚，庆祝中华人民共和国成立 34 周年文艺游艺活动在北京人民大会堂举行。大会堂各厅分别举办各种文艺演出或游艺活动，爸爸带着女儿和外孙参加了活动。从大会堂出来后，摄于灯光璀璨的天安门广场。这是 5 岁的明明第一次到人民大会堂游玩。

1982 年夏，我带着刚上幼儿园的儿子，随他姥姥一起到北戴河度假（那时人民日报干部度假最多可带两名家属）。4 岁的明明第一次到北戴河，在大海里和沙滩上高兴地玩耍，也创作出了几十年来家人津津乐道的"警句"——当姥姥怕外孙着凉而阻止他傍晚在海边玩儿水时，明明愤怒地、认真地、小声地哭着说："下次再也不带姥姥来北戴河了！"

1986 年 初 春，
孙子牛牛半岁时。

岁月痕
——留影父母李庄赵培蓝

20 世纪 90 年代…

相濡以沫偕晚耕

　　我之所以用"相濡以沫偕晚耕"来命名这个十年，是因为父亲从上一个十年的后半期退出行政领导岗位后，重拾蓝笔，查找资料撰写文章，从他所说"小文章"写起及至著书立说；但前期承担了他的老领导交予的编写太行革命根据地历史及其他一些文章的编改审读工作，占用不少时间精力；而真正静下心来铺开摊子写大文章、写回忆录，主要在 20 世纪 90 年代这十年。从凝结他毕生心血的几本书看，"当代中国记者丛书"李庄卷《新纪元集》，湖北人民出版社于 1984 年出版，将他的主要新闻作品结集；成书于 1990 年的《我在人民日报四十年》，是他本人的第一本回忆兼随笔文章的结集，显然撰写于 80 年代；而在此基础上扩充完善的《人民日报风雨四十年》成书于 1993 年；《晚耕集》和《难得清醒》成书于 90 年代末。

　　2017 年夏天，我因为一些文章的写作须核查史料，前去人民日报图书馆翻查老报纸的合订本。图书馆已打包各种资料，准备搬迁新址，当时恰还在五号楼西翼一层原址。图书馆的同志们向我谈到他们口口相传的"新闻"：当年，就在我查找翻拍资料的这间人民日报报库阅览室，就在这张大阅览桌前，我父亲逐日翻阅从 20 世纪 40 年代创刊到 80 年代的人民日报合订本，一天不落，一张不漏，不时做着笔记，长达三年时间……

父亲在他自己回忆文章结集的前言或后记中，也提到了几十年忙于一线工作，退下来后是怎样主要通过报纸上的材料、间或查阅文件来订对许多重大事件和重要史实的。而他的最后一本书《难得清醒》，是他对自己参与的党的新闻工作、特别是《人民日报》（晋冀鲁豫中央局人民日报、华北人民日报、中央机关报人民日报）工作的历史回顾，这本书他整整写了15个月，他说"自认是尽了全力"。2004年人民日报出版社和宁夏人民出版社出版的《李庄文集》，140万字中除去《新闻作品选》中的38万字，其他各类文章约百万字上下，几乎都是他边写边改、我妈妈抄写誊清的。

我妈妈是我们全家几代写字最好的，她在父亲的笔耕过程中付出了巨大的努力；她稍晚于丈夫几年来到人民日报社，也在党的新闻工作岗位上工作了几十年。相信我父亲所说"我的结发伴侣培蓝为此书尽了很大力量"，绝不仅仅是指的抄写书稿这么简单，妈妈同样是人民日报事业发展的亲身参与者，她在订对史实、编写书稿过程中一定也贡献很多，所以我称之为"相濡以沫偕晚耕"——百万字的各类书籍作者署名都是李庄，但实际上凝结着他们老两口的心血和辛劳。

笑逐颜开

乐开怀。

20世纪90年代：相濡以沫偕晚耕

在人民大会堂遇到老朋友。

重拾蓝笔

老李当时年近八旬，在人民日报工作40年，从老总岗位上退下来已10年，还笔耕不停。前几年，他写了一本书《我在人民日报四十年》，又开始实施大工程《难得清醒》（33万余字）。这是一部难得的报史。老李说："我采取笨办法：到图书馆翻报纸，唤起尚未消失的记忆。""我就这样在人民日报图书馆度过三年多，四十年岁月，一万几千份报纸，一张不漏全部看过。"他边看边

记，不知记了多少厚厚的笔记本。我看到《难得清醒》出版后，书中一张他伏在老书桌前写稿的照片，附言：1998年4月13日凌晨5时开始工作（这是他离休后的习惯）。他写此书花了一年多时间，每天清晨5时动笔，日写1000多字，边写边思边改，老伴赵培蓝负责抄写，一幅"自耕农"的流水作业图画。就这样不停地写、写、写，从春写到夏，从夏写到秋，从秋写到冬，终于在某一天的黎明写了收笔的话："长江后浪推前浪，一辈新人胜旧人，这是历史的发展规律。"

（节录自段存章：《难忘老李与我聊天》）

387

完整准确地理解和贯彻党的基本路线

——李庄代表 3 月 26 日下午在小组会议上的发言摘要

李庄

　　党的"一个中心、两个基本点"的基本路线，是一个完整的有机体，不能片面地割裂开来，只取其一部分。前两年，完整、准确地讲基本路线有不够之处。现在，讲一个中心即全力搞好经济，讲一个基本点即改革开放，比较充分，逐渐更加深入人心，好得很，如能同时充分讲另一个基本点，即坚持四项基本原则，就更完整了。要保证经济建设沿着有中国特色的社会主义道路健康、快速地发展，关键是完整地准确地理解和贯彻党的基本路线。我们必须坚持四项基本原则，这一点很重要。先进的技术、设备，拿到我们手里来，为社会主义所用，就是姓"社"了。三大战役，我们缴获了国民党的那么多美式设备，用以武装我们，这些武器就姓"社"了；但军阀混战时，阎锡山从帝国主义者手里买来的武器被蒋介石缴获了，这些装备还是姓"资"。

岁月痕——留影父母李庄赵培蓝

由此可见，关键是掌握武器的人！作为共产党人，决不能放弃四项基本原则，在这个大方向上一定要头脑清醒，而不是在每一件具体事情上问姓"资"姓"社"，那会成为新的以阶级斗争为纲。但要在大的方面要管住。

一、经济越发展，越要加强党的领导。加强党的领导，必须改善党的领导，因为加强党的领导，就包括改善党的领导。贫穷不是社会主义，只有加强党的领导，才能克服贫穷。东欧、苏联的问题不是直接出在穷，而是出在党的领导，出在党的领导自己放弃了领导。我国要警惕确实有那么一小撮敌对势力，要推翻共产党领导。1957年确有人要与共产党"轮流坐庄"，1989年的政治风波，也是有人反对共产党。历史的经验教训不能忘记。

在改革开放中，党应该做什么，怎么做？要很好研究。我认为，党的基层组织要大大加强，要明确在改革开放中，基层党组织应该做什么，怎样工作。要建设小平同志提出的有中国特色的社会主义，当前特别需要研究90年代的中国的党的工作。

二、要明确有中国特色的社会主义的特色是什么。现在我们许多人对"中国特色"是什么不很明确。我认为应把握两点：一是以全民所有制为主体的多种经济成分并

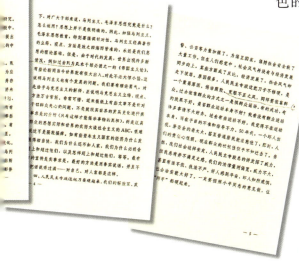

存的所有制；二是以按劳分配为主的分配方式。计划经济未必是社会主义的主要特征，当前资本主义国家的宏观计划，为了垄断资本的控制，有时也是相当严密的。我们在所有制和分配范畴方面应划一些大框子，从大的方面明确哪些能做，哪些不能。领导密切注视这些框框运行的情况。有了经验，发现了问题，及时研究总结，或推广，或纠正。

三、高举马列主义、毛泽东思想的旗帜，决不能淡化。我们有个大优势，这面旗帜已深入全国人心。要加强马列主义、毛泽东思想教育。中央开办干部理论学习班，出新版《毛泽东选集》四卷，做了许多工作。但是在当前形势下，对广大干部来说，马列主义、毛泽东思想究竟是什么？怎么运用？思想上并不是很明确的。因此，加强马列主义、毛泽东思想教育，特别要强调针对性。马列主义经典著作的立场、观点、方法是放之四海而皆准的，永远是我们思想的理论基础。但是，由于时代的发展，世界出现许多新情况，例如过去列为十二本干部必读之一的《帝国主义论》，有些论断同当今世界就有很大出入。对此不必大惊小怪，这说明马列主义也有个发展的问题。我们要有理论勇气，对此给予马克思主义的解释，正说明马克思主义立场、观点、方法万古常新。非常可惜，进来报纸上有些文章不是针对干部群众关心的问题，不是就现实世界的发展变化进行实事求是的分析（只有这样才能揭示事物的真相），而是脱离群众的思想实际和世界的实际大谈社会主义的ABC，很难说这不是隔靴搔痒。如有些资本主义国家的经济为什么发展得相当快，我们为什么还不如人家，我们为什么必然会赶上和超过他们，以及怎样赶上和超过他们，等等。最有力的宣传是实事求是，最好的方法是用事实说话，并且不要把话说得过满——对自己、对人家都是这样。

四、人民民主专政这把刀要硬起来。我们的解放军、武警、公安等力量加强了，为保卫国家，保持社会安全做了大量工作。但在人们感觉中，社会风气并没有与经济发展同步向上，某些方面成了反比，经济发展了，社会风气却走下坡路。原因很多，人民民主专政这把刀子不够硬，是一个重要原因。惩治腐败，克服不正之风，同样要依靠群众。过去依靠群众的方式之一是搞群众运动。有的成功，有的效果不好。是否群众运动本身不好？我看没有群众运动许多事情不大好办。过去有些运动不好，我觉得不在运动本身，而在于目的不准和指导不力。50年代，一个坏人出现，居委会的老太太，甚至普通居民就注意他了，那时，人民的责任心很强。现在群众的积极性似乎不如过去了。当然，我们社会这样安定，人民民主专政总的讲发挥了威力，但我总有并不满足之感。我们的法律量刑偏宽，威力不大，甚至有法不依、执法不严。好人感到不安，坏人知所戒惧，社会治安就大好了。一定要按照小平同志的意见做，让"两手"都硬起来。

七届全国人大五次会议简报（总240号）

河北省代表团　1992年3月27日

主持答辩

1994年夏，中国社会科学院研究生院新闻系九四级硕士学位论文答辩会上，李庄主持答辩。

"众望所归　当之无愧"

——访首届韬奋新闻奖评委会主任李庄

叶小刚　李婉芬

"众望所归，当之无愧"，李庄同志用简练的八个字、两句成语来概括首届韬奋新闻奖的获奖者们。

首届韬奋新闻奖授予 10 名在新闻战线上辛勤耕耘、做出了突出成绩的编辑和通联工作者。本报副总编辑黄景仁同志也在获奖者之列。在颁奖大会召开前夕，本报记者在京专程走访了人民日报原总编辑、首届韬奋新闻奖评委会主任李庄同志。

在其寓所简朴，雅致的书房中，李老愉快地接受了记者的采访。李庄同志从 1938 年参加革命，便从事新闻工作，在党的新闻战线上奋斗达半个多世纪。从《人民日报》1946 年创刊到 1986 年在总编辑任上退居二线，仅在人民日报就达四十年。是新闻界令人尊敬的老前辈。

李老今年 76 岁，但仍神采奕奕，非常健谈，几句简短的对话就消除了我们这些年轻记者在新闻界老前辈面前的拘束心情。

在谈到设立韬奋新闻奖时，李老说。邹韬奋同志是伟大的爱国主义者、著名评论家、杰出的新闻出版工作者，他生前特别重视编辑和通联工作。韬奋新闻奖的设立是党和人民、新闻领导机关对新闻工作者，特别是编辑人员的褒奖和肯定。韬奋新闻奖主要是奖励从事新闻编辑、通联，新闻评论、新闻研究和新闻教育的新闻工作者，首届主要奖励编辑和通联工作者。它是一种全国性的高层次、高荣誉、权威性的奖励，是对参评者整体工作业绩、工作水平，敬业精神综合的评选。

他提到他本人曾在《新闻战线》刊物上撰文，呼吁"编辑理应获得荣誉"。他说，中国新闻界现在有三大奖项，中国新闻奖主要是奖励上年度的新闻作品，以优秀作品为评选对象；范长江新闻奖主要是奖励新闻记者，记者是新闻单位中最活跃的人员，易出名，为人所知，应该奖励他们中的优秀成员；这次设立韬奋新闻奖，主要奖励那些甘愿"为人作嫁"，长期默默无闻，甘当无名英雄的编辑、通联等新闻工作者，使他们为新闻界同行，为社会知晓。这样就使新闻界的奖励逐步配套，日趋完备，使得新闻从业人员各得其所，使奖励更加公平合理。

问起评选的经过，李庄同志简要地介绍了评选的情况。这次评选是非常认真严谨的，历时半年多时间，首先由各新闻单位自我推荐。然后由中央新闻单位和各省级记协、专业记协筛选、推荐认为够资格当选的 107 名事迹突出的人员参评。最后由 25 名新闻界的领导和专家、教授组成的评委会经过反复酝酿、评议，通过初选、复选、定评，以无记名投票方式，以达到三分之二多数票选出 10 名获奖者，以超出二分之一多数票评选出 30 名获提名荣誉者。因此可以说获奖者是参评人选中的佼佼者。

李老也感到一点小小的遗憾，他认为 100 多位参评者水平都很高，但因名额所限，许多人没有评上，另外年轻同志入选的比例也很小，他希望今后能适当增加名额，使更多优秀的同志获选，同时也应使更多的年轻同志当选。谈到这里，李老那种渴望更多表彰新闻界无名英雄和提携鼓励后辈的心绪溢于言表。

记者请李老讲讲对《广州日报》黄景仁同志获选得奖的想法。李老说，黄景仁同志的事迹材料很感人。那种数十年从事夜班编辑工作的老黄牛精神、敬业态度，及在编辑业务、探索创新精神方面取得的工作成绩都使人很受教育。他谈到黄景仁同志获选很不容易，因为评委会内部掌握一条原则，就是尽量多评选一线工作的同志，少评些"老总"，但黄景仁同志事迹突出，评委会反复酝酿，最终推选黄景仁同志，并以较高票数获选，排名第四位。这既是对黄景仁同志本人成绩的肯定。也是对《广州日报》近年来在进行新闻改革、加强经营管理、完善内部机制方面作出成绩的充分肯定。李老提到他和大多数评委都不认识黄景仁同志时风趣地说：认识的评上不见得就不公正，但不认识的能评上就证明更公正。

交谈中，话题自然地就转到对《广州日报》的印象上，李老首先声明他是《广州日报》的忠实读者，《广州日报》是每天必读的报纸。他说到党委机关报往往容易办得严肃有余、活泼不足，要把报纸办得既严肃又活泼，两者有机地融合是不容易的。广州处在改革开放的前沿，开放的窗口城市，位置特殊、优越，但任务，责任也很重，办好一份报纸既要把握住主旋律，又要寓教于乐，生动活泼，使读者可读、爱读。《广州日报》在严肃、活泼方面结合是好的，《广州日报》版面最多、栏目新颖，报道内容丰富，信息容量大、连载文章可读性强，这些特点突出。他最后希望《广州日报》越办越好，在强手如林的报纸竞争中立于不败之地，作出更为人瞩目的成绩。

抗日烽火奔天行
激情燃烧迎解放
相濡以沫偿晚耕
滚烫参半砺风船
红笔蓝笔两从容
不变的初心
开来继往同

皓首苍髯忆胜利

—— 人民日报社纪念抗日战争胜利 50 周年

1995 年，人民日报社老同志纪念抗日战争胜利 50 周年的合影。李庄在前排左七，赵培蓝在第二排左四。

纪念演出后合影留念。前
排左起：李庄，胡绩伟，张
磐石，吴冷西，秦川，邵华泽。

这张照片中我能认出的
是：爸爸妈妈，张磐石伯伯，
上官医生。

携手半世纪

——李庄赵培蓝金婚纪念

岁月痕——留影父母李庄赵培蓝

1997 年 1 月，李庄赵培蓝
金婚纪念。

迎春花开恭王府

1997 年 4 月 19 日，参观恭王府。

在恭王府花园
门口留影。

抗日烽火奔太行
激情燃烧迎解放
相濡以沫偕晚耕
荟说参半砺风霜
红笔蓝笔两从容
变的初心
开来继往同

从事新闻工作五十年

——赵培蓝的荣誉证书

1997 年 11 月，中华全国新闻工作者协会向赵培蓝同志颁发的从事新闻工作 50 年的荣誉证书。

与人民日报老战友老朋友在一起

李庄与秦川在新春茶话会上。

1993 年，李庄与胡绩伟、秦川在一起。

20 世纪 90 年代：相濡以沫偕晚耕

401

李庄与安岗（上图）、
谭文瑞（中图）、邵华泽
同志（下图）在一起。

李庄与范敬宜（右图）、许中田同志（下图）在一起。

李庄夫妇与方成聚。他们背后的墙上挂着钟馗割小辫子的画作，是多年前方成同志送给他们的，老两口很喜欢，在家里客厅一挂十多年。

心血寄后人

送给女儿东东的几本书。爸爸在扉页上题字后，认真签上了自己的名字。

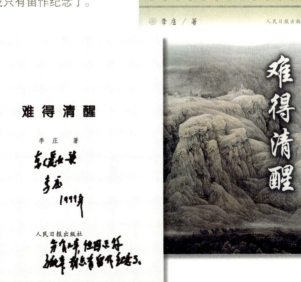

　　在凝聚父亲心力、回忆自己一生历程的《难得清醒》扉页上，父亲题写"东东爱女一读　李庄　1999年"。在其后又写道："另有几本，但因只余孤本，我只有留作纪念了。"

抗日烽火养太行
激情燃烧迎解放
相濡以沫偕晚耕
喜悦参半砺风箱
红笔蓝笔两从容
不变的初心
开来继往同

八十寿

1998 年 6 月下旬，亲人们为李庄过八十大寿。

21 世纪第一个十年：

天上人间 永不忘

　　家有二老，如有二宝。进入 21 世纪，我们家的二老，爸爸已过八十，比他小五岁的妈妈也近八十了。妈妈离休多年，恢复健康后始终陪着爸爸整理书稿；爸爸也在退居二线、履行完全国人大的职务、辛苦笔耕十余年后，办理了离休手续。我们都十分希望他们能彻底放松下来得以休息，含饴弄孙、颐养天年，可是爸爸的身体却因为长期的劳累和超负荷，垮下来了。

　　2002 年春，我奉调宁夏回族自治区工作。在父母耄耋之年，辞亲赴任，西行塞上。此后的几年里，每次回京开会、回家休假，我的第一件事和最后一件事都是去北京医院看望父亲。而父亲基本处在住医院、想出院、出院回家不久又住院的状态中，后来，就长住北京医院了。特别使我们全家温暖和感动的是，在 2000 年到 2006 年的几年时间里，人民日报社的历届主要领导和许多新老同志，都对老总编表示了极大的敬意和关心，多次到家里、到医院看望。

　　因为在西北工作，我无法像妈妈和姐姐哥哥那样天天到医院守望，我想，我应该做的，首先是完成好组织上交付的工作，按中国的老话说，对国家尽忠，来完成对父母的尽孝。同时，2004 年秋，人民日报出版社和宁夏人民出版社联合出版的《李庄文集》终于付

抗日烽火奔太行
激情燃烧迎解放
留影父母
相濡以沫偕晚耕
喜忧参半砺风霜
红笔蓝笔两从容
不变的初心
开来继往同

样，当我捧着编印俱精的《李庄文集》四卷赶回北京、赶到医院时，幸而父亲得以在清醒的状态下看到了自己一生全部文字工作的心血结晶，当时他已不能说话，但一生重大夙愿得偿，老人表情激动、泪水盈眶……

2006年3月3日，父亲驾鹤西行；3月15日，隆重肃穆的遗体告别仪式在八宝山革命公墓举行。那天，八宝山大礼堂低回萦绕的不是哀乐，而是影响和伴随父亲一生的《在太行山上》。

1976年打倒"四人帮"时被中央派到《人民日报》工作一年，后来身居党、国家和军队领导人高位的迟浩田同志书写挽幛——"德高望重的新闻工作者李庄同志永远活在我们心中"。

人民日报社原副总编辑李仁臣同志挥泪写道："老李，真舍不得你走！每年的7月1日，我们会特别记起你，因为这天是你的生日，也是党的生日，你是党的人！每年的3月3日，我们会特别想念你，因为这天你离我们而去。其实，你没有离开我们，你见证了《人民日报》的诞生和发展，你活在《人民日报》的历史中。你带领我们办这张报纸，青灯稿纸相伴一生，兢兢业业，率先垂范，你是师长也是朋友，你的音容笑貌永远活在我们的心里！"

第一个中国记者节

李东东

早在 1949 年 12 月 23 日，政务院在颁布我国第一个全国年节及纪念日放假办法中就曾提出设立记者节，但没有确定具体日期。整整半个世纪后的 1999 年，国务院第 270 号令暨全国年节及纪念日放假办法，在第五条中提出设立记者节。2000 年 8 月 1 日，国务院办公厅批复中华全国新闻工作者协会（简称中国记协）："同意将每年 11 月 8 日确定为记者节的具体日期。"至此，中国新闻工作者终于有了自己的节日。

记者节之所以确定在 11 月 8 日，是因为这一天为现在的中华全国新闻工作者协会的前身——中国青年新闻记者协会成立的日子。1937 年，抗日战争爆发后，正在上海代表党中央领导南方党的工作的周恩来同志传达了党中央的指示：为广泛地团结广大爱国的新闻工作者，确定在新闻工作者比较集中的上海，成立一个新闻工作者统一战线组织。当年 11 月 8 日，中国青年新闻记者协会在上海宣布成立。1938 年 3 月 30 日，中国青年新闻记者协会在汉口举行了第一届代表大会。此后，在延安、香港等地设立了 25 个分会。1957 年 2 月，中华全国新闻工作者协会成立。

　　"青记"成立之初，第一批会员 1156 人，来自当时全国各地新闻机构，按照章程，须由本会人员二人以上介绍、所在地干事会认可。远在太行山根据地的李庄为第一批会员。

工作第一　学习第二

李　庄

　　十多年前我应邀去南斯拉夫访问。当时南斯拉夫尚未解体。第二天，同南共联盟中央机关报《政治报》总编辑晤谈甚久。他介绍南斯拉夫新闻界情况，有一点引起我的注意。他说南斯拉夫新闻工作者平均寿命是52岁。我问为什么这么短？他略一沉吟，说：原因不只一个，主要是太累；工作、学习奋不顾身。

　　我终生从事新闻工作，逐渐形成一个观点：8小时造就不出出色的新闻记者。这位总编辑的话更引起我深思。

　　新闻这种职业接触面较广，新闻从业人员不完全是一般意义上的"干部"。没有奋不顾身的精神无法做好新闻工作，也不能学习好。我干新闻工作，直到离休，经常感到才疏学浅。工作第一，学习第二，人人皆然，新闻记者更甚。人家谈的自己如果不懂，怎么写报道呢？

　　马列主义解决我们的立场、观点、方法问题，首先必须学习。书太多，都学有实际困难，但应该掌握精髓。像解放思想、实事求是，从实际出发，具体问题具体分析，等等要点，是我们鉴别、判断一切事物必须遵循的准则，必须精心学习，仔细揣摩，掌握其精神实质。

　　党的方针、政策是马列主义基本原理同我国现实情况的结合，是衡量、判断各种事物的标准，是新闻工作者工作的依据，必须精心学习，牢牢掌握。新闻实践发生问题，往往出在这地方。

语言文字是表达工具，也是当前有些报刊的薄弱环节。严格说，语言文字水平不够格很难成为新闻工作者。这也是新闻记者的基本功，不少人有鉴于此，愿穷毕生之力为文字清通而努力。

现在许多报刊提倡专业化，有些综合报刊分工也比较细，专业知识也必须学习。从某种意义说，这方面学习不够，也很难工作。

《政治报》总编辑的话，经常在我耳边回响。我想总得找出一个解决问题的办法，使新闻记者既能工作、学习好，又健康长寿。看来唯一的出路是从业余时间想办法。例如，可否适当减少一些文化娱乐时间，少看一些唱唱跳跳的节目？如此等等，大家动动脑子，就有办法了。

留影父母

红笔蓝笔两从容

相濡以沫借晚耕

不变的初心

抗日烽火弃大行

喜悦参半砺风雨

激情燃烧迎解放

开来继往同圆

看望

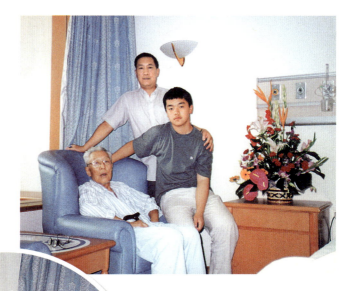

2000 年夏，祖孙三人
在医院。

2000 年 7 月 24 日，我到
北京医院看望父亲，老人精神
不错。

415

多年来，人民日报领导同志和离退休干部局十分关心离休后的老领导、老同志，从 2000 年到 2006 年的《情况通报》中，可以看到他们对李庄同志的一次次看望、探视。

红笔蓝笔两从容
不变的初心
开来继往同阔
留影父母
相濡以沫傲晚耕
喜忧参半砺风看
激情燃烧迎解放
昔日烽火奔太行

红 思

王晨总编辑看望李庄同志

近日，王晨总编辑专程到北京医院看望正在住院治疗的李庄同志。李庄同志于7月29日因年老生病入内急诊刺膜性综合症就医发青水肿住北京医院，7月31日手术成功地做了白内障摘除手术。王晨同志询问李庄同志的术后恢复状况，代表编委会祝愿他早日康复，王晨总编辑希望李老多关心报社的工作，他经常给予指导。李庄同志表示理解和支持编委会的工作，特别感谢社领导对他的关心。宋宝元同志陪同看望。

徐如俊秘书长在陈达女儿来信上批示
好好工作

王晨看望李庄同志

月16日上午，王晨同志到北京医院看望正在住院接受检查的李庄同志代表编委会向李庄同志表示亲切慰问。王晨同志代表编委会向李庄同志表示亲切慰问。王晨同志询问报社的老同志、老编辑、报社的同志们您都很关心，希望李老安心接受检查治疗，早日康复，大家都能够您恢复重新来，今后编委会社还多做贡献，李庄同志感谢社领导的关怀，他说，这次住医院就是王晨同志的要求而住的，表示要根据配合医生治疗，李老调休深切，住在医院期间社领导予看望。社书记徐如俊、离退休干部局刘宝元、胡伟力等陪同看望。

事局设立人事工作群众意见举报箱、举报电话

做好干部监督和群众举报的受理工作，促进报社党风廉政建设的工作深入开展。根据中组部干部监督局的要求，经社领导批准，社实际，人事局设立举报箱和举报电话，专门受理报社人事工作群众意见，接受群众的监督，以增强人事工作的透明度和群众的作，举报箱和举报电话的设立将对报社的人事工作起到很好的作

报社发出对照"两个规定"进行自查自纠的通知

为进一步规范办报工作和经营活动秩序，坚决制止借自以人民日义对外开展活动、擅自以人民日报社名义收费的编辑书等违规行为，维护人民日报的权益和声誉，近日，报社发出了《关于对照"两

徐如俊副总编辑对我
"首都平安示范单位"

6月2日，徐如俊副总编辑就我社被f作出批示：

这是报社的一项荣誉，也是报社职工管理综合治理工作主动开展工作的结果，同时不断把"净化办报环境，维护报社形象"f门内外放好位置，更着地抓出

报社召开局以上领导干部会议
5米博华何崇元朱新民徐如俊职务任免通知
王晨代表编委会讲话 张研农主持

17日下午，报社召开局以上领导干部会议，宣布中央关于来的同志职务任免的通知，经中央批准，米博华同志任人民日报何崇元同志任人民日报副社长；免去朱新民同志人民日报副职务；徐如俊同志任报社社长，免去其人民日报副总编辑的职务，社长王晨宣读中央职务任免通过并代表编委会讲话，总编辑张研农主持会议。报社走局委会成员出席会议。

王晨同志在讲话中指出，继去年10月中央对报社编委会领导班子进行过一次较大调整后，现在中央对报纸编委会领导班子进行调整和补充，这充分体现了党中央对人民日报的高度重视和积极支持，体现了党中央对人民日报干部的信任和期望，是对报社领导班子建设的重视和加强，我们坚决拥护中央的决定，并且要以中央的关怀为动力，继续做好人民日报的各项工作。

王晨社长到北京医院探望李庄傅冬同志

6月22日下午，社长王晨到北京医院探望住院治疗的李庄同志。王晨同志向李庄同志的家人详细询问了病情，王晨同志对李庄同志说，报社的同志们都很关心您，"七一"前夕，我代表编委会和报社向您来看望您，祝您早日康复，希望您好好休息，坚定信心，继续养病，王晨同志还叮嘱家属好好照顾。

王晨随后又到病房探望了傅冬同志傅冬同志是我党的老党员、老同志，在我们和人民不会忘记，王晨向傅冬同志详细地身体，及时治疗，安心养好病，他祝傅冬

二位老同志及家属对王晨同志的探望二位老同志在住院期间给予的多方面的大力治疗工作，王晨同志指示高超早日病，1医院和家属病好治疗，有困难及时提出。

人事局长赵平和、离退休干部局局

情 况 通 报

● 报社召开局以上领导干部会议
  宣布米博华何崇元朱新民徐如俊职务任免通知
● 王晨社长到北京医院探望李庄傅冬同志
● 离退休干部局党委召开表彰大会
  何崇元同志出席并颁奖
● 三 找
● 背着"书包"上学堂

人民日报社离退休干部局编

6

（内部资料·注意保存）

总第 69 期
2005年7月1日

最后一次回徐水

庚辰辛巳之交，李庄在家人陪伴下回到保定徐水，这也是他最后一次回徐水老家。上图摄于河北保定直隶总督署门前。下图为祖孙三代摄于徐水会堂。

岁月痕——留影父母李庄赵培蓝

留影父母
相濡以沫偕晚耕
喜忧参半砺风雨
日烽火奔太行
激情燃烧迎解放
红笔蓝笔两从容
不变的初心
开来继往同圆

米茶何足论

报社行管局交通处五位同志，刘清江、曾理、李建国、曹拥军、路书贵（从左至右），穿着整齐的工作服，一同为老总编祝寿，并合影留念。

2001 年 6 月 30 日，亲朋为李庄过 83 岁生日。这是他最后一次与大家坐在一起过生日。

范敬宜贺寿诗书：
　　少怀卓荦志，
　　壮岁即凌云。
　　策马战太岳，
　　浩歌入燕京。
　　报坛主笔政，
　　人心留春温。
　　盛世不言老，
　　米茶何足论。

419

2001年秋，在德国留学的外孙回国探亲时，祖孙三代的留影。

岁月痕
——留影父母李庄赵培蓝

　　2001年1月24日，辛巳年正月初一，人民日报的同事朋友们登门给老总编拜年。从左至右依次为：杨良化、罗荣兴、李庄、保育钧、张宝林、李克夫。

家有二老，如有二宝

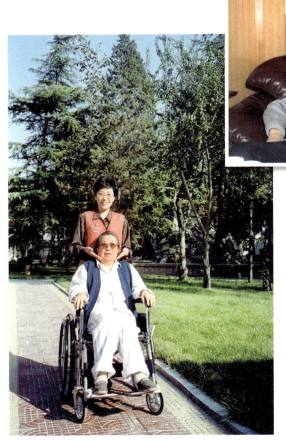

家有二老，如有二宝。2002年元旦父女在一起。四个月后，女儿奉调宁夏，辞别84岁的老父亲，西行塞上。

2000年国庆，陆军总医院。推着正在康复中的妈妈晒太阳。

代母祭祖

碑　文

先父赵全珠，字子安，清末秀才。他一生悬壶济世，在当地颇有影响。

先父崇尚民族气节，誓死不当亡国奴。日本侵略者于一九三九年五月占领辽县城，他弃家避居南冶村。一九四一年年关敌人扫荡，他转移中不幸坠崖身亡，时年近花甲。

女儿赵培蓝
一九九八年十二月
-5-

赵培蓝为抗战时期先后去世的父亲母亲立碑，写碑文。墓碑立在 1941 年父亲跑扫荡时坠崖遇难处附近。

碑　文

先父赵全珠，字子安，清末秀才。他一生悬壶济世，在当地颇有影响。

先父崇尚民族气节，誓死不当亡国奴。日本侵略者于一九三九年五月占领辽县城，他弃家避居南冶村。一九四一年年关敌人扫荡，他转移中不幸坠崖身亡，时年近花甲。

女儿赵培蓝
一九九八年十二月

妈妈的父母、我姥爷姥姥的墓立于山西省左权县桐峪镇南冶村——当年日本侵略军扫荡时他们从左权县城前往避难的小山村。

2001年8月25日，儿女前往姥爷姥姥墓地，代母亲祭扫先人。

上图为赵培蓝率子女所送的花圈。

上祭。

叩拜。

烧花圈。

21世纪第一个十年：天上人间永不忘

423

猴年贺卡

2003 年底，父亲长住北京医院，已不能写字，母亲
代表老两口，寄给在宁夏工作的小女儿的春节贺卡——

遥祝东东：

　　猴年大吉

　　爱护身体

　　严于律己

　　宽以待人

　　勤奋工作

　　造福人民

爸爸、妈妈

二〇〇三年十二月廿日

《远离北京的地方》出版了

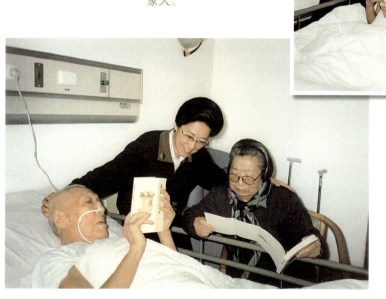

司机小曹，多年来与我们一同照顾老人，亲如家人。

2004 年初，父亲在北京医院住院时，和母亲一起高兴地看小女儿的散文集《远离北京的地方》。

《李庄文集》出版

2004年10月，凝结父亲一生心血成果的《李庄文集》，由人民日报出版社和宁夏人民出版社联合出版。

当年，把《李庄文集》送给每个子女和孙子外孙时，母亲都代表老两口郑重留言并加盖名章。2005年1月7日，外孙明明27岁生日时，收到了姥爷姥姥郑重的礼物——一套《李庄文集》，姥姥代表他俩写道：

送给亲爱的外孙启明：愿你继承姥爷为人为文的精神：严谨。

《李庄文集》序一

王　晨

　　李庄同志是人民日报社的老领导，是党的新闻战线德高望重的老前辈。他年轻时即投身革命，长期从事党的新闻宣传工作，从1946年参与创建《人民日报》时起，就扎根人民日报近六十年，将火热的年华全部奉献给了人民日报，奉献给了光荣而神圣的党的新闻宣传事业。在长期的新闻宣传工作中，李庄同志既善于用"红笔"，修改审定稿件，积累了丰富的新闻宣传工作领导经验；又长于用"蓝笔"，自己动手写文章，创作了大量脍炙人口、影响巨大的作品。即使从人民日报总编辑岗位上离休之后，他仍然笔耕不辍，不断有新的作品问世。将李庄同志长期以来的重要作品收录整理出版，使这笔宝贵的精神财富能够给广大新闻工作者以指导、借鉴和启发，是一件富有意义的事情。

　　《李庄文集》是一部沉甸甸的文集。文集中作品的时间跨度之长，所历所闻之丰富，思想分量之厚重，语言运用之精当，都是不多见的。这是一位党的新闻老战士一生心血的结晶，也从一个方面记录了我们党的新闻工作不平凡的发展历程。

　　《李庄文集》中的作品，按题材共分为三个部分，分别是"新闻作品编"、"散文论文编"和"回忆录编（上、下）"。

　　"新闻作品编"展现给读者的是一幅幅生动难忘的历史画面。

从抗日战争时期写作的《在保卫大武汉的紧急声中纪念鲁迅先生》到解放战争时期发表的《为七百万人民请命》，从解放初期的《中国人从此站立起来了——中国人民政协第一届会议特写》到抗美援朝时期采写的《被人们欢呼"万岁"的部队》《战斗十日》等等，都是主题鲜明、内容重大、语言生动、影响深远的名篇。今日读来，仍然令人心潮起伏，像是被带回到一个个或热烈、或紧张、或振奋、或忧患的历史场景。"新闻作品编"中的作品，都是作者在艰苦卓绝的革命战争年代，在中国历史发展的重大关头，用饱蘸激情的笔，对党和人民的奋斗历程所作的真实、生动的记录，展现了中国共产党人的光辉形象和崇高品质，展现出中国人民自强不息的伟大民族精神。作品也充分体现了作者鲜明的立场，敏锐的笔触，驾驭题材和运用语言的高超能力，为广大新闻工作者留下了许多珍贵的新闻写作范例。

围绕如何办报，如何做好编辑、记者工作的主题，作者在长期的新闻宣传工作实践中，从多个角度进行了思考和总结。这一主题的文章收录在"散文论文编"中，如《党报传统与新闻改革》《关键在于少而精》《向青年编辑建议》《入门不难，提高不易——我从事新闻工作的一点体会》等等。此部分收录的文章观点明晰，论述有力，态度诚恳，言辞平实，很有启发性，富有说服力。阅读这些文章，既能感受到作者勇于坚持新闻工作的党性原则，坚持正确的导向，珍惜新闻工作的优良传统，又能感受到作者思想解放，实事求是，善于与读者进行思想上的交流、观点上的辨析、业务上的探讨。对于新闻工作者来说，"散文论文编"是不可多得的良师益友。

"回忆录编（上、下）"收录的是作者对他从青年时期就投身的、几十年来亲身经历的新闻宣传工作的记录和思考。在这一部分，读者能够比较清晰地看到作者投身革命、投身党的新闻宣传事业的工作轨迹。当阅读着一篇篇作者在从事编辑记者工作中、在办报中遇到的各式困难或问题，所经历的各种事件或故事，所引发的多种思考和启示时，读者将更多地了解作者的人生历程和高风亮节，更多地体会到党的新闻宣传工作的光荣传统和宝贵经验。毫无疑义，这将有助于提高新闻工作者的政治意识、大局意识、责任意识，激励他们永远忠诚于党的新闻事业，胸怀理想，坚定信仰，为党的新闻事业不懈奋斗。

　　我相信，这部文集，一定会受到人民日报社同志、新闻界同行和广大读者的关注和欢迎，成为新闻工作者学习、工作的好教材。

　　借此机会，我愿再次表达我对李庄同志这位八十六岁的老领导、老前辈的深深敬意，衷心地祝愿他健康长寿。真诚希望今后继续得到李庄同志对人民日报工作的关心和指导，以便把《人民日报》办得更好，把人民日报社的事业发展得更好，把人民日报的队伍建设得更好。我想，这一定也是李庄同志的心愿。

（2004 年 9 月于人民日报社）

21 世纪第一个十年：天上人间永不忘

《李庄文集》序二

范敬宜

　　吾闻夫：有非常之时势，必有非常之人物；有非常之人物，乃有非常之文章。证之近代华夏报史，其言信然。溯自鸦片战争以降，国运衰微，人心思变，报业遂因时而兴。于焉嵚崎卓荦之士，风起云涌，灿若群星。其前，有王韬、梁启超、章太炎、邵飘萍、瞿秋白、张季鸾、邹韬奋等为之先驱，怀救国忧民之心，挟横扫千军之笔，雄辞伟论，振聋发聩。其后，有范长江、胡乔木、恽逸群、邓拓、吴冷西、乔冠华、刘白羽、华山、穆青等为之后继，崛起于寇深祸亟、民族危亡之际。或驰骋于抗日救国、民族解放之疆场，或纵横于环境险恶、血雨腥风之敌后，铁骨贞怀，不愧一代英杰。至若乱世能横戈立马，以笔代枪；盛世能夙兴夜寐，殚精竭虑，以其文、其声感召万众者，不可胜计，其间卓然特立者，《人民日报》原总编辑李庄等前辈是也。

　　公少怀大志，敏悟好学，且虚怀若谷，恂恂然有古君子之风。丁丑事变，华北沦陷，半壁江山沦于水深火热之中。公奋起投笔从戎，随我军转战太行，为战地记者中倚马之才。定鼎之初，朝战爆发，公领命前方，不避艰危，为率团入朝采访第一人，出生入死，佳作迭出而名噪一时。公倾力参与《人民日报》之创建、兴革、发展，凡半世纪，建树卓著，道德文章皆为世所重。尤可贵者，数十年间虽事务冗繁，犹笔耕不辍，常殷殷告诫后学曰：吾辈勿忘终身红蓝两笔并用。即离休之后，犹每日黎明即起，俯仰平生，心追手录，时有警世之作，未尝有一日闲居，其勤奋过人有如此者。然公率性淡泊，谦冲自牧。平生虽著述等身，皆分散出版，故得窥其全豹者实寡。今公已届"望九"之年，亲属遂有酬资为其出版全集以代祝嘏之议。坚请再四，方获颔首。人民日报出版社与宁夏人民出版社深嘉其意，为早付剞劂，全力以赴。今书方成，居然皇皇巨构矣。从此鲁殿灵光，尽现人间，岂独报坛之盛事耶！予读其书，如闻其謦欬，亲其风范。慨然叹曰："新闻岂无学，典范在咫尺，今吾报人学有圭臬矣。古人所云'高山仰止，景行行止，虽不能至，心向往之'，其斯之谓欤！"

（甲申夏日于京华）

《李庄文集》写在前面的话

李东东

我的父亲李庄，在几十年新闻生涯中，写了大量新闻报道和评论，惜乎终止于 20 世纪 50 年代，用他的话说，"用红笔多了，用蓝笔少了"的走上领导岗位之时。这些作品，1984 年由《当代中国记者丛书》编委会选编成专集《新纪元集》出版。1986 年，父亲从《人民日报》总编辑岗位上退居二线，放下"红笔"，重操"蓝笔"，写散文、写论文、写随笔、写回忆录，笔耕不辍十余年，成书四本，分别为《我在人民日报四十年》1990 年，《人民日报风雨四十年》1993 年，《晚耕集》1998 年，《难得清醒》1999 年。这几本书，再加上 1951 年出版的《朝鲜目击记》和 1954 年出版的《战斗十日》，便是他一生文字工作结集成书的全部。当然，由于编辑出版的时间不同，部分篇章在不同的书中略有重合，也有些文章没能收入。

父亲于 20 世纪 90 年代相继将他的书题字送我。他在《人民日报风雨四十年》的扉页上题写了"东东爱女一阅"，在《难得清醒》上题写了"东东爱女一读"，在《晚耕集》上题写了"东东暇时一读"……说来惭愧，我这个父亲心中的爱女，忙于工作，忙于事务，直到 2004 年春天，才偶然遇到了奔波忙碌中的"暇时"，认认真真地读了父亲的全部文章。一读之下，我对 86 岁高龄、卧病在床的

岁月痕——留影父母李庄赵培蓝

老父亲，敬佩之余，还感到了深深的惭愧。

多年以来，我从许多或为父亲战友、同事的新闻界前辈，或为父亲部下、后学的新闻界同行口中，得知父亲在人们心目中为人、为文的口碑；近年来，年过八十、过去从未动笔写过父亲的母亲，也撰文提到她如何结识 20 世纪 40 年代在太行山根据地就已"鼎鼎大名的"《新华日报》记者李庄。而我这个出身新闻工作者家庭、被认为近水楼台的女儿，却几十年来不甚了解自己的父亲，至少不甚了解他在抗战初期是怎样"一声炮响上太行"，在解放前夜是如何"一肩行李下太行"的；不甚了解父亲从抗日战争、解放战争、新中国成立初期到朝鲜战争期间的著名新闻作品；并且时至今日，才读到父亲这么多思想深邃、为文谦和、下笔从容、辞章凝练的散文和论文，真要险些成为不孝之女了。

回想起来，我与父亲共同生活的时间实在太少。我出生于新中国成立之后的毛泽东时代，3 岁之前，由父亲的乳母带着，生活在父母身边，按照自然规律，这个阶段没有记忆；3 岁至 7 岁，我被送到人民日报幼儿园过集体生活；7 岁至 13 岁，在中直育英小学过寄宿制读书生活。我的幼年、童年、少年时代，正是父母年富力强、为党的新闻事业努力工作的时期。待到母亲觉得总是见不到儿女而要我考中学时报考城里走读的学校，已接近"文化大革命"了。在 1968 年我离京赴延安插队，完全离开父母、离开家庭之前，我和父亲的接触基本上是在周末和寒暑假期间。每当早晨我们兄弟姐妹起床时，凌晨从报社下夜班回家的父亲正在睡觉；而下午我们游泳、滑冰回来，他已经离家去报社，开会、上夜班了。记忆中，难得和他一起吃顿饭，而周末父母带我们兄妹上一次公园，更是一种偶尔的奢侈了。1976 年，我经过延安种地、内蒙古放羊、铁道兵服役的锤炼，"抗战八年回家园"后，仅仅在家生活一年，又成了"泼出去的水"，住到了婆家。以上，便是我与父母共同生活的全部时间。再往后，便是那首《常回家看看》中歌唱的情景了。

不知不觉中，父母老了。尤其是父亲，当他离休后把时间一小时、半小时地计算着读书看报写文章的时候，他灰白的头发，很快变成了满头白发；高高的个子，也由于长年伏案和战争年代的腰伤发作，渐渐佝偻了。对于一位终生从事党的新闻工作，并且几十年来一直在党中央机关报工作的记者编辑、领导干部，父亲对党、对

新闻事业倾注了满腔热情，对"蓝笔红笔"、对文字工作表露出一往情深。他以他所写的《任弼时同志二三事》中弼时同志为榜样，"一怕工作少，二怕麻烦人，三怕用钱多"，一辈子勤勤恳恳，兢兢业业，从不向组织上伸手，凡事怕给公家添麻烦。以我粗浅的眼光看来，他的追求，他的情趣，他的寄托，特别是他离休之后，就在读书看报和写他自谦的"小文章"上了。

于是，我想，我这个没与父亲共同生活多久，在他年迈多病后又因忙于公务而没能直接照顾他的女儿，应该和可以为他做些什么呢？除了做好我的本职工作，对党的事业"尽忠"而实现对父亲"尽孝"之外，恐怕最应当做的，就是把他的文章分类编辑，结集成书，出版《李庄文集》。

父亲和父亲的文章，自有其在党报史上的位置，不必也不应由我作女儿的一论短长。我对卧病在床的父亲所能告慰的是，他几十年来要求我的"认真""努力"四个字（我在散文集《远离北京的地方》中写过，父亲一生谨言慎行，责人宽，责己严，责家人严，几乎从不表扬孩子，最高的褒奖便是"很认真""很努力"这两个词），我一直在认真努力地践行；而他一生为人正直、为文平实的操守，也将是我孜孜以求的至高境界。

《李庄文集》分为"新闻作品编""散文论文编""回忆录编（上、下）"。虽然父亲目前已处于间或清醒、视物不明的状态，但我相信他心底对大事是不糊涂的。根据他一贯的行为准则，这部文集，我母亲和我们兄弟姐妹决定自费出版，以使父亲不给组织添麻烦的心愿，得以终其一生。

2004 年春于银川

父亲最后的日子

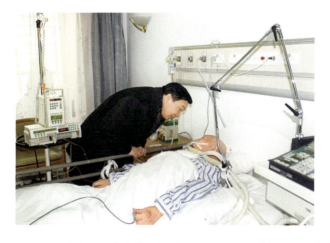

　　2006年初，父亲病势已很重。1月18日，时任人民日报社社长王晨同志到北京医院看望老总编李庄，关心询问病情与治疗，并与家属亲切合影留念。

抗日烽火奔太行
激情燃烧迎解放
相濡以沫偕晚耕
喜忧参半砺风霜
红笔蓝笔两从容
变的初心
开来继往同

2006年1月17日，时任人民日报社总编辑张研农同志在报社办公厅、老干部局领导陪同下看望李庄同志。

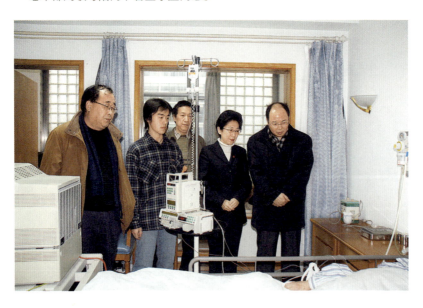

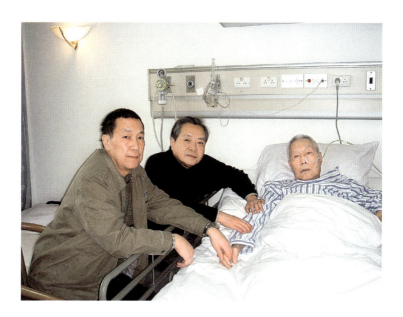

2005 年，亲人的探望。

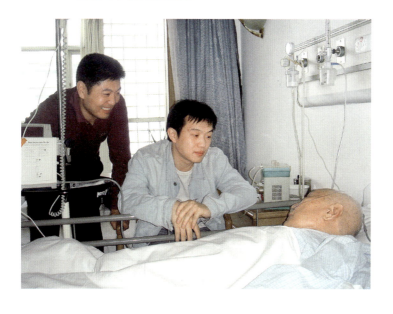

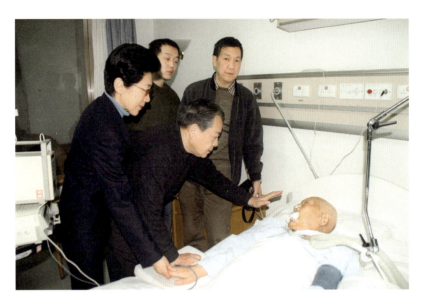

2006 年 2 月 24 日，家人相继探望。谁也不可能想象，一周后父亲走了。

2006 年 2 月 27 日，丙戌春节过去不到一个月，北京医院 705 病房里节日气氛犹在。晚辈共同为老父亲祈福。当天下午，我从北京返回银川。我的工作岗位在宁夏，父母对儿女的要求首先是做好工作。

送　别

李东东

　　中国民间有个古老的说法，当一个人行将辞世的时候，他要等着见谁，哪怕远在千里之外，也一定会等的；如果不等了，你就是守候在旁，也可能错过最后告别的机会。宁夏青年作家郭文斌的小说《一片荞地》，通过描述为母亲送终的过程，对时间和生命作了深刻思考。文章开头这样写道："接到电话时，我没有丝毫紧张，我想我的娘一定等着我。如果她真的要走的话，她会给我打招呼的。娘果然等着我。"

　　2006 年 3 月 3 日，我在父亲过世之前几小时赶回北京，守在他的身边，与他告别，送他长行，那是我不愿回想又永难忘怀的一幕。

　　1 月中旬 2 月下旬，父亲的情况一度很不好。上呼吸机后，我回京守望过几天。我的工作岗位在宁夏，不可能长留北京。也是抱着良好愿望和侥幸心理吧：兴许父亲在新的状态下取得新的平衡，又能度过相当一段时日呢！ 2 月 27 日我回到银川，照例每天与家里、与医院保持着信息沟通。我不如郭文斌接"我娘"病危电话时的"没有丝毫紧张"，每次打电话、接电话，我都提心吊胆，盼好消息，怕坏消息。

　　3 月 3 日是星期五。本来我计划下班后回北京，利用周末陪陪病重的老父亲，尽尽我的心。但是星期四傍晚，我的感觉格外不安，冥冥中，一个声音总在我脑中盘旋——"回来，回来，回来……"结束了当天最后一个公务活动已近 21 时，我下了决心，连夜改订第二天飞北京的机票，将原定下午的航班改为上午的，又改为早上的。

3 月 3 日清晨 6 时，天还黑洞洞的，此前几天已彻夜守护在医院的姐姐，给我发了这样一条短信，只有 10 个字：老爸仍在坚持，等你回家。我庆幸自己前晚更改航班是个正确决定，在黎明的微曦中，顶着西北初春的寒风，一路向机场赶去。好在早班飞机准点，按时在首都机场降落，而后，一路向城里、向长安街、向北京医院赶去。10 时半，从北京饭店南侧往台基厂拐弯的时候，姐姐又一次打来电话：走到哪儿了？赶快吧，爸爸还在坚持着，等着你……

我就这样赶回了父亲身边，我知道父亲会等着我的，他果然等着我。我是全家远在千里之外的那一个。父亲在弥留之际，艰难地、顽强地等着他的老伴和子孙相继赶到。

为了送别父亲而相聚在一起，全家人悲痛难抑；能够一个都不少地相聚起来告别父亲，又使全家人稍感心安，不留遗憾。

3 月 3 日 15 时 54 分，在全家人的环绕守护中，父亲咽下最后一口气，顽强地跳动了 88 年的心脏停歇下来，永远地休息了。我的坚强的老母亲，趴在相濡以沫 60 年的老伴耳边，轻轻地说：你这一辈子太辛苦，太累了，你休息吧！我不和你告别，你托个梦告诉我走到哪儿去了，我这就去找你，永远和你在一起。

7 月 1 日，父亲的来日，3 月 3 日，父亲的去日，加上年年清明，我们全家将永远怀念敬爱的父亲。而他的战友和同事，也对他的离去表达了沉痛的哀悼与怀念。在众多挽诗、挽联和纪念文章中，这样几篇可以代表大家的共同心声——

1976年打倒"四人帮"时被中央派到《人民日报》工作一年，后来身居党、国家和军队领导人高位的迟浩田同志写来挽幛："德高望重的新闻工作者李庄同志永远活在我们心中"。

人民日报社原副总编辑李仁臣同志写道："老李，真舍不得你走！每年的7月1日，我们会特别记起你，因为这天是

你的生日，也是党的生日，你是党的人！每年的3月3日，我们会特别想念你，因为这天你离我们而去。其实，你没有离开我们，你见证了《人民日报》的诞生和发展，你活在《人民日报》的历史中。你带领我们办这张报纸，青灯稿纸相伴一生，兢兢业业，率先垂范，你是师长也是朋友，你的音容笑貌永远活在我们的心里！"

新闻出版署原署长杜导正同志写道："平平常常朴朴素素宽厚作风贯一生　痛定思痛改弦更张耀眼光环照晚年"。

（节录自《父亲给了我什么——他把三月三日永远留在我心里》）

21世纪第一个十年：天上人间永不忘

443

2006 年 3 月 15 日，八宝山送别。

告别大厅里。

　　2006 年 3 月 15 日，李庄同志遗体送别仪式上，王晨社长率报社编委会领导同志向老总编送别。送别仪式结束时，人民日报编委会全体成员再次集体向李庄同志作最后告别。

痛别亲人。

447

2006 年 3 月 15 日，遗体送别仪式后，父亲的骨灰安放在八宝山革命公墓骨灰堂。

2006 年 4 月 5 日，丁亥清明，全家人到八宝山革命公墓骨灰堂东 1—4 室，看望刚刚远行的亲人。

留影父母
红笔蓝笔两从容
抗日烽火奔太行
相濡以沫借晚斯
不变的初心
享祝参半砺风霜
继往开来团圆
激情燃烧迎解放

人民日报社原总编辑、著名记者
李庄在京逝世

新华社北京 3 月 16 日电 "乱世能横戈立马，以笔代枪；盛世能夙兴夜寐，殚精竭虑"——为党的新闻事业奋斗一生的老新闻工作者，《人民日报》的创始人之一，人民日报社原总编辑李庄，走完自己半个多世纪的新闻人生，于 2006 年 3 月 3 日在北京逝世，享年 88 岁。15 日上午，首都新闻界和社会各界人士在八宝山革命公墓送别这位忠诚的共产党员和当代著名记者。

李庄病重期间和逝世后，胡锦涛、江泽民、吴邦国、温家宝、曾庆红、黄菊、吴官正、李长春、王兆国、刘云山、张立昌、贺国强、王刚、朱镕基、李瑞环、宋平、尉健行、何勇、陈至立、陈奎元和彭冲、丁关根、迟浩田、钱其琛、陈慕华、曹志、洪学智、叶选平、宋健、邓力群、韩光等，以不同方式表示问候和哀悼，向他的家属表示慰问。

出生于 1918 年的李庄，在抗战的洪流中开始自己的新闻生涯。他采写的《在保卫大武汉的紧急声中纪念鲁迅先生》《敌后三月》《中国人从此站立起来了》等新闻和通讯，真实记录了中国人民反抗侵略、追求解放的历程，热情讴歌新中国的诞生；他奔赴抗美援朝前线发回的《汉江南岸的日日夜夜》《被人们欢呼"万岁"的部队》等，展示了中朝军民保家卫国的英雄业绩。中国当代新闻史上，留下了他诸多名篇名作。

从 1948 年参与人民日报的创建到任人民日报总编辑，李庄对人民日报的发展和党的新闻事业兢兢业业；在新闻理论方面，他不断探索，积极创新。他从长期实践中得出的"新闻工作的灵魂——深入实际，深入群众""独立思考是新闻记者的宝贵品质"等深刻论断，让今天的新闻工作者受益匪浅。2004 年结集出版的《李庄文集》，被许多新闻界后辈称为"不见面的老师，不握手的朋友"。

李庄 1940 年参加革命工作，历任人民日报社总编辑、编委会委员，中共十二届中央委员会纪律检查委员会委员，第三和第七届全国人大代表，第七届全国人大科教文卫委员会委员。

李庄同志遗体送别仪式在京举行

胡锦涛江泽民吴邦国温家宝曾庆红黄菊吴官正李长春送花圈

李长春刘云山迟浩田等参加送别仪式

王晨张研农梁衡江绍高陈俊宏米博华何崇元崔运玺杨振武和职工代表及离退休老同志为李庄同志送别

中国共产党的优秀党员，忠诚的共产主义战士，党的新闻宣传战线的优秀领导干部，人民日报原总编辑李庄同志遗体送别仪式，3月15日上午在北京八宝山革命公墓大礼堂举行，首都各界人士近千人怀着悲痛的心情送别李庄同志。

李庄同志因病医治无效，于2006年3月3日15时54分在北京逝世，享年88岁。

八宝山革命公墓大礼堂庄严肃穆，回荡着激扬舒缓的《在太行山上》乐曲。大厅上方悬挂着黑底白字的横幅"沉痛悼念李庄同志"，横幅下方摆放着李庄同志的遗像。李庄同志的遗体安卧在鲜花翠柏丛中，身上覆盖着鲜红的中国共产党党旗。

李庄同志遗像前摆放着胡锦涛、江泽民、吴邦国、温家宝、曾庆红、黄菊、吴官正、李长春同志送的花圈。送花圈的还有王兆国、刘云山、张立昌、贺国强、王刚、朱镕基、李瑞环、宋平、尉健行、何勇、陈至立、陈奎元和彭冲、丁关根、迟浩田、

451

钱其琛、陈慕华、曹志、洪学智、叶选平、宋健、邓力群、韩光等。

中共中央纪律检查委员会、中共中央办公厅、全国人大常委会办公厅、中共中央组织部、中共中央宣传部、中共中央对外联络部，中央和国家机关有关部委，人民日报社编委会、编委会成员和报社老领导，李庄同志的夫人赵培蓝率子女和孙辈，中央各新闻单位，李庄同志生前工作过的单位和其他有关单位及生前友好送了花圈。报社各部局、所属单位也送了花圈。

上午 10 时 30 分，中共中央政治局常委李长春，中共中央政治局委员、书记处书记、中宣部部长刘云山，原中共中央政治局委员、中央军委副主席、国务委员兼国防部部长迟浩田等，在哀乐声中缓步来到李庄同志遗体前肃立默哀，向李庄同志遗体三鞠躬，并与家属一一握手，表示深切慰问。中央国家机关有关部门及相关单位负责同志到送别大厅向李庄同志送别。

人民日报负责人王晨、张研农、梁衡、江绍高、陈俊宏、米博华、何崇元、崔运玺、杨振武到送别大厅向李庄同志送别，并向家属表示慰问。报社老领导钱李仁、谭文瑞、范敬宜、张云声、郭渭、张虎生、李仁臣、余焕椿、保育钧、于宁也到送别大厅向李庄同志送别。

朱穆之、胡绩伟、白介夫、凌云、杜导正、阎颖、李普、高戈、徐才、钟沛璋、江牧岳、穆欣、华君武、张沛、马沛文、曾克、陈泽然等老同志到家里或八宝山革命公墓送别李庄。

受宁夏回族自治区党委书记陈建国委托，自治区党委副书记马文学代表宁夏回族自治区党委、政府专程来京，到八宝山革命公墓吊唁李庄同志逝世。

人民日报社各部局、所属单位职工代表和离退休老同志及李庄同志生前好友，怀着沉痛的心情列队走入送别大厅，向李庄同志送别。

李庄同志生前生活和战斗过的地方的有关单位保定市委市政府、平山县委县政府、徐水县委县政府、涉县县委县政府有关负责同志也到送别大厅向李庄同志送别。

送别仪式结束时，人民日报编委会全体成员再次集体向李庄同志作最后告别。

宁夏回族自治区党委常委、宣传部长、李庄同志的女儿李东东同志，代表家属向人民日报编委会对李庄同志逝世后周密细致的治丧工作表示衷心感谢。

同志们深深怀念李庄同志。怀念他始终不渝地坚持共产主义理想和信念，对党和人民无限忠诚，鞠躬尽瘁，为党的新闻宣传事业作出的贡献；怀念他朴实严谨，谦逊厚道，平易近人，淡泊名利的高尚情操；怀念他严于律己，宽以待人，勤政廉洁，生活俭朴的优良作风。

（原载人民日报《情况通报》2006 年第 3 期）

21 世纪第一个十年：天上人间永不忘

深切思念李庄

赵培蓝

2006 年 7 月 1 日，是我们伟大的党成立 85 周年纪念日，也是我的老伴李庄 88 周岁的诞辰。我为我们党在振兴中华进程中取得的伟大成就而欣喜，也深切地思念为党的新闻事业奋斗终生的李庄。

2006 年 3 月 3 日，久病不愈的李庄，等不到家人为他做寿就离去了。他是带着一丝遗憾离开我们的，他始终如一地眷恋着一天天繁荣昌盛的祖国，他无比深情地关爱着为之工作了一生的《人民日报》，他发自内心地思念着共同战斗几十年的新老同事。2005 年 8 月 15 日，首都各界隆重举行中国人民抗日战争胜利 60 周年纪念大会，已在医院卧床的李庄勉力坐起来看了电视转播。报社领导给他送来"纪念中国人民抗日战争胜利 60 周年"纪念章时，李庄激动得流下了眼泪。他说话已经很不利落，但还是很吃力地说着，顽强地表达着什么。别人难以分辨他的意思了，然而我知道，他是想等着看到《人民日报》庆祝创刊 60 周年的时刻，想看到北京举办奥运会的盛况。他的这个心愿早已表达过多次。可惜，他还是没有等到那一天。

李庄离去后，很多同志表达了深切的怀念之情。他的离去，在我心中产生了难以抑制的悲伤和遗憾。唯一能让我有一点点欣慰的，就是他终于彻底地摆脱了病魔，可以放下一切地休息，等待着我去和他相会。李庄的一生在辛劳中度过，他应该休息一下了。

李庄参加革命以来一直从事党的新闻工作，前期主要是采访、写稿，后来主要是编辑、改稿。他无条件地服从组织分配，无论是当记者还是做编辑，不管是上白班还是值夜班，从来都是兢兢业业，一丝不苟，勤勉努力，任劳任怨，几十年过着紧张、劳累、单调的生活又乐此不疲。他感到，那是丰富而充实的生活。

1949年9月21日，中国人民政治协商会议第一次全体会议在北京开幕，为即将成立的新中国奠基。李庄参加大会采访，还要组织其他记者采访，帮助他们定题目，还亲自帮助联系采访对象。在为期八天的会议进程中，李庄写了八篇特写，还改发了几位记者的专访稿件，几乎是夜以继日地操劳。当时我一连多天都见不到他的身影，只是在报纸上看到他的名字。他对我说，自己年轻，身体好，每天睡四个小时就够了。其实他连四个小时的睡眠时间也没有。

李庄从抗美援朝战争前线采访回来后开始做夜班，每天上班的时间特别长，常常从下午三点干到第二天凌晨三四点才能下班。朝鲜板门店停战谈判期间，有时为了等谈判的稿子，要等到天亮方能完事。有时，我们在人民日报社旁边的豆浆摊上碰个头，他喝碗豆浆回家睡觉，我买个烧饼到报社上班。有时连面也碰不到，有了需要商量的事情，就在家里留个纸条，我写的多是家事，他写的多是工作。

因为工作忙，李庄很少有业余时间，也就没养成什么业余爱好，唯一喜欢的就是听听京戏，但极少能到剧院去一次。我印象中只和他一起去过一次剧院。那是 1953 年，文化部举行全国各地优秀戏剧到北京汇演。有一天，中国青年艺术剧院在东单剧场演出《屈原》，报社给大家买了票，我和李庄一起去了。没想到刚刚开演，序幕刚完，舞台旁边的灯光屏幕就打出一行通知："李庄，报社有急事，速回。"他看了二话没说抬腿就走。我们两人唯一一次在剧院看演出就只看了一个序幕。

20 世纪 50 年代后期，我们的三个孩子都在寄宿制小学上学，一周回家一天，星期天总想让爸爸妈妈带着到公园里玩玩。李庄也有这个心愿，答应得好好的，但是他下夜班都在凌晨，上午八九点钟还是睡不醒。三个孩子围在床边，这个揪揪耳朵，那个拽拽胳膊。小女儿在他的头发上编小辫，也还叫不醒他。好不容易等他起来，简单洗漱一下，带着孩子们去中山公园时，时间已经不多，看看金鱼，看看别人划船，就要往回返。经过王府井，他总是让我一人带孩子们回家，自己又去上班了。

"文革"十年浩劫，李庄被剥夺了工作的权利，不上夜班下干校了，经历了各种折腾人的学习班。他在搬运组参加重体力劳动，还要遭受精神上的折磨。李庄是一个珍惜时间的人，即使在那样的环境下，他仍把可以利用的时间都用来学习，看了大量马列和毛主席的著作，作了深深思索。

"文革"结束了，李庄重新恢复工作，他要把被耽误和荒废的十年补回来，全身心地投入了工作。1980 年，报社从王府井搬到金台西路，离家远了，他不愿意耽搁时间回家吃晚饭，就自带一顿饭，每天下班以后，楼里安安静静，他一边用小电炉热饭，一边看文件和改稿子，等到八九点钟，上夜班的编辑记者来了，他和大家一起商量组织版面，一直干到报纸付印才回家。他自奉甚俭，带的饭极简单，常常是剩的烙饼或烤馒头片，有时熬点玉米面糊糊，佐餐的就是大葱蘸酱或者酱豆腐。我于心不忍，数次劝他或者到报社食堂吃晚饭，或者带的饭好一点，他都以要节省时间搪塞过去。几年时间他就是这么过来的，那时他已届花甲之年。

1986年，李庄从人民日报社总编辑岗位上退下来，时年68岁。他对我和孩子们表示，退就完全彻底地退，绝不能还想"发挥余热"而对新领导及报社的工作有半点干扰和麻烦。也不要不甘寂寞地"发挥余热"，在这里挂个社会闲职，那里兼个团体闲差。但他自觉还不到真正赋闲养老的时候，还想做一桩有意义、有价值的事，就是回想往事，编辑早年著述，并完成一部长篇回忆录。为此他成为报社图书馆的常客，经常到那里翻阅报纸查找资料，认真地着手准备。

这时，人民日报社首任社长张磐石和夫人王定坤来家里找李庄，说他们正在与山西省委有关部门一起，组织人力，搜集材料，撰写太行山根据地抗日战争史料。磐石同志明确要求李庄参与这项工作，至少能通读书稿，为最后定稿把关。编写这份史料，卷帙浩繁，工程巨大。出于历史的责任感，李庄放下自己的资料收集和写作，认真地投入新工作，数次前往太原和太行山，与山西省委党史办等单位的同志共同商定结构框架。在一年多的时间里，李庄认真审阅了这部一两百万字的巨著。

忙完了这些事情，李庄才能静下心来撰写回忆录。他基本上每天早晨五点起床，长时间地坐在案头，翻阅报纸，比对资料，潜心回忆，慎重落笔，除了吃饭和午后稍事休息一下，总要干到晚上

留影父母
抗日烽火奔太行
激情燃烧迎解放
相濡以沫借晚耕
喜忧参半砺风霜
红笔蓝笔两从容
不变的初心
开来继往同

九十点钟。经积年反思，时常心有感悟、认识升华。就这样写了几年，他先后写了《人民日报风雨四十年》和《难得清醒》两部回忆录，还编辑了一部杂文、散文评论集《晚耕集》，总计近80万字。虽觉言犹未尽，但他自认为，对自己的工作和思想作了问心无愧的梳理和总结。

《难得清醒》一书于1999年问世后，得到诸多好评，我们全家都为他高兴。李庄本人也感到，他对历史尽到了一份责任。

2004年秋，李庄一生工作和文字的结晶，由人民日报出版社和宁夏人民出版社合作编纂成《李庄文集》四卷。为了实现他始终坚持的淡泊名利、不给组织添麻烦的心愿，我们的儿女自费出版了这套书。李庄在病榻上看到这套书，感到由衷的欣慰，高兴得流下了眼泪。

无愧无悔地度过了一生，李庄平静地走了。他留下的是对人民事业的满怀期望。

红色家风

——姥姥的期望和叮嘱

2007 年春,《李庄朝鲜
战地日记》出版,姥姥于夏
天题字送书给外孙。

亲爱的明明：

　　这本书里的照片，是你祖父辈、父辈和你三代人不同时期的留影，十分珍贵。我很珍惜它，希望你也要珍惜它。

　　这本书里的文章，都是很有教育意义的。你工作之暇，仔细阅读，对你工作，特别是为人处事很有益处。切记。

姥姥

二〇〇七年八月

致李仁臣同志的信

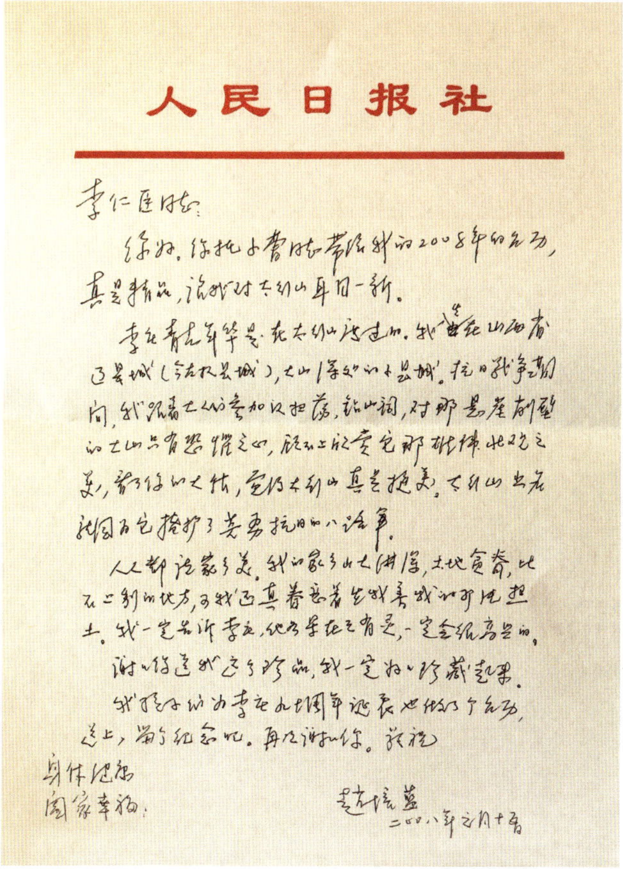

人 民 日 报 社

[手写信件内容]

2008年1月15日，妈妈给李仁臣同志的信。

21世纪第一个十年：天上人间永不忘

461

一甲子的庆典

——两代人应邀出席国庆 60 周年庆祝活动

留影父母

相濡以沫借晚耕

蜕变的初心

红笔蓝笔两队容

日烽火奔大行

激情燃烧迎解放

名祝参半砺风霜

开来继往同圆

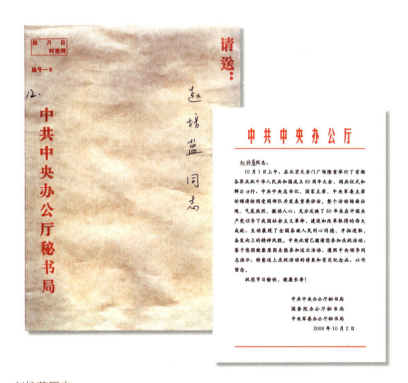

赵培蓝同志：

　　10 月 1 日上午，在北京天安门广场隆重举行了首都各界庆祝中华人民共和国成立 60 周年大会、阅兵仪式和群众游行，中共中央总书记、国家主席、中央军委主席胡锦涛检阅受阅部队并发表重要讲话。整个活动场面壮观、气氛热烈、激动人心，充分反映了 60 年来在中国共产党领导下我国社会主义革命、建设和改革取得的伟大成就，生动展现了全国各族人民同心同德、开拓进取、奋发向上的精神风貌。中央此前已邀请您参加庆祝活动，鉴于您因健康原因未能参加这次活动，遵照中央领导同志指示，特意送上庆祝活动的请柬和有关纪念品，以作留念。

　　祝您节日愉快、健康长寿！

中共中央办公厅秘书局

国务院办公厅秘书局

中央军委办公厅秘书局

2009 年 10 月 2 日

　　庆祝中华人民共和国成立
60周年，2009年9月30日、
10月1日，李东东的各种证
件（庆祝大会及阅兵等）。

红鬃

21世纪第二个十年：

开来继往同圆梦

　　都说好日子过得快，真是不假。进入新世纪第二个十年，似白驹过隙，转眼近八年过去了。我们老李家四代人，作为长一代大家庭长子的我父亲，今年已长行11年了，他的两个弟弟一个妹妹也已离世，我母亲和我的小叔叔婶婶成为老一辈中老李家硕果仅存的长辈，受到格外的尊重。我们这第二辈，堂兄弟姊妹、表兄弟姊妹加上自己的儿孙，几十口人，始终保持着大家庭的亲情和联系，大家忙于各自的工作生活、赡养老人抚育孩子，但互相惦念，不时聚会。

　　令人欣慰的是，我们这一家仍因"家有一宝"——老母亲健在而四世同堂。随着岁月迁延，我的姐姐哥哥已退休，我也退出行政领导岗位几年了，仍在全国政协委员岗位上履职尽责。可喜的是，第三代人成长起来了，都在工作岗位上奔波忙碌，立业成家。第三代有男有女，有的在国内、有的在美国；在国内的都在国有大企业工作，都是共产党员，笔头子都不错，也都充满着继承革命传统、传承红色家风的时代责任感。

　　这个十年里留给我深刻印象的一件大事，是继2009年参加国庆60周年庆祝大会和阅兵观礼后，于2015年9月3日在天安门广场观礼纪念中国人民抗日战争暨世界反法西斯战争胜利70周年大会和阅兵式。这是新中国首次举办的不在国庆日而在特定纪念日的大阅兵，母亲和我都收到了观礼邀请。大阅兵前不久，作为抗战老战士的母亲，还收到了中央颁发的纪念中国人民抗日战争胜利70周年纪念章。20年前的纪念抗战胜利50周年、10年前的纪念抗战胜利60周年，我们家都收到两枚纪念章——父亲的和母亲的，这又一个十年，母亲接到了纪念章。

　　时年92岁高龄的老母亲已不能前去天安门广场，安坐家中收看电视直播；我就带着她的纪念章和父亲的照片，也就是带着他们的心意，参加了纪念大会和阅兵观礼。那天在天安门广场现场，遇人民网、新华网年轻的新闻记者，他们要我谈谈感想，我说："今天我把父亲的照片和母亲的纪念章带到现场，也就是把父母的心意带来了，这可以说是一代代为新中国奋斗的新老同志的心意；同时告诉我们的后代，要珍惜来之不易的和平环境和改革开放成果，不忘历史，缅怀英雄，珍爱和平，开拓未来，把红色江山代代传下去，实现中华民族伟大复兴的中国梦。"

我和奶亲家

赵培蓝

我们和女儿的奶兄至今还保持着联系，那是我们和老区人民割不断的深情厚谊。

1945 年，我从太行联中毕业分到太行文联工作。太行文联住在河北省涉县下温村。后来成立了晋冀鲁豫区党委、晋冀鲁豫边区政府，就搬到河北省武安县一带。

1947 年底，区党委领导的整党学习班——太行地区学习班在涉县常乐村举办，距离下温村四里地。太行文联的同志都到常乐村参加整党学习。记得那次整党主要是为了解决教条主义、主观主义、宗派主义问题。我当时还不是党员，但因为所有干部都要参加，我也去参加了。

整党学习从 1947 年底到 1948 年初，共四个月。那时我已经怀孕九个月了，按说应该回到下温村待产。但因为整党马上就要结束，我想坚持下来，没想到急匆匆就在常乐村生产了。

那是 1948 年 2 月 21 日深夜，月亮很亮。我肚子疼得躺不下坐不住，就到院子里走走，后来越走越疼，我觉得不好，就扒着房东大娘屋的窗户叫她。大娘赶紧爬起来，把我搀进屋里，扶到炕上。没有一会儿，"哇"的一声，孩子出生了，这时已是 22 日凌晨，后来女儿取名就叫李晨。

抗日烽火奔太行
激情燃烧迎解放
留影父母
相濡以沫偕晚耕
忧参半砺风檐
红笔蓝笔两从容
不变的初心
开来继往同

我为小孩儿准备的东西都在下温村，这里什么也没有。大娘麻利地把我的一件衬衣剪开，把孩子的脐带剪断包好，又用我的棉袄把孩子包裹好，还给我煮了碗小米粥，让我喝下休息。

这时我爱人李庄还在90里地外的武安县河西村（晋冀鲁豫区党委机关报《人民日报》驻地），接到文联秘书长的通知，第三天晚上才赶来。借着屋里昏暗的灯光，看着炕上躺的一大一小，他笑着说："这就是我的小女儿。"大娘说，可不是，这妞儿性子急，差点儿生在院子里。

第二天，李庄忙着买鸡煮鸡汤，买鸡蛋、糖、油做饼干。饼干做好了，大娘看了着急地说，老李这鸡汤可以喝，饼干可不能给培蓝吃，坐月子的人不能吃硬东西。李庄笑着让大娘尝尝看，大娘吃了几块，乐了，敢情这东西又软又酥，忙说，能吃能吃。

李庄只住了三天，临走之前，他一再请大娘帮忙，也跟文联秘书长说好，帮忙找个奶妈。大约十天，大家帮忙找到一个奶妈，女儿就交给奶妈喂养。3月22日孩子满月那天，文联秘书长派人赶着骡子把我接回下温村。

辞别了热情周到照顾我一个月的大娘，回到我住了三年多的老地方。这里的房东大娘对我同样亲热，帮我做饭、洗涮，邻居大娘、媳妇们也常来看我。可就在我安心休息的时候，奶妈忽然把我女儿送回来了，说她的奶水不够孩子吃，我一下慌了神。

当时机关恰好收到一些救济物品，其中有炼乳，秘书长给了我几筒救急。每次都是房东大娘帮我热好，我用勺子一点儿一点儿喂孩子。村里有几位年轻妈妈，奶很好，听说了我的情况，主动表示除了喂自己的小孩儿，还可以给我女儿吃一点儿。一开始，我抱着女儿去找她们，东家吃一口，西家吃两口。后来，她们几个人商量好，一天三次轮流到我家给我的女儿喂奶。可以说，我女儿是吃根据地很多妇女的奶水长大的。我非常感谢她们，她们几个的模样深深印在我的脑海里，我永远忘不了她们。

后来，终于找到了一个好奶娘。奶娘叫曹桂女，娘家就在下温村，嫁到离下温村八里地的小曲峧村。文联派人把我们母女送去。我抱着女儿骑在一头骡子上，带着一大包给女儿用的东西。文联送我的同志紧紧拉着骡子，沿着崎岖的山路慢慢地走到小曲峧村。

这是个只有二三十户人家的小山村，除了石头还是石头，苦极了。奶爹叫宋砚田，在抗日战争期间担任村民政委员，组织担架队支援前线，送公粮、送军鞋，什么都管。1948年解放战争都快胜利了，他还在忙活着。奶娘是个能干的女人，家里的活儿、地里的活儿，样样拿得起来。我带着女儿在奶娘家住了几天，看着他们全家把女儿照顾得很好，就放心地走了。当时实行供给

抗日烽火奔太行
激情燃烧迎解放
留影父母
相稳以沫偕晚排
吴忧参半历风雨
红笔蓝笔两从容
史的初心
开来继往同

制，每个小孩每月给多少斤小米（折合成钱）、多少尺花布，我领了就给奶娘送去。后来才知道，奶娘那时奶水已经不是太好了，为了奶我的女儿，还吃了几服中药。

1948年底，太行文联接到命令要离开涉县下温村到武安县一个小村去。临行前，文联请我们的房东和几个小孩儿的奶娘吃了一顿饭，我女儿的奶娘也来了。大家团聚后，我把所有用不着但还能用的东西都送给奶娘，放心地离开了下温村。以后每隔一段时间，我总要给奶娘家写封信，寄些钱和东西。

1949年底，春节放假三天。李庄和我去接我们的女儿。我们先坐火车去邯郸，又坐运煤的小火车到涉县城，再步行十几里地到小曲峧村。因为时间紧，只能在村里住一天。这一天时间，除了抱抱、哄哄孩子，就是跟奶爹、奶娘聊聊天，看看他们屋里屋外的情况。他们的生活和以前一样苦，照样吃糠面饼、玉米面汤，就连我女儿手里攥着的点心也是一块小糠饼子。我们临走前，给奶娘留下了一点儿钱，一些花布。

奶爹和他的大侄子送我们到涉县城。一路上，他们俩轮流抱着孩子。到了县城，奶爹也不肯把孩子放下。他盘腿坐在地下，用自己的棉袄包着孩子，抱在怀里。我在长凳上铺好小褥子，想让孩子睡得舒服点儿，也想让奶爹休息休息，可他不肯，就这样一直抱着，直到把我们送上小火车。后来听说，奶爹叔侄俩回家的路上，走一会儿停一会儿，边走边抹眼泪，还念叨：小晨这会儿该到哪儿啦。就这样，不到二十里路，竟走了一天。

我们接回女儿后，还一直和奶爹、奶娘保持着联系，告诉他们孩子的情况，问候他们。

1953 年，北京设备安装公司到各地招收工人，我女儿的奶兄宋怀柱被招来当工人。当时北京正要修建北京展览馆，怀柱就去了北展建筑工地。老区来的人，朴实厚道，能吃苦，在北京干得很好。

　　1957 年秋天，奶爹为了看儿子，也为了看看奶女儿，到北京来了一次。我们请他和怀柱到家里吃了一顿饭。那年他的女儿已经六岁多了。奶爹看到李晨长高了，看到儿子工作得很好，高高兴兴地回去了。

　　1960 年 7 月，孩子奶娘带着他们唯一的女儿到北京来，在我家吃了一顿午饭。我给奶娘和她女儿一些布料，让她们自己做件新衣服穿。奶娘看了北京，看了我们，觉得什么都好，就放心了。

　　1969 年冬天，李晨从插队的内蒙古草原回京探亲，想去涉县看她的奶娘。我给了她一些钱，还让她买了两床被面、一些北京点心，给奶娘带去。女儿回来告诉我，奶娘家的墙上至今还挂着奶爹、奶娘和她的照片，是我们去接她时拍的。奶娘见了她非常高兴，问遍了家里每个人的情况，还带她回了趟下温村。奶娘在下温村逢人就说："这就是当年培蓝的女儿。"

　　有几个妇女围过来，亲热地对我女儿说："当年你还吃过我们的奶呢。"小曲峧村的乡亲们更是热情，听说当年的奶姑娘来了，东家送碗面，西家送碗馅，在这个贫困山村这是乡亲们准备过年的最好的饭食。我女儿回来时，带回了几张她和奶爹、奶娘的照片，一直保存至今。

　　如今，我的老伴李庄、女儿的奶爹、奶娘都已去世了，我也到了耄耋之年。但我们和女儿的奶兄宋怀柱还保持着联系，那是我们和老区人民割舍不断的深情厚谊。

老将军的祝愿

　　农历癸巳年春，中共中央政治局原委员、中央军委原副主席、国防部原部长迟浩田同志向我母亲贺新春，特别表达了对我父亲的怀念。他在贺卡中写道："敬祝新闻战线的老战士赵培蓝大姐蛇年大吉万事如意"，"李庄同志永远活在我们心中！"

抗日烽火奔太行
激情燃烧迎解放
留影父母
相濡以沫借晚晴
喜忧参半砺风雨
红笔蓝笔两从容
不变的初心
开来继往同

忆李庄同志给我的几封信

陆宏德

　　李庄同志离开我们已经好几年了，他作为我们新闻界的前辈，对我这样的新闻界晚辈来说，曾使我在新闻思想和业务上受到不少教诲。在他同我一些新闻业务的交往中，曾给我写过几封信，我一直保留着，在我编写《来鸿辑集》时，再次读它，仍感斯人的教导历历在目。李庄同志第一封信，写于 1993 年 11 月 9 日。信的全文如下：

宏德同志：

　　您好！

　　写了一篇小稿，又想把"韬奋新闻奖"评奖事宜说清楚，又想乘机为编辑说几句话（过去说的太少了），还是写了一千八百字。文章自己总是难下狠手，请您大力删削斧正。

　　敬礼

李庄

11 月 9 日

　　李庄同志写这封信时，他是首届"韬奋新闻奖"评委会主任，他在信中说的"写了一篇小稿"，指的就是《新闻战线》1993 年第 12 期刊登的《编辑理应获得荣誉》一文。文中谈到的这样一段话，也许如李庄同志所说，"乘机为编辑说几句话（过去说的太少了）"。这段话是这样说的：

编辑责任甚重，工作繁忙，新闻圈内人们是熟悉的。编辑本人埋头奉献，不求闻达，甘为"人梯"，其精神境界令人敬佩。有关领导充分肯定他们的敬业精神和工作成果，同时积累探索适当途径，使他们的工作能为社会多数人认知。包括杰出代表得到应得的荣誉。"韬奋新闻奖"正是为此设立的。

1993 年 12 月 25 日，李庄同志又给我一信。信的全文如下：

宏德同志：

您好！

那天在会场，不便多说话，只说了一句"赶快，赶快"。其实，从那时到现在，已十几天，不是"赶快"了，很对不起。

中国记协开会纪念主席诞辰 100 周年，希望我讲讲话。为准备发言，很用了些功夫。我实在不想说那些"没有错误也没有多大用处"的话，限于个人水平，又讲不出什么精辟些的见解，所以发言稿改来改去。我原想该稿送您看看，能否在"战线"补白，谁知记协留下了，说他们的"信息"全文用。我也不好说什么，为憾。

送上第三篇，是我认为的当前新闻工作中的第三个问题，也是新闻工作重要优良传统之一。虽然改来改去，仍未脱原来样子，请您斧正。

敬礼

李庄

12 月 25 日夜

我们《新闻战线》编辑部开辟了一个"名人专栏"，选一位新闻界有一定名气的老编辑撰写文章。总题由作者定。统率其他几篇文章，但每篇文章还得有题目。文章每期一篇，一般由3至4篇组成。专栏主要由编辑侯兵负责。文章由她组稿和编辑，其他编辑协助。李庄同志之所以写信给我，是由于我代侯兵向他组稿，因为我更熟悉他。

　　1994年第1期至第3期"名人专栏"刊登的由李庄同志撰写的文章，在总题《古稀回眸》下，一共有三篇，即《迟到的觉悟》《走出死胡同》《难忘的教训》等。他在信中说："送上第三篇，是我认为的当前新闻工作中的第三个问题，也是新闻工作重要优良传统之一。"李庄同志在信中所说的"送上第三篇"，就是指《难忘的教训》这一篇。

　　李庄同志在《迟到的觉悟》一文中说："立志为共产主义奋斗终身的新闻工作者，都承认学马克思主义理论十分重要。但是，认识深切不深切，方法对头不对头，效果却大不一样。""我在这个问题上有教训。"

　　李庄同志在《走出死胡同》一文中说："近来不少地方出现'追星热'，搅得一些青少年如醉如狂。'追星热'祸源之一是'捧星热'，一些传播媒介的少数人掀波推澜，有的简直是始作俑者。"

　　"'星'是可以写的，他（她）的敬业精神、艺术造诣以至奋斗历史和健康的生活情趣，不少读者很关心，希望从中获得教育感染和美的享受。然而有些人写稿旨不在此，他们着力猎取、渲染'星'的低级庸俗的生活情趣，有些已经侵犯个人隐私，污染社会风气，毒害一些读者特别是青少年的心灵。"

他还说:"密切联系实际,密切联系群众,几代新闻工作者实践多年,积累了丰富的经验,也有过失和教训。'捧星热',直接的原因,我看就是背离了这条原则。"

李庄同志在《难忘的教训》中,对自己"几十年工作中的得失,特别是做的一些蠢事和错事",作了回顾。之后,他在文章最后说:"新闻工作也好,其他任何工作也好,坚持实事求是,坚持真理,肯定会更坚实、更顺当。"

以上三篇文章,也就是李庄同志认为的"当前新闻工作中"的三个问题,也是我们新闻工作需要发扬的重要优良传统。从这里我们可以学到作者是如何使文章具有针对性和说理性的。

1995年8月15日,李庄给我来信,并退回我送给他的小样。信的全文是这样写的:

宏德同志:

　　您好!

　　小样看过了,改动几个字,请您最后审定。

　　酷暑中坚持一线工作,万祈珍重起居。

　　敬礼

李庄

8月15日

李庄同志退来的"小样",是我8月15日送他审定,并请他"及时退我"的《我为什么"赶制"这篇电讯》一文的清样。他很了解编辑的心情,当天就将清样退我了。我收到他的审定小样后,立即上版，赶上了《新闻战线》第 9 期刊出。李庄同志在信中所说的"改动几个字"（【　】黑框为他所加，〖　〗白框为他所删），即《我为什么"赶制"这篇电讯》一文的清样：

自然段第一段，"……同时登载所评介的新闻：《蒋方捏造〖身份〗【负伤】'牺牲'……》""'精'文作者大概不〖了解〗【熟悉】当时情况，或【日久】记忆不准，……"

自然段第二段，"……刘邓大军【在】冀鲁豫前线作战，为捕捉战机……一边行军一边【编】说'顺口溜'……当心（刘伯承当时指挥刘邓大军，战士们仍然亲热地叫他'师长'；抗日战争开始〖时〗，他任八路军 129 师）【的】回马枪，叫你胡子留不长（蒋介石头发已脱光，战士们还要把他的胡须拔掉）【。】……使蒋管区宣传工具，制造谣言，颠倒黑白，掩饰败绩，虚报'战果'，使蒋管区一些人时不时产生某种迷〖惑〗【妄】，特别在解放战争初期，'敌进我退'之际。……把战争性质、事实真相和发展前途告诉全国人民……"

自然段倒数第二段，"如果当时还能自我宽慰：对敌斗争，任务紧急，【基本事实准确，可以】〖只能〗'从权'出此。……"

自然段最后一段，"（我写字又丑又草，同志们当时〖都〗谥为'怪字'）……记得我当时反复阅读新华总社【翌日】的广播稿……"

李庄同志对自己的稿子，改得十分认真，十分精细，值得我这样的新闻界晚辈好好学习。为这篇文章所说的事，11 月 5 日李庄又给我一信。信的全文如下：

宏德同志：

给您写此短信，并附一个《说明》是为了澄清一个事实，也可能给您增加一些麻烦。请您看看《说明》，其中大都是我想说的话。

此事我有责任，想说明那份电讯不是小平同志的"作品"，立意是对的。但在落笔前未找到《中国记者》去年访问吴象的文章（我根本不知道有这篇文章）看看，是个失误。尽管我敢信《新闻战线》登的我写的文章完全准确，但此文发表后，可能造成吴象在那篇访问记中所述不真实的印象，这是我没有想到的。您的考虑很对，把《我》文的小样寄给吴象过目，谁知他在国外探亲未回，又失掉一次避免造成两种印象的机会。

《说明》是李、吴、张（可能指张磐石同志——陆注）商量过的，目的是说明当时全面的、真实的情况，把几十年前没有"通气"的事情向读者通通气。《说明》写好，又经吴象看过改过，我又通篇顺过。

《说明》想借《新闻战线》一角补白，因为《我》文发在《新》刊，当否，请考虑。吴象有个提议，请《中国记者》转我。是他们下一期登，还是我们打个小样请他们同时登，请一并考虑决定。

为此小事麻烦，实在过意不去，只好深谢了。

敬礼

李庄

11 月 5 日

李庄来信所附的《说明》，我手头没有保存，是否作为稿子发排了？但我查阅 1985 年第 12 期、1986 年第 1、2、3 期《新闻战线》杂志，都没有刊登过这篇《说明》。那是否给《中国记者》刊登了？这些我都记忆不起来了。但从李庄同志的信中，我看到了一位老新闻工作者对新闻事实的尊重和他如何处理同志间的关系。

我收到李庄同志给我的最后一封信，可能是 1998 年 2 月 3 日。他信中谈到自己的身体状况，但主要是应一个同志之托，转投稿子给《新闻战线》。信的全文如下：

宏德同志：

给您拜晚年！身体好么？念念。

我现在身体江河日下。腿几乎不能行动。这也好，关在家里，多看点书。左耳已聋，右耳很好。眼当然退化。老了，更不中用了。

有个同志寄我一稿，托我转投《新闻战线》。我看了一下，写得很好。犯了职业病，边看边动文字。后来想想不对，不敢动了。您我老同事，故直话直说，请勿见笑。

请您审正。如有一线之明，最好能用。否则用《新闻战线》编辑部名义，退《珠海特区报》钱言同志好了。

　　紧紧握手

李庄

三日

您看我现在写白字，在小学三年级如何？

我在录下李庄同志这封信时，已记不起自己是如何处理这篇文章的；翻阅《新闻战线》的合订本，也没有见到，很可能因文章不合适《新闻战线》刊登而退还给了钱言同志。这样，李庄同志写这封信的确切时间，只能凭自己的推测，可能是 1998 年。其根据：

一是李庄同志自己说"身体江河日下";二是给我"拜晚年"。这说明李庄同志是在过了春节后的 2 月 3 日写的,才较为准确。他信中所说的身体状况,也只有到了比较晚的时候,即 1998 年较为准确。

我录下这封信,是想告诉人们,李庄同志即使在自己身体江河日下的情况下,还替"同志"转稿给我们杂志。可见,这位新闻界老前辈、老领导待人、处理稿件的态度和精神了。这永远是我们晚辈需要认真学习和继承的。

（原载《金台通讯》2014 年第 11 期）

历史镌刻着他们的名字

——庆祝抗战胜利 70 周年

岁月痕
——留影父母李庄赵培蓝

人民日报社《金台通讯》
2015 年第 8 期。

《金台通讯》2015年第8期"抗战老同志群英谱"。

《金台通讯》2015年第8期内跨页。

抗日烽火奔太行
激情燃烧迎解放
留影父母
相濡以沫傻晚耕
荣忧参半砺风雨
红笔蓝笔两从容
不变的初心
开来继往同

带着父母心意参加阅兵观礼

李东东

2015年9月3日，纪念中国人民抗日战争暨世界反法西斯战争胜利70周年大会和阅兵式在天安门广场举行。妈妈和我都收到了观礼邀请。此前，妈妈还收到了纪念中国人民抗日战争胜利70周年纪念章。

20 年前的纪念抗战胜利 50 周年、10 年前的纪念抗战胜利 60 周年，我们家都收到两枚纪念章——爸爸的和妈妈的，此时，爸爸已长行十年，只有妈妈接到了纪念章。

时年 92 岁高龄的母亲已不能前去天安门广场，我就带着她的纪念章和爸爸的照片，也就是带着他们的心意参加了纪念大会和阅兵观礼。

中新网 9 月 6 日电 今日出版的《雷锋》杂志发表了《带着父母的心意参加阅兵观礼》的专题报道，介绍了全国政协委员、原新闻出版总署副署长、中国新闻文化促进会会长、《雷锋》杂志编委会主任李东东 9 月 3 日应邀出席纪念中国人民抗日战争暨世界反法西斯战争胜利 70 周年大会和阅兵式。

《雷锋》杂志由人民出版社、中国新闻文化促进会、中国金融思想政治工作研究会联合主办。据其报道，9 月 3 日 8 点，全国政协委员、原新闻出版总署副署长、中国新闻文化促进会会长、本刊编委会主任李东东早早来到天安门广场的东临观礼台 1 台。她还带上了一张父亲的照片和母亲获颁的纪念中国人民抗日战争胜利 70 周年纪念章。

李东东父亲李庄、母亲赵培蓝抗战初期相识在太行山上。李庄是中共中央机关报《人民日报》创始人之一、原总编辑；赵培蓝曾任人民日报工商部党支部书记，夫妻俩都是党的新闻工作者。1918 年出生的抗日老战士李庄已于 2006 年去世，1923 年出生的赵培蓝，与健在的老同志一道接到了中央参加抗战胜利 70 周年庆祝大会和阅兵式的邀请，但她已 92 岁高龄，不能前来现场，只能在家里看电视直播。李东东专门把父亲的照片和母亲获颁的"中国人民抗日战争胜利 70 周年纪念章"带到了阅兵现场。

李东东说："1949 年 10 月 1 日，父亲李庄是为数不多的登上天安门城楼的新闻记者，报道了新中国成立庆典，亲眼目睹了毛泽东主席按下升起五星红旗的电动开关，目睹了人民欢庆新中国成立的盛况。本世纪初父亲病重住院时，一个最大的心愿就是能看到新中国成立 60 周年庆典和阅兵式，遗憾的是他没有等到那一天……"

"今天我把父亲的照片和母亲的纪念章带到现场，也就是把父母的心意带来了，这可以说是一代代为新中国奋斗的新老同志的心意；同时告诉我们的后代，要珍惜来之不易的和平环境和改革开放成果，不忘历史，缅怀英雄，珍爱和平，开拓美好未来，把红色江山代代传下去，实现中华民族伟大复兴的中国梦。"

李东东还谈到了父亲留给自己的遗产："父辈那一代经过了战争与和平，以艰苦卓绝和流血牺牲换来了红色江山，如今国家愈发强大，国际地位提升，经济越来越好，人民生活幸福，老一辈身上折射出的中华民族的伟大精神、生生不息为民族奋斗的爱国主义精神、一脉相承为了人民的事业奋斗到底的精神，是给后人留下的最宝贵的遗产。"

相守八宝山

李东东

2006 年 3 月 3 日，父亲去世后，骨灰存放于八宝山革命公墓骨灰堂东 1-4 室。我们年年清明到骨灰堂扫墓。为使父母能够合葬，经过努力，2015 年秋，李庄、赵培蓝合葬墓于八宝山革命公墓主甬道东侧落成。墓碑是一块花岗岩，正面不打磨，保留天然石质，左上角镌刻他们终生奋斗于此的"人民日报"，棺盖上镌刻着送别仪式上的那副对联："能写能编能论声满报坛存世万篇辛苦文字，为人为文为事有口皆碑欣留一缕清白家风。"墓碑背面抛光打磨出的黑色石面，光滑如镜，一点儿瑕疵都没有，涂金镌刻着父母的简要生平。

2015 年 10 月 17 日，老李家四代人——包括我父亲最小的弟弟、弟媳两人在内的第一代，我们兄妹和堂兄妹表兄妹这一代，以及我的儿孙共四代人，一同移灵并追思悼念我的父亲。与我们一同参加纪念活动的，还有多年来与我们亲如家人的人民日报管理保障局交通处的五位同志。

489

2015 年 10 月 17 日上午，从革命公墓骨灰堂东 1-4 室迎取父亲的骨灰盒，移向八宝山后山墓地。

入土为安。

21世纪第二个十年：开来继往同圆梦

骨灰安放仪式毕，全家人
在墓地寄托哀思，合影留念。

岁月痕
——留影父母李庄赵培蓝

妈妈的寄语

李东东

2014 年初，马年伊始，央视和部分主流媒体进行了关于家风传承的专题报道，触动了千家万户的心弦。《纵横》杂志编辑要我写写自己的家风故事，要求在"两会"前能编改出来。

当时我认真想了想，也回忆了一下近年的文章、访谈，关于我的父母、我们的家庭故事，大抵是关于做人做事、尽忠尽孝……于是从中撷取点滴，成文《尽忠尽孝的家国情怀》。

在光明日报于同年春举办的"家风家教大家谈"后，《光明日报》改编了这篇文章，以"尽忠尽孝　家国情怀——我的家风小故事"为题，在 5 月 23 日五版整版发表。妈妈看后很高兴，在报眉上题写"东东爱女：愿永远保留这样团结友好的家风　九十三岁妈妈"。

493

岁月痕
——
留影父母李庄赵培蓝

　　在中国书籍出版社出版的
《李东东词赋辑》扉页上，妈妈
这样题字鼓励："东东爱女：这是
你艰苦努力的结晶，愿十分珍惜
爱护　九十三岁的妈妈留言"。

"我要坚持抄下去"

——妈妈的书法抄本

李东东

    这是我母亲相隔三十余年的书法抄本。前一部分写于她六十岁时，后一部分写于九十多岁。

    我母亲长期高血压，不到六十岁时突发脑出血，离开了工作岗位。在艰难的恢复期中，她以小楷抄写了《前出师表》。虽不能与她一向的潇洒笔体相提并论，但一笔一画极为认真。

    她在慢慢抄写完全文后，这个本子就放下了。可以看到，在三十年后，她在《前出师表》的尾页用钢笔写道："前出师表是我六十岁时抄写，后出师表开始是我九十二岁抄写。"而后，以钢笔抄写了《后出师表》。在我看来，后面这些抄文出于九十多岁高龄老人之手，也实属不易。但她又在《后出师表》的文后写道："这次抄写的太难看了。尽管如此，再难看，我也要坚持抄下去，直到提不起笔来。"

红笔蓝笔两从容

留影父母

相濡以沫偕晚耕

不变的初心

戍日烽火弃太行

莒忱参半砺风霜

开来继往同圆

深情脉脉遍解放

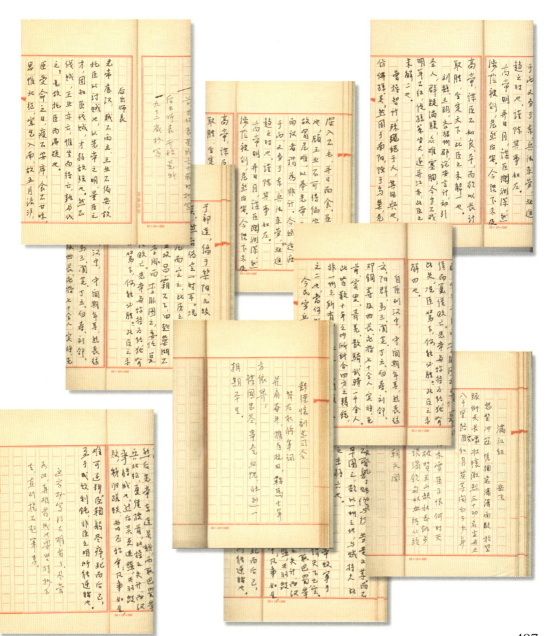

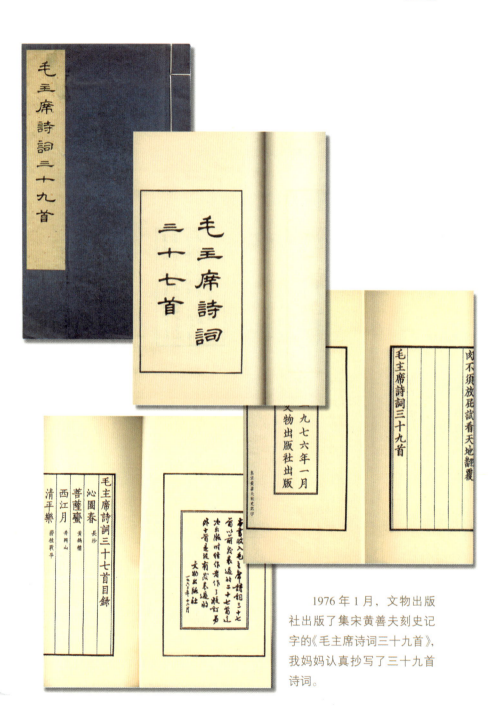

岁月痕
——留影父母李庄赵培蓝

1976年1月，文物出版社出版了集宋黄善夫刻史记字的《毛主席诗词三十九首》，我妈妈认真抄写了三十九首诗词。

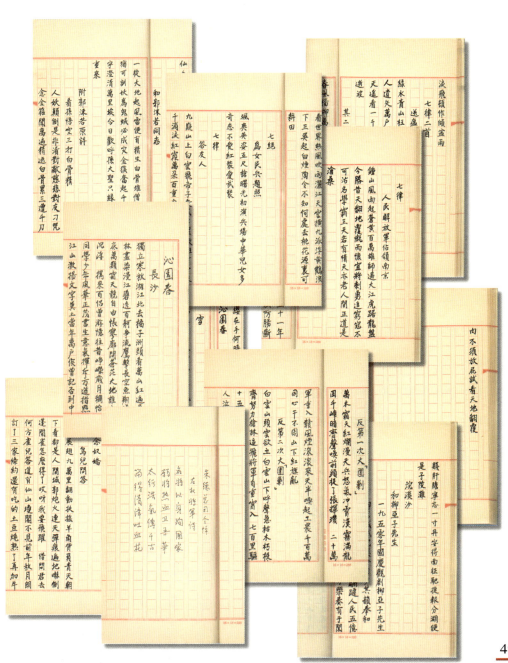

四世同堂

2012 年是农历壬辰龙年。6 月 26 日，太姥姥给重外孙刘子曜的百日贺词：

平平安安茁壮成长，健健康康铸就栋梁。

八十九岁太姥姥贺小曜曜百日诞辰——龙腾

21 世纪第二个十年之初，87 岁的赵培蓝与孙子、外孙在一起。

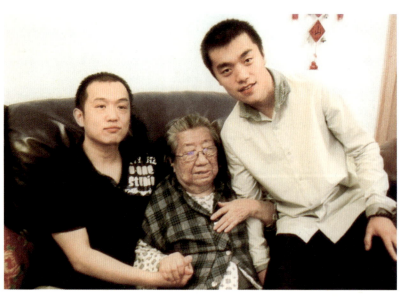

四世同堂

丁酉端午

丁酉端午，94岁的老母亲与子女、孙辈和重孙欢聚一堂。

21世纪第二个十年：开来继往同圆梦